PROF. DR. TALAT ÇİFTÇİ

# YAŞAMSAL SATRANÇ

DESTEK YAYINLARI: 1070
ARAŞTIRMA: 253

**TALAT ÇİFTÇİ / YAŞAMSAL SATRANÇ**

Her hakkı saklıdır. Bu eserin aynen ya da özet olarak hiçbir bölümü, yayınevinin yazılı izni alınmadan kullanılamaz.

*İmtiyaz Sahibi:* Yelda Cumalıoğlu
*Genel Yayın Yönetmeni:* Ertürk Akşun
*Yayın Koordinatörü:* Özlem Esmergül
*Editör:* Özlem Küskü - Devrim Yalkut
*Kapak Tasarım:* İlknur Muştu
*Sayfa Düzeni:* Cansu Poroy
*Çizimler:* Talat Çiftçi
*Sosyal Medya-Grafik:* Tuğçe Budak - Mesud Topal

Destek Yayınları: Mart 2019
Yayıncı Sertifika No. 13226

ISBN 978-605-311-556-4

© Destek Yayınları
Abdi İpekçi Caddesi No. 31/5 Nişantaşı/İstanbul
Tel. (0) 212 252 22 42
Faks: (0) 212 252 22 43
www.destekdukkan.com
info@destekyayinlari.com
facebook.com/DestekYayinevi
twitter.com/destekyayinlari
instagram.com/destekyayinlari
www.destekmedyagrubu.com

Deniz Ofset – Nazlı Koçak
Sertifika No. 40200
Maltepe Mahallesi
Hastane Yolu Sokak No. 1/6
Zeytinburnu / İstanbul

PROF. DR. TALAT ÇİFTÇİ

Beyin, Nöroestetik ve Stratejik Yaratıcılık

# YAŞAMSAL SATRANÇ

*Prof. Dr. Fuat Sezgin Anısına...*

# İÇİNDEKİLER

**YAZAR HAKKINDA** .................................................. 9
**BAŞLARKEN** ........................................................... 11
**TEŞEKKÜR** ............................................................. 17
**GİRİŞ** ..................................................................... 21

**1. YAŞAMSAL SATRANÇ VE BEYİN** ...................... 27
    **İNSANIN DOĞADAKİ KONUMU** ........................ 27
        Termodinamiğin İkinci Kanunu ........................ 31
    **İNSANI HAYVANLARDAN
    FARKLI YAPAN ÖZELLİKLER** ............................ 36
    **YAŞAMSAL SATRANÇ** ....................................... 44
        Primatlarla İnsanların Benzerlik ve Farkları ......... 46
        İnsan Zihnine Tarihsel Bakışlar ........................ 52
    **BEYNE GENEL BAKIŞ** ....................................... 58
        Homungulus ................................................ 61
        İnsan Beyni ve Algılama ................................. 62
        Çoklu Zekâ .................................................. 67

## NÖROESTETİK VE GÖRSEL DÜŞÜNME ... 71
Nöroestetik ... 76
## İNSAN BEYNİ VE BEŞ FARKLI KİMLİK ... 86
Otonom Sistem ve Fizyolojik Kimlik ... 87
Fizyolojik Kimlik ile Görsel Düşünme ... 91
Beyinde MacLean Tarafından Belirlenen Bölgeler ... 97
Sürüngen Beyni ve Bedensel Kimlik ... 98
Bedensel Kimlik ile Görsel Düşünme ... 100
Memeli Beyni ve Duygusal Kimlik ... 107
Duygusal Kimlik ile Görsel Düşünme ... 108
Neokorteks (Sol Beyin ve Sağ Beyin) ... 112
Sol Beyin ve Bilge Kimlik ... 114
Bilge Kimlik ile Görsel Düşünme ... 118
Sağ Beyin ve Yaratıcı Kimlik ... 125
Yaratıcı Kimlik ile Görsel Düşünme ... 132
## BEŞ KİMLİK İLE YAŞAMSAL SATRANÇ OYNAMAK ... 137
Görsel Düşünme Seçenekleri ... 139

## 2. STRATEJİK YARATICILIK ... 153
Üç Adımda Stratejik Davranış ... 155
Stratejik Yaratıcılıkta Görsel Düşünmenin Önemi ... 159
Cam ve Stratejik Yaratıcılık ... 165

### SANATTA STRATEJİK YARATICILIK ........ 167
- Seurat'nın Renk Kuramı ve Puantilizm ........ 168
- Puantilizm Sonrası Gelişmeler ve Piksel Dünyası ........ 171
- Seurat ve Puantilizm'den Etkilenen Sanatçılar ........ 173
- Günümüzde Işık ile Sanat ........ 174

### FEN ALANINDA STRATEJİK YARATICILIK ........ 177
- Teleskopun İcat Edilmesi ........ 177
- Mercekler ve Mikroplar ........ 180
- Mikroplar ve Bulaşıcı Hastalıklar ........ 184
- Vereme Neden Olan Mikrobun Keşfedilmesi ........ 185
- Antibiyotiklerin Keşfi ........ 187
- Penisilin ile Yanıkların Tedavisi ........ 189
- Vereme Karşı Antibiyotik Bulunması ........ 190
- Stratejik Yaratıcılık Merdiveni ........ 193

## 3. TARİHSEL SÜREÇTE STRATEJİK YARATICILIK ........ 199

### DOĞU'NUN STRATEJİK YARATICILIK MİRASI ........ 199
- Fen Bilimleri ........ 206
- Görsel Sanatlar ........ 213

### İSLAM DÜNYASINDA STRATEJİK YARATICILIK NASIL KAYBEDİLDİ? ........ 220
- Çatışmalar ve Ekonomi ........ 221
- Rasathaneler ve Zaman ........ 223
- Fen Cehaleti = Sefalet ........ 227

BATI'DA STRATEJİK
YARATICILIK'IN YÜKSELİŞİ ..................... 237
    Keşifler ve Ekonomi ....................................... 238
    Fen Bilimleri .................................................. 241
    Görsel Sanatlar ............................................. 246
    Doğu ile Batı Arasındaki Uçurum ................ 247
GELECEK NASIL OLACAK? DOĞU VE BATI
KAVRAMLARININ SONU MU GELİYOR? .................. 250

**SONUÇ VE ÖNERİ:**
**STRATEJİK YARATICILIK SEFERBERLİĞİ** ............... 255
    Artık Geleceği Konuşmanın Zamanı Geldi ..................... 263

**ŞAHISLAR LİSTESİ** ...................................................... 267
**KAVRAMLAR SÖZLÜĞÜ** ............................................. 271
**OKUMA ÖNERİLERİ** ................................................... 277
**KAYNAKÇA** .................................................................. 281
**DİZİN** ............................................................................. 295
**RENKLİ RESİMLER** ..................................................... 305

## YAZAR HAKKINDA

1954 yılında Kahramanmaraş'ta doğan Talat Çiftçi, İTÜ'den 1975 yılında aldığı kimya mühendisliği lisans derecesinden sonra eğitimine ABD'de devam etmiştir. Rutgers Üniversitesi'nde Biyokimya Mühendisliği alanında 1978'de yüksek lisans ve 1981'de doktora derecelerini almıştır. Post-doktora çalışmasını Waksman Institute of Microbiology'de 1984'te tamamlamıştır. Chapman University'de 1988'de MBA derecesi almıştır. 1993'te YÖK'ten doçent unvanı aldıktan sonra İTÜ'de dersler vermiştir. Avrupa Birliği BİYOEKONOMİ Komisyonu'nda 2008-2012 yılları arasında TÜBİTAK adına delege olarak görev yapmıştır. 2012-2018 yılları arasında Bahçeşehir Üniversitesi'nde profesör, bölüm başkanı, dekan ve rektör yardımcısı olarak akademik çalışmalarını sürdürmüştür. Halen Beykoz Üniversitesi'nde İşletme Mühendisliği bölümünde görev yapıyor. Yayımlanmış olan bilimsel makale, patent ve kitapları bulunuyor.

ABD'de 1984'te Bristol-Myers ilaç şirketinde başlayan sanayi deneyimi, 1988'den itibaren Türkiye'de Pak Holding, Eczacıbaşı Holding ve Bozlu Holding gibi kuruluşlarda üst düzey yöneticilikler ile devam etmiştir. Bu çerçevede, fabrika ve şirket yönetimleri yanında Ar-Ge merkezleri kuruluşlarını gerçekleştirmiştir. İstanbul Sanayi Odası bünyesinde KATEK yönetimi, Sanayi Kongreleri düzenlenmesi ve Kolay Bilgi Kitap projelerinde görev aldı. TEKNORAMA Arakesit Toplantıları'nı organize etti. Teknoloji TV'de "Teknosfer" ve "Teknoforum" programlarını yaptı. Girişimcilik deneyimi, Hakan Madencilik, Bosfor Bioscience ve Biosfer gibi şirketlerin kurulması ile şirket alım-satımlarını kapsıyor. Halen, kurucu ortağı olduğu Biosfer Danışmanlık ve Mühendislik Ltd. Şti. bünyesinde stratejik yönetim danışmanlığı yapıyor.

# BAŞLARKEN

## Tarlada Hazine Bulmak

Küçük bir çocukken bazı komşuların tarlalarında hazine bulduklarını duyardım. Bunun rivayet olmadığı, onların aniden zenginleşerek mal mülk aldıklarından belli olurdu. Bazı çiftçilerin tarlalarında buldukları paraları ve küçük tarihi eserleri, cuma günü kurulan pazara getirdiklerini ve sattıklarını gözlerimle görmüştüm. Maraş'taki kuyumcuların vitrinlerinde bir tarafında Herkül resmi basılmış metal paralar bulunurdu. Acaba o hazineler külçe altına dönüştürmek için eritilen tarihi eserler miydi, sonradan çok merak ettim.

Toprağın altında hazine bulma ihtimali, çiftçilerin topraklarını sahiplenmelerine ve onu altındaki hazine için itina ile sürmelerine neden olmuştu. Bu şekilde didik didik edilen toprakların veriminin arttığına şüphem yok. Hatta taşlı tarla tabir edilen, sürülmesi zor olan tarlalardan büyük taş ve kayaların çıkarıldığını biliyorum. Belki de hazine bir kayanın altına saklanmıştı.

İsmimden de anlaşılacağı şekilde çiftçi aileden gelen biri olarak, kara toprağın değerini yükselten hazine hikâyelerini çok ilginç bulurum.

Bence içinde hazineler saklanmış bir tarla gibi, yeterince iyi tanımadığımız beynimiz de bizim için büyük fırsatlar barındırıyor. Tarladaki hazineyi bulmak için taşları ayıklamak ve tarlayı sürmek gerekiyor. Beyindeki hazinelere ulaşmanın yolu ise önyargılardan kurtulup eğitim ve deneyim kazanmaktır. Bu kitapta tartışacağım beyin yapılarını, bir çiftçinin bağ, bahçe ve tarlasına benzetmek istiyorum. Özellikle de taşlı tarlalar gibi ihmal edilen bölgelere dikkatinizi çekmek istiyorum. Her arazinin farklı şekilde ekimi, bakımı, çapalamayı, gübrelemeyi ve sulamayı gerektirmesi gibi beyindeki yapılar da farklı şekilde eğitilmeli ve işletilmelidir. Eğitim ve deneyimlerin bizi beynimizdeki hazinelere ulaştırması, daha sağlıklı ve mutlu bir yaşama giden yolu açabilir.

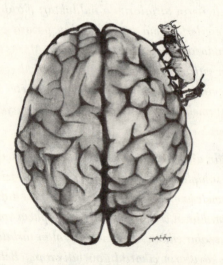

Benim ilkokuldan itibaren aldığım eğitim sözel ağırlıklıydı. Okulda öğrenmekten kastedilen, usluca oturup dinlemek ve metinleri ezberlemek demekti. Oysa ben; resim, şema ve kroki içeren görsel bilgileri daha kolay anlıyor ve hatırlıyordum. Sınıf geçmek için ezberlediklerimi ise yazın unutuveriyordum. Bu yüzden öğretmenler ve dersler bende pek az iz bıraktı.

Üniversiteye büyük heyecanla gittiğimi hatırlıyorum. Artık öğretmenlerden değil hocalardan ders alacaktık. Ama orada da beklentilerime karşılık değişen bir durum olmadı. Hatta çoğu zaman, yüksek bir kürsüde oturup aşağı doğru bakan mağrur bir profesör bizlere yıllar önce defterine yazdıklarını okuyordu. Derslerde çıt çıkmıyordu, hepimiz söylenenleri kaydedebilmeye çalışıyorduk. Hocaların bazıları sınıfa yardımcıları ile birlikte, merasim havasında ciddiyetle gelirlerdi. Tebeşir tozuna karşı, beyaz uzun önlükler giyerlerdi. Ama çoğunun koltuğundan kalkıp tahtaya bir şey çizdiği veya yazdığı da yoktu.

İTÜ'den mezun olduktan sonra, burslu bir öğrenci olarak Amerika'da yüksek eğitim almaya gitmiştim. Mağrur ve mesafeli hocalar ortada yoktu. Dersten önce kitaptan okunması gereken bölüm belliydi. Sınıfta daha çok, bir konunun nasıl yorumlanması gerektiğini tartışarak kitabın üzerinden geçiliyordu. Bilginin görselleştirilmesi de işleri kolaylaştırıyordu. Eğitimin hedefi ezberlemek yani *bilmek* değil, bir şeyleri anlamak hatta laboratuvara girip *yapa-bilmekti*. Yani çok bilen insan değil Yapa-Bilen insan yetiştirilmeye çalışılıyordu. Sınavlarda ise, her türlü kitap ve defter açıktı. Önemli olan bir bilgiyi kâğıda yazabilmek değil, onu kullanabileceğini örnek vererek göstermekti. Kopya ise, sadece bir öğrencinin başka öğrenciden yardım almasıydı. Eskilerin tabiriyle, bizde malumat, orada marifet aranıyordu.

Görsel sanatlara merakım nedeniyle, müzeler ve sergiler her zaman ilgimi çekmiştir. İstanbul'da ve New York'ta görülebilecek çok sanat eseri vardı. Onları görebilmek sanatçıların gözüyle dünyaya bakmak demekti.

1980'lerde ilginç bir tesadüf görsel dünyaya bakışımı değiştirdi. Betty Edwards tarafından yazılan *Drawing on the Right*

*Side of the Brain* (Türkçeye *Beynin Sağ Tarafı ile Çizim* olarak çevrildi) isimli eseri okuduktan sonra, insan beyni konusundaki yayınları dikkatle incelemeye başladım. 1990'larda beyin konusunda çok sayıda araştırma yapıldı. Beynin işleyişini anlatan ve yapısını görselleştiren yeni çalışmalar bana ilginç geliyordu. Bu süreçte gelişen bazı görüşlerim 1997'den itibaren, *Önce Kalite* dergisinde *Beyinsel Ergonomi* adı altında yayımlandı.

Yaş aldıkça artan bilimsel merakım beni, görsel sanatlar ve *Nörobilim* alanlarının arakesitinde oluşan *Nöroestetik, Görsel Düşünme ve Stratejik Yaratıcılık* konularına yönlendirdi. Böylece, uzun yıllar sonra Işık Üniversitesi'nde *Sanat Bilimi* alanında Prof. Dr. Halil Akdeniz'in danışmanlığında ikinci doktora çalışmamı yaptım. Beyin, strateji ve sanat alanlarında uzun yıllardır incelemekte olduğum konuları, tez sürecinde birlikte irdeleme fırsatı buldum. *Görselleştirme* ve *Görsel Düşünme*'nin keşif, icat, tasarım ve inovasyon için önemini anlamaya başladım.

İkinci doktora çalışması benim için pek çok kavramın bir potada erimesine neden oldu. Canlıların oynadığı *Yaşamsal Satranç*'ta insanı farklılaştıran en önemli becerinin *Stratejik Yaratıcılık* olduğunu anladım. Beyni daha iyi anladıkça, yaşam tarzımızı, çalışma şeklimizi ve çevremizi daha doğru tasarlayabileceğimize emin oldum. Bu çerçevede, benim geçmişte *Beyinsel Ergonomi* olarak öne sürdüğüm kavramın günümüzde ortaya çıkan *Nöroergonomi* alanı ile benzer olduğunu görüyorum. Bu alanın gelecek için önemli potansiyel içerdiğini düşünüyorum. Özetle, beynimizi ve onun içerdiği hazineleri tanıdıkça özel dünyamızı ve ülkemizi zenginleştireceğimize inanıyorum.

Elinizde tuttuğunuz kitapta, beyin konusundaki bilgi ve görüşlerimi gençlere ve yetişkinlere faydalı olacak şekilde sunmaya çalıştım. Doğal olarak, okuyacaklarınız bilimsel kaynaklar kadar bireysel yorumları da içeriyor. Bilim tarihinin bize öğrettiği gerçek şu ki, zaman bütün bilgi ve görüşleri eskitir.

Bu nedenle, gelecekte insan beyninin işleyişi konusunda ortaya çıkacak bulgular bu kitaptaki görüşlerin güncellenmesini gerektirecektir.

**Okuyucuya Özel Not:** *Kitap okumak benim için ciddi bir iştir. Elime kalem almadan kitap okuyamam. Sayfalara sarı not kâğıtları yapıştırırım. Okuduğum bütün kitapların üstüne anladıklarımı özetleyen ve görselleştiren çizimler yapıp, yazılar yazarım, sorular sorarım. Önemli bulduğum bölümlerin altını çizerim veya onları çerçeve içine alırım. En arka sayfaya kendim için notlar yazarım. Beğendiğim kitaplardan bir iki sayfalık özet çıkarırım.*

*Okurken hafif müzik ve çay-kahve bana iyi gelir. Sevdiğim kitaplara, mürekkep kokusunu bastırmak için, lavanta kokusu sürdüğüm bile olur.*

*Siz okuyucular da bu kitaptaki boşlukları yorum, öneri ve çizimlerle doldurursanız çok mutlu olurum. Metinleri canlandıran yıldız (☆), ok (→), soru (?) ve ünlem (!) işaretleri, kitapları okuyanın eserine dönüştürür.*

*Bence her kitap, okuyucu ile yazarın birlikte çıktıkları bir yolculuktur. Yazarın görevi, okuyucu ile birlikte sonuca ulaşmaktır. Umarım, bu yolculuk sizin için keyifli olur.*

Talat Çiftçi

# TEŞEKKÜR

Geçmişte *Stratejik Yaratıcılık* konusundaki görüşlerinden faydalanmak fırsatını bulduğum, olağanüstü insanlar; Prof. Dr. Lloyd E. McDaniel, Dr. George Luedemann, Prof. Dr. İbrahim Kavrakoğlu, Doç. Dr. Şakir Kocabaş ve 2018'de kaybettiğimiz Prof. Dr. Fuat Sezgin'i şükranla anıyorum.

Değerli hocam Prof. Dr. Halil Akdeniz, ikinci doktora ve kitap yazma aşamasında bana yol gösterdi. Dostlarım Doç. Dr. Mustafa Türker, Zerrin Soysal, Prof. Dr. Kadircan Keskinbora, Eşref Bengi Özbilen, Doç. Dr. Barış Bozkurt, Prof. Dr. Selahattin Kuru, Prof. Dr. K. Hüsnü Can Başer, Prof. Dr. Abdülaziz Bayındır, Prof. Dr. Feryal Çam Çelikel, Doç. Dr. İshak Arslan Prof. Dr. Umur Daybelge, Ali Aydın Sarıçoban, Ece Yücel, Hamide Gönen, Necmi Yalçın, Ertuğrul Kartal, Prof. Dr. Caner Taslaman, Prof. Dr. Bekir Karlığa ve Prof. Dr. Salim Al-Hassani'ye bu kitaba yaptıkları çeşitli katkılarından dolayı teşekkür ederim.

Destek Medya Grup Başkanı Yelda Cumalıoğlu'nun bu konuya gösterdiği özel ilgi olmasaydı bu kitap projesi gerçekleşemezdi. Editörlerim Özlem Küskü ve Devrim Yalkut'a değerli katkılarından dolayı müteşekkirim. Cansu Poroy'a kitabın özgün sayfa düzenini sabırla gerçekleştirdiği için çok teşekkür ederim.

Eşim Dr. Gülen Çiftçi ile oğullarımız Salih ve Osman, ikinci doktora tezimin ve bu kitabın yazılma süreçlerinde bana olağanüstü bir destek verdiler. Eleştirel bakışları eksiklerimi fark etmemi sağladığı için, onlara minnet borcum var.

Yukarıda ismi geçen ve geçmeyen sayısız dostum, görüş ve önerileri ile bu kitaba değer katmıştır. Bu kitaptaki hata ve eksikler ise, sadece bana aittir.

*Bu kitabı Prof. Dr. Fuat Sezgin ve
Dr. Ursula Sezgin'e ithaf ediyorum...*

Prof. Dr. Fuat Sezgin gençliğimden beri saygı duyduğum, ancak son on yılda yakinen tanıyabildiğim, çok değerli bir bilim tarihçisi idi. Konuşmalarını dinlemek ve daha da önemlisi kendisi ile pek çok kere uzun sohbetler yapabilmek fırsatına eriştim. Fuat Hoca'nın vefatı bilim dünyası ve özellikle de benim için yeri doldurulması imkânsız bir kayba neden olmuştur.

Bilindiği gibi, Fuat Hoca 1960'ta Türkiye'deki akademik kariyerine son vermek zorunda bırakılmıştı. O da zor yolu seçmiş ve Batı medeniyetinin merkezinde İslam bilim ve teknoloji tarihi konusunda çalışmıştı. Frankfurt'ta kurduğu araştırma merkezinde İslam dünyasında tasarlanan önemli eserlerin örneklerini yaptırmış ve büyük bir kütüphane oluşturmuştu. Haftada yedi gün çalışarak dev bir kitap dizisini tamamlamış ve büyük ödüller kazanmıştı.

Fuat Hoca orijinal eserleri okuyabilmek için pek çok dil öğrenmiş ve bitmek tükenmek bilmeyen bir enerji ile çalışmıştı. Ortaya koyduğu çalışmalar, İslam dünyasının bilime ve teknolojiye verdiği değeri ve yarattığı eserleri bütün dünyaya göstermişti. Müslümanların sadece savaşlar ve saraylarla uğraşmadıklarını; tıp, astronomi, matematik, coğrafya, optik gibi pek çok alanda yaratıcı katkılarını ortaya çıkarmıştı.

Prof. Sezgin ve değerli eşi Dr. Ursula Sezgin'in gayretleri ile önce İstanbul'da Gülhane Parkı içinde İslam Bilim ve Teknoloji Tarihi Müzesi kuruldu. Bu müze Fuat Hoca'nın Frankfurt'ta kurduğu müzenin benzeridir. Daha sonra, Fuat ve Ursula Sezgin Hocaların hibe ettikleri şahsi kitapları ile Gülhane Parkı'nda Prof. Dr. Fuat Sezgin ve Dr. Ursula Sezgin Kütüphanesi oluştu.

Bu kitabımı, bana zaman ayırıp görüşlerini paylaşan, çalışmalarıma yol gösteren ve çalışkanlığı ile örnek olan değerli hocalarım Prof. Dr. Fuat Sezgin ve Dr. Ursula Sezgin'e ithaf ediyorum. Fuat Hoca'nın anısına binaen, Stratejik Yaratıcılık kavramını tartışırken, tarihsel süreçte, İslam dünyasının yükseliş ve gerileme dönemlerine ışık tutmaya çalışacağım.

Değerli okuyucu size, Prof. Fuat Sezgin ve eşi Dr. Ursula Sezgin'in Gülhane Parkı içinde kurdukları müzeyi ve kütüphaneyi görmenizi öneririm. Orada, Fuat Hoca'nın, müzenin önünde bulunan kabrini de ziyaret edebilirsiniz.

# GİRİŞ

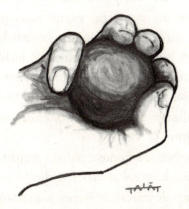

**Hiç tarihi eser buldunuz mu?**

Yıllar önce bir Anadolu seyahatim sırasında küre şeklinde bir taş ayağıma takılmıştı. Avucuma benim için yapılmış gibi oturan bu pürüzsüz taşın güzelliği dikkatimi çekmişti. Taşın cazibesi onu dikkatle incelememe ve uzun süre elimde atıp tutmama neden olmuştu. Bir müddet sonra da onu bulduğum yere bırakıp yoluma devam etmiştim. O taşın geometrik mükemmelliğini unutamamıştım.

Daha sonra, bir müzede o taşın bir benzerine rastladım. İlk çağlarda bu tip taşların avlanmakta kullanıldığını öğrendiğim zaman tüylerim ürpermişti. O taşı, muhtemelen bir avcı av hayvanlarına fırlatmıştı. Ayrıca, bu şekildeki taşlar; tohum ezme ve öğütme için de kullanılmıştı. Bu taşı *mükemmel bir küreye dönüştürmek için harcanan zamanı ve emeği düşününce ne kadar özel bir esere dokunduğumu anlamıştım. Belli ki, o sadece bir alet değil, insanın güzellik arayışının bir ürünü, yani bir sanat eseriydi.*

Yemek, giyinmek ve barınmak gibi temel ihtiyaçların karşılanması sırasında, insanların güzellik kavramının ortaya çıktığını görüyoruz. Bireylerin yaşam sürecinde de insanın önceliklerinin sürekli değiştiğini ve karmaşıklaştığına şahit oluyoruz. İnsan doğada diğer canlılar ile birlikte rekabet ve işbirliklerini içeren bir satranç oyunu oynuyor. Bu oyunu, *Yaşamsal Satranç* olarak tanımlıyorum. Bu kitap ile herkesin bilerek veya bilmeyerek oynadığı *Yaşamsal Satranç*'a ışık tutmaya çalışacağım.

Doğada rekabet söz konusu olduğu zaman, insan bedeni yırtıcı hayvanlara karşı savunmasız sayılır. Silahsız bir insanın, bir kurt ya da ayı ile mücadele etmesi olanaksızdır. İnsan beynini ve ellerini kullanarak, taş parçalarını ve dalları şekillendirerek silahlar yapmayı becermiş, güçlü bir avcıya dönüşmüştür. İlk çağlarda yapılan el aletlerinde bile işlevsellik yanında estetik tasarım dikkati çeker. İlk insanlar, yontarak yaptıkları taş aletlere dönemin güzellik kavramını yansıtmışlardır. El işçiliği ile görsel sanatların birlikte geliştiğini bu basit aletlere bakarak bile anlamak mümkündür. El baltası gibi aletlerin şekline günümüzde değerli taşlardan yapılan mücevherlerde de rastlanıyor. Topkapı Sarayı hazineleri arasındaki Kaşıkçı Elması'nın da bu şekilde olduğunu görebilirsiniz. Taş devrinde insanların avlanmak için kullandığı taşlar ve el baltaları ile günümüzde süslenmek için kullanılan değerli taşların birbirleriyle olan benzerliği sizce tesadüf mü?

| GİRİŞ | 1. BEYİN | 2. STRATEJİK | 3. TARİHSEL | SONUÇ |

İnsanların tarih boyunca yaptığı, tekerlekten uçağa kadar bütün eserlerde görsel estetik ve işlevsellik birlikte gelişmiştir. Bu nedenle, Eski Yunanca tekne (Techne) sözcüğünün sanatı ve zanaatı birlikte tanımlamasını anlamlı buluyorum. Bu iki kavramın birbirinden ayrılması ve farklı sözcüklerin kullanılması son yüzyıllarda gerçekleşmiştir. 20. yüzyıl ortasında C. P. Snow sanat ve bilimin iki ayrı kültür olarak birbirinden uzaklaştığını öne sürmüştür. Burada sanattan kastedilenin görsel sanat olmadığını, edebiyat olduğunu da belirtmek isterim.

Günümüzde, görsel sanatlar ile bilim ve teknoloji alanlarının arakesitinde yaratıcılığın devam ettiğini görüyoruz. Yaratıcılık içeren bu yenilikler, yerel ve evrensel olarak ikiye ayrılabilir. Evrensel yaratıcılık, insanlık tarihinde ilk defa yapılan yenilikleri ifade eder. Yerel yaratıcılık ise, evrensel ölçekte bilinen bir çözümün, ilk defa yerel olarak uygulamasını tanımlar. Çinliler tarafından icat edilen pusula bir evrensel yaratıcılık örneğidir. Buna karşılık, İspanyollar tarafından okyanusa açılan gemilerde pusula kullanılmasını, sadece yerel bir yenilik olarak tanımlıyorum.

Çin'de pusula icadı gibi evrensel yaratıcılık içeren eser veya eylemleri ben *Stratejik Yaratıcılık* olarak tanımlıyorum. İnsanlık tarihi açısından, önemli gelişmelere neden olan, pek çok *Stratejik Yaratıcılık*'ın görsel estetik ve işlevselliği birlikte içerdiğine inanıyorum. Ancak, eğitim sistemlerinin öğrencileri, bilim, teknoloji ve sanatın işbirliği için yetiştirdiğini düşünmüyorum.

İnsan beyni konusunda, 20. yüzyılın ikinci yarısından itibaren çok önemli bilgiler ortaya çıkarıldı. Bu bilgilerden yararlanarak, eğitim, deneyim ve çalışma için yeni bir yaklaşım oluşturulması gerekiyor. Ancak, bu konudaki gelişmelerin, henüz yeterince tartışıldığı ve anlaşıldığına inanmıyorum. Özellikle de, eğitim sisteminin insan beyni konusunda ortaya çıkan yeni bilgilerden yararlanarak tasarlanmadığını biliyorum. Bu eksikliklere işaret etmek ve bazı önerilerimi paylaşmak amacıyla elinizdeki kitabı yazmaya karar verdim.

Bu kitap üç ana bölümden oluşuyor. Birinci bölümde insanın doğadaki özel konumunu ve bunu sağlayan beyin yapılarını tartışacağım. Beynin yapılaşmasından yararlanarak, farklı işlevleri yerine getiren uzmanlaşmış kimlikleri tanımlayacağım. Bu çerçevede beynin yapısına ve zekâ potansiyeline uygun olarak *Görsel Düşünme* şekillerini irdeleyeceğim. Bu kimlikler ve *Görsel Düşünme* zenginliğinin *Yaşamsal Satranç* oyununda insanlara sağladığı rekabet gücüne değineceğim.

İkinci bölümde, *Yaşamsal Satranç* için kritik bir unsur olan *Stratejik Yaratıcılık* kavramını tanımlayarak, sanat, bilim ve teknoloji alanlarından bazı örnekler vermeye çalışacağım. Bu amaçla, *Görsel Arakesit* olarak adlandırdığım disiplinler arası bölgede çalışan insanların hikâyelerinden yararlanacağım. Bireysel çabalarla ortaya çıkan bu eserlerin toplumların gelişmesine nasıl katkıda bulunduğunu anlatacağım.

| GİRİŞ | → | 1. BEYİN | → | 2. STRATEJİK | → | 3. TARİHSEL | → | SONUÇ |

Giriş bölümüne, taş devrinde yapılan aletlerin, insanların yaşam mücadelesindeki rolünden bahsederek başlamıştık. Tarımın icadına ev sahipliği yapan Doğu'nun, sayısız yaratıcılık örnekleri ile medeniyetler tarihinde önemli bir yeri vardır. İslam dünyası uzun bir süre Doğu medeniyetlerinin temsilcisi rolünü üstlenmişti. Son yüzyıllarda ise sanat ile bilim ve teknoloji alanlarında Batı'nın yükselişine tanık olduk.

Prof. Dr. Fuat Sezgin eserleriyle, İslam Dünyası'nda bilim ve teknolojinin yükseliş ve duraklama dönemlerine ışık tutmuştur. Kitabın üçüncü bölümünde, onun birikiminden de yararlanarak, insanlık tarihinde *Stratejik Yaratıcılık*'ın geçmişten geleceğe doğru evrimini tartışmak istiyorum. Bu amaçla, önce İslam Dünyası genelinde ve Osmanlı İmparatorluğu özelinde yaşanan *Stratejik Yaratıcılık* kaybının nedenleri üzerinde duracağım. O dönemde, yeni bir güç merkezi olarak beliren Avrupa'nın hangi adımları attığını da irdeleyeceğim. Son olarak, günümüzden geleceğe dönük eğilimleri anlamak amacıyla, *Stratejik Yaratıcılık*'ın merkezi konumuna yükselmekte olan Pasifik Okyanusu havzasına değineceğim.

Kitabın sonuç kısmında, *Stratejik Yaratıcılık* için neler yapılabileceğine yönelik bazı önerilerimi bulacaksınız. Kitabımda yapmak istediğim bir kavramsal sadeleştirmeyi sizinle paylaşmak istiyorum. Bilim ve teknoloji kavramları arasındaki sınırlar günümüzde geçirgen bir hale gelmiştir. Bu nedenle, bu iki alanın birlikteliğini ifade eden bir kısaltma yapmayı uygun gördüm. Bilim ve teknoloji sözcüklerini birlikte yazmak yerine, kolaylık sağlamak için, kitabımın geri kalan kısmında sadece "Fen" sözcüğünü kullanacağım.

Şimdi kitabın birinci bölümünde, insanın doğadaki mücadelesinde beynin rolünü irdelemeye başlayalım. Ancak, okumaya başlamadan önce sizden bir ricam olacak, insanı diğer

| GİRİŞ | → | 1. BEYİN | → | 2. STRATEJİK | → | 3. TARİHSEL | → | SONUÇ |

canlılardan ayıran en önemli birkaç özelliği aşağıya yazabilir misiniz? Bakalım aynı şeyleri düşünüyor muyuz?

..................................................................................................
..................................................................................................
..................................................................................................
..................................................................................................
..................................................................................................
..................................................................................................

Bu arada aşağıdaki resmi, size çay-kahve eşliğinde kitap okumanın keyfini hatırlatmak için ekledim. Arada bir karşınıza çıkacak.

# 1. YAŞAMSAL SATRANÇ VE BEYİN

## İNSANIN DOĞADAKİ KONUMU

### Terliksi Hayvanı

Doğaya yakın olarak yetişmiş birisi için Biyoloji derslerinin ilginç olması gerekir. Oysa bizim aldığımız Biyoloji dersleri bir türlü bizim yaşadığımız çevreye yönelik değildi. Derslerde tarla, bahçe, inek, koyun, kedi ve köpekten örnek verildiğini hiç hatırlamıyorum. Son derece sıkıcı bulduğum o dersler bende pek fazla iz bırakmadı. Her nedense, bir tek Terliksi Hayvanını hiç unutamadım.

Yıllar sonra, biyoteknoloji alanında eğitim alırken, doğa ile ilgili konuların ne kadar ilginç ve önemli olduğunu hayretle görmüştüm. Özellikle de Biyoekonominin yaşamın sürdürülmesindeki ve medeniyetlerin oluşmasındaki rolünü anlamaya başladığımda çok şaşırmıştım.

Charles Darwin, dünyayı dolaşıp gözlemler yaptıktan sonra, canlıların yaratılışını görsel olarak özetleyen Evrim Teorisi'ni ortaya atmıştı. Darwin ile eşzamanlı olarak Alfred Russell Wallace da uzun yolculuklar sırasında, çeşitli canlı türleri ile ilgili gözlemleri sonucunda benzer bir teoriyi öne sürmüştü.

Darwin'in Evrim Teorisi insanın doğadaki konumunu bilim dünyasında en çok tartışılan konuya dönüştürmüştü. Günümüzde de bu tartışmalar hararetli bir şekilde sürüyor. Pek çoğumuz, insanın özel olarak yaratıldığına ve doğanın hâkimi olduğuna inanıyoruz. Ancak, insanın bilinçsiz bir şekilde doğayı yakıp yıktığını da görüyoruz. Doğada canlı türlerini yok ederek ve çevreyi kirleterek, insan dünyaya onarılamayacak hasarlar vermeye devam ediyor.

İnsanın doğadaki stratejik konumunu ve sorumluluklarını anlamak için en baştan başlamakta yarar var. Öncelikle, canlılık ve yaşam nedir sorularını sorarak bu konuya bilimsel açıdan yaklaşabiliriz. Denizdeki yosunlardan mantarlara, böceklerden kuşlara, ağaçlardan balinalara, fillerden insanlara kadar geniş bir canlı topluluğunun ortak özellikleri neler olabilir? Ben canlı varlıkları tanımlayabilmek için önemli kriterleri aşağıdaki şekilde bir araya getirdim:

- Yapısını ve Canlılığını Sürdürmek (Homeostasis)
- Üremek
- Besin ve Enerji Tüketmek
- Çevre ile Bilgi Alışverişi Yaparak Önemli Uyaranlara Cevap Vermek
- Çevredeki Değişime Uyum Sağlamak
- Bellek Oluşturmak
- Madde, Enerji, Bilgi ve Atık Üretmek

Bir varlık, bu özelliklerin hepsine aynı anda sahip olmasa da canlı kabul edilebilir. Örneğin, üremek çoğu canlı için dönemsel bir özelliktir. Yeni doğan veya çok yaşlanan bir insan bu özelliğe sahip olmasa da canlılığı tartışılmaz. Koma durumunda bu özelliklerden pek azını gösteren bir insan da canlı kabul edilir. Sadece beyin ölümü gerçekleştiği zaman canlılık sorgulanır. Gördüğünüz gibi canlılığı tarif etmek bile pek kolay bir iş değil. Galiba, bu sorunu kasteden yazar Mark Twain, *"Öldüğüme dair rivayetler abartılmıştır!"* demişti.

Şimdi yaşam nedir sorusunu biraz daha derinleştirmekte yarar olacağını düşünüyorum. Her konuda parlak fikirler öne süren Eski Yunanlılar, evreni oluşturan temel unsurları; su, ateş, hava ve toprak olarak sıralamışlardı. Bu görüşleri artık kabul etmemiz mümkün değil. Doğaya ve canlılara bakışta çağdaş bilimsel temellere dayanmakta yarar olduğunu düşünüyorum. Bu nedenle, özet olarak kimya ve termodinamik alanlarına kısaca değineceğim.

Günümüzde evrenin temelinde, sadece madde, enerji ve bilgi olduğu kabul ediliyor. Aşağıda bu üç unsurun birbirine dönüşümleri, görselleştirilmiş olarak özetlenmiştir. Einstein'ın çok bilinen $E=mc^2$ denklemi, madde ile enerji arasındaki ilişkiyi tanımlar. Bilgi üretmek için enerji gerektiğini biliyoruz. Ancak, bilgi kavramının karmaşıklığı nedeni ile geliştirilen matematik modellere burada değinmek istemiyorum.

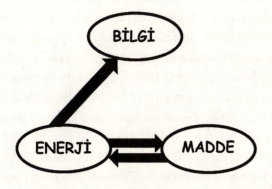

Evrenin üç temel unsuru olan; madde, enerji ve bilginin sıklıkla gündeme geldiğini görebiliriz. Herhangi bir nesnenin

ağırlığı ve enerji içeriğini ölçümleyerek belirleyebiliriz. Buna karşılık bir kar tanesindeki kristal yapının sahip olduğu bilgi içeriği de kolay tanımlanamaz, ama bizleri hayran bırakacak bir güzellik olduğu inkâr edilemez.

Kunduzlar tarafından yapılan yuvalar, termitlerin yaptığı kuleler ve arıların kovanları da cansız yapılar olmalarına rağmen büyük miktarda bilgi içerirler. Bir ev, kütüphane, müze veya bilgisayarın hafızası da büyük ölçekte bilgi ile doludur.

Canlıların yapılarında mineraller, proteinler ve diğer biyokimyasallar vardır. Laboratuvarda analitik teknikler kullanılarak, ayrılıp tartılabilirler. Bir fırında yakılarak enerji içerikleri de ölçülebilir. Ancak, canlıların içerdiği bilgi konusu ise çok karmaşıktır. Canlının organları ve işleyişi, kolay anlaşılamayacak kadar yüksek seviyede bilgi gerektirir. Canlının farkında bile olmadan sahip olduğu genler devasa bir kütüphane kadar bilgi içerir. Ayrıca, beyne sahip olan canlılarda, bilgi için ilave bir boyut daha ortaya çıkar. Örneğin, arılar ve kuşlar yaşadıkları bölgenin bir zihinsel haritasını çıkararak beyinlerinde saklarlar. Hayvanların zihinlerindeki bilgi birikimi, yaşam mücadelesinde genler kadar önemlidir. Bu bilgileri oluşturmak enerji ve zaman gerektirir.

Özetle, canlıları cansızlardan farklılaştıran en önemli unsur, canlıların sahip oldukları bilginin miktarı ve kalitesidir. Bu bilgi onların vücutlarında ve beyinlerinde konumlanır, davranışlarında ortaya çıkar. Kısaca özetlemek gerekirse, bilgi ve beceri olmadan canlılık ve yaşam olmaz.

Canlılar mevsimsel ve dönemsel olarak değişen yaşam ortamlarına uyum sağlamak için çevreyle, besin, enerji ve bilgi alışverişine girebilirler. Bu ilişkileri anlamak ve bilimsel perspektiften yaşamı tanımlamak için, Termodinamik kanunlarını bilmekte yarar var. Şimdi bu kanunlara kısaca göz atalım.

### Termodinamiğin İkinci Kanunu

#### *Devridaim Makinesi ve Fasulye Enerjisi*

*Devridaim makinesi, bir kere başlatılınca hiçbir zaman durmayan mitolojik (!) bir aleti tanımlar. Ne yazık ki, böyle bir makineyi yapmak imkânsızdır. Enerji ilave edilmeyen her makine er ya da geç duracaktır.*

*İTÜ'de fizik dersleri veren Prof. Dr. Nusret Kürkçüoğlu Hoca sıklıkla, devridaim makinesi icadı iddiası ile ofisine gelen mucitlerden (!) bahsederdi. Devridaim makinesinin mümkün olamayacağını anlamayanlar ellerinde yaptıkları makineler ile Nusret Hoca'nın kapısını çalarlarmış. Deneme için başlattıkları makine bir süre sonra kaçınılmaz olarak duruverirmiş. Bu noktada mucit makineye bir kere daha eliyle güç uygularmış, alet yine durunca, hocamız gülerek, bu makineyi, mucidin akşam yemeğinde yediği fasulyenin döndürdüğünü söyler ve onu evine gönderirmiş.*

*Aslında, 16. yüzyılda Takiyeddin tarafından Devridaim makinesinin imkânsızlığı ifade edilmişti.[1] Ne yazık ki, üçüncü* bin yılda bile ülkemizde *Devridaim Makinesi* iddiası ile gazetelere ilanlar verilmişti. O zaman, bu efsaneye inananlar olduğunu şaşırarak gördüm. Hatta bu yatırıma katılmak isteyen bir dostumu uyarmaya çalıştım. Kolay kazanç peşinde olan tamahkâr dostum, Termodinamiğin İkinci Kanunu'nu anlamak istemedi. Dostum aldatıldığını fark ettiğinde artık çok geç olmuştu. Termodinamiğin Kanunları mahkemede işine yaramayacaktı!

Evrendeki bütün *Kapalı Sistem*ler içerdikleri enerji ve düzeni kaybetmeye eğilimlidir. Bir *Kapalı Sistem*, dış dünya ile madde, enerji ve bilgi alışverişi yapmayan, ideal bir kutu olarak tanımlanabilir. Bu kutunun içindeki her şey mevcut düzenini, enerji ve bilgi birikimini zamanla kaybedecektir. Yani, bir makine enerji desteği olmadan sonsuza kadar çalışamaz. Çalışacağı süre kullanacağı enerji miktarı ile sınırlıdır. Bu kural *Termodinamiğin İkinci Kanunu* olarak da bilinir. (Bu arada, Termodinamiğin Birinci Kanunu'nu merak edenler için: Enerji yoktan var edilemez. Sadece bir şekilden diğerine dönüşür.)

İkinci kanuna göre, dışarısı ile alışveriş yapmayan bütün *Kapalı Sistem*ler, düzensizliğe yani *entropi* artışına doğru ilerler. Örneğin, dalından koparılıp kapalı bir kutuya yerleştirilen bir elma, kısa sürede çürümeye ve cazip görüntüsünü kaybetmeye başlar. Güneş milyonlarca yıl yanmaya devam etse de, sonunda içerdiği enerji kaynaklarını tüketecektir. Bütün bunlara neden olan *entropi artışı*, kısaca kullanılabilen enerjideki azalma veya düzensizlikteki artış olarak tanımlanabilir. Bir bitki için enerji kaynağı olan güneşin, bu süreçte kullanılabilir enerjisi azalır. Yiyeceklerle dolu bir yemek masası kullanılabilir enerjiyi temsil ederken, çöp kutusunda çürüyen atıklar da *entropi*yi işaret eder.

| GİRİŞ | 1. BEYİN | 2. STRATEJİK | 3. TARİHSEL | SONUÇ |

Canlıların büyüyüp gelişebilmesi, *entropi*ye karşı mücadele anlamına gelir. Örneğin, bir fidanın ağaca dönüşerek yükselmesi, kütle, enerji ve bilgi içeren bir yapı oluşturması demektir. Bu ağacın yaşamaya devam etmesi için köklerinden besin maddeleri ve su temin etmesi gerekir. Yapraklar da güneş ve hava ile alışverişi sağlar. Pek çok hayvan da bitkisel ürünleri tüketir. Bu örneklerde bitki için güneş, hayvan için de bitki *Serbest Enerji* kaynağıdır. *Serbest Enerji*, kullanılabilir enerji veya iş yapma kapasitesi olarak tanımlanabilir.

*Serbest Enerji* temin edebilen canlılar, *Termodinamiğin İkinci Kanunu*'ndan kurtulmanın yani canlı kalmanın yolunu bulabilirler. Cansız sistemlerden farklı olarak, canlılar çevreden madde, enerji ve bilgi alarak, yaşam sürecinde bedenlerini geliştirmeye veya korumaya devam edebilirler. Buna karşılık, yarattıkları atık maddeler ile çevrede *entropi* artışına neden olurlar.

Sadece, 20. yüzyılda insanların nüfusu yaklaşık dört katına çıkarak, 1,6 milyardan 6 milyara ulaştı. Bunun yanında, aynı dönemde, dünyadaki kişi başına düşen enerji ve gıda tüketimi kabaca iki katına çıktı. Artan nüfusu barındırmak, giydirmek ve beslemek için şehirler ve fabrikalar kuruldu. Ormanlar tarlalara dönüştürüldü. Tarım alanlarını sulamak için, binlerce yılda biriken değerli yeraltı suları çekildi. Nehir ve deniz sularına kimyasal maddeler karıştı. Karalarda çöp dağları ve okyanuslarda da çöp adaları oluştu. İnsanlar yaşamak için çevrelerinde bol bol *entropi* oluşturmaya devam ediyorlar.

Canlılar iç dengelerini koruyabildikleri sürece yaşamlarını sürdürebilirler. Yaşam, aslında bir *kararsız denge* hali olarak da tanımlanabilir. Yaşam mücadelesinin ileri bir aşamasında, canlılar üreme yolu ile sahip oldukları genetik bilgileri, gelecek nesillere aktararak koruma altına alırlar. Bu *kararsız denge* bozulduğunda, yaşam sona erebilir. Çevre ile alışveriş sürdürülemeyecek noktaya gelince her canlı için ölüm kaçınılmaz olur. Yani sonunda: *Her canlı ölümü tadacaktır.* Bedeni yavaş yavaş çürüyen bir hayvanın enerji, madde ve bilgi içeriği azalırken *entropi*si artmaya devam eder. Ölü bedenin mutlak denge haline gelmesi, toprağa karışarak yapısının ve bilgi içeriğinin tamamen yok olması ile gerçekleşir. Bu durumda *entropi*nin en yüksek seviyeye ulaştığı söylenebilir.

Kısaca yaşam; maddenin düzenli bir yapıyı sürdürerek doğa kanunlarına uygun biçimde davranışıdır. Canlıların düzenli yapılarını geliştirerek devam ettirebilmeleri için sürekli olarak besin ve enerji temin etmeleri gerekir. Sadece, derin uyku hali olarak tanımlanabilecek özel durumlarda, mikroorganizmalar ve tohumlar uzun yıllar çevre ile alışveriş yapmadan, canlılık potansiyelini koruyabilirler.

Aşağıda bir canlının çevresi ile ilişkisi görsel olarak özetlenmiştir:

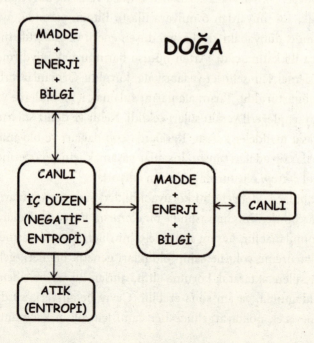

Canlılar, diğer canlıları da enerji ve gıda kaynağı olarak tüketebilir. Bazı bitkilerin böcekleri avladığı bile görülür. Buna karşılık, doğada enerji ve besin kaynaklarının temini için çeşitli canlılar arasında işbirlikleri yapılabilir. Bağırsaklarımızdaki mikroplarla böyle bir ilişki içindeyiz. Biz mikropların beslenebileceği gıda maddelerini temin ederiz, onlar da bizim sindirim sürecimize yardımcı olurlar.

Canlılar arasındaki bilgi alışverişine en yaygın örnek, çiftleşme sırasında transfer edilen genlerdir. Ancak, çiftleşme olmaksızın da genetik bilgi alınıp verilebilir. Örneğin, virüsler tarafından konak canlılara aktarılan genler, virüslerin çoğalmasını sağlayan bilgileri taşır. Dudaklarımızın uçuklaması, bu virüslerin bizi kullanarak çoğaldığını gösterir.

# İNSANI HAYVANLARDAN FARKLI YAPAN ÖZELLİKLER

## Deneme Yanılma Dünyası

Çocukluk döneminden, pek çok garip adet hatırlıyorum. Örneğin, ateşe tuz atılır, nazar boncuğu takılır, fallara bakılır ve misafirin arkasından su dökülürdü. En kötüsü de, kem gözlerden sakınmak için, bir tavada kurşun eritilmesiydi. Ben de henüz kurşunun zehirli olduğunu bilmediğim için, dökülünce katılaşan kurşunu elime alıp onunla oynardım.

Çocukken kabakulak olduğum zaman, beni doktor yerine bir hocaya götürmüşlerdi. Hoca da yüzüme sabit kalemle bir dua yazmıştı. Uzun bir süre komik bir görüntü vermiş olmalıyım. Böyle bir fotoğrafım olmadığı için üzgünüm.

İnsanın çözüm arayışında mantıklı olup olmadığına bakmadan bir şeyleri denemesi pek çok gelişmenin de temellerini atmıştır. Örneğin, sahte altın veya ölümsüzlük ilacı yapmak isteyen simyacılar, eczacılık, kimya ve metalürjinin temellerini atmıştı. Çin'de imparatorlar için ölümsüzlük ilacı yapmakla görevli olan simyacılar vardı. İlaç işe yaramadığı için imparatorlar öldükçe, aynı açıklamayı yapar; imparatorun dozu aştığı için öldüğünü söylerlerdi.[2] Yıldızlara bakarak gelecek tahmini yapan astroloji meraklıları da, gözlemleri ile astronominin temellerini atmıştı.

| GİRİŞ | **1. BEYİN** | 2. STRATEJİK | 3. TARİHSEL | SONUÇ |

*İnsanları kurşun dökmeye, astrolojiye ve simyaya yönelten şey insana özgün doyumsuz meraktır. İnsan Yaşamsal Satranç oyununda, nedenini anlamadığı sorunlara çözüm ararken aklına gelen her şeyi dener. Bu denemeler, bazen faydalı çözümlere ulaştırır. Bu şekilde medeniyet mirası oluşur. Ancak, bu büyük mirasın içerisinde kurşun dökmek gibi zararlı alışkanlıklar da yerlerini alabilir.*

İnsanın doğada özel bir konumu olduğu görüşüne herkes kolayca katılabilir. Ancak, insanın diğer canlılar ile farkının ne olduğu konusunda uzlaşma o kadar kolay sağlanamaz. Geçmişte; düşünme, planlama ve tasarım becerilerinin, sadece insana mahsus olduğu öne sürülmüştü. Oysa bu becerilerin, aynı ölçekte olmasa bile, pek çok hayvanda bulunduğu ortaya çıktı. Bu konuyu anlamak için, öncelikle insanın diğer canlılarla ortak özelliklerinin neler olduğuna bakalım. İnsanlar; hava, su ve besin maddeleri tüketimi açılarından hayvanlardan çok farklı değildir.

Yetişkin insanlar da hayvanlar gibi eş bulmak amacıyla rekabet eder. Hatta hayvanlar arasında olduğu gibi insanlar arasında da çatışmalar çıkabilir. Edebi eserlerin ve görsel sanatların büyük bir kısmı aşk, ayrılık ve rekabet hikâyelerine odaklanır.

Neslin devam ettirilmesi için yavruların bakımı ve beslenmesi konularında da büyük benzerlik görülür. Kuşlar yavruları yuvadan uçana kadar onları besler ve korurlar. Hayvanlar arasında, yavrularını korumak için kendi hayatlarını riske atanlar görülebilir. İnsanlar da çocukları ve diğer aile fertleri için hiçbir fedakârlıktan kaçınmazlar.

Yukarıda özetlendiği şekilde, insan ve hayvanların temel içgüdüleri arasında benzerlikler vardır. Buna karşılık, insanla hayvanlar arasındaki farkları oluşturan özellikler tartışmalıdır.

Aşağıda, insanı özel kılan bu unsurlardan öne çıkan on dört tanesini kısaca irdeleyeceğim.

**1. İki Ayakta Üstünde Durmak ve Koşmak:** Sağlıklı bir insan hareket ederken iki ayak üzerinde kolayca yürüyebilir. Dik yürümek suretiyle, vücuda oranla oldukça ağır olan kafa kolayca taşınabilmektedir. Bunu sağlamak için, kafanın omurganın tam üstünde, dengeli bir şekilde durabilmesi gerekir. Şempanze ve diğer primatlarda, kafa omurganın üstünde değil, önünde konumlanmıştır. Bu nedenle, primatlar bazen iki ayak üzerinde durmakla birlikte, genelde uzun mesafe gidebilmek için, dört ayak üstünde yürürler. Oysa insanın yürürken elleri serbest kalmaktadır. Yürürken ellerin serbest kalması, eşyaların hatta ateşin taşınmasına imkân sağlar. Ayrıca, elde taşınan silahlarla avlanmak ve yırtıcılarla mücadele etmek mümkündür.

Hayvanlar arasında sadece kuşlar, iki ayakları üstünde durmakta özel birer istisna olarak görülebilirler. Ancak onların kanatları el olarak kullanılamaz. Yoksa herhalde onlar insanların başına büyük bela olurlardı!

**2. El ve Başparmak:** İnsan elinde başparmağın konumu ve hareket esnekliği sebebiyle pek çok karmaşık işlev gerçekleştirilebilir. Bunlar arasında, alet yapmak ve kullanmak başta gelir. Bu önemli işlevleri gerçekleştirebilmek için beyinde el ve özellikle de başparmak için geniş bölge ayrılmıştır. Ellerin beyinde kapladığı bölgenin genişliği nedeniyle sağladığı önemli bir fayda da, dokunarak ve yaparak öğrenmektir. Aslında, eylem beyne önemli bilgilerin aktarılmasının bir yoludur.

Bu kapsamda, çok beğendiğim bir Çin atasözünü hatırlatmak istiyorum: *Duyarsam unuturum. Görürsem hatırlarım. Yaparsam anlarım.* Bu atasözü, el ile beyin arasındaki özel ilişkiyi çok iyi anlatıyor. Bu konuya daha sonra tekrar değineceğim.

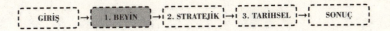

Şempanze ve maymunlarda ellerin gelişimi insana kıyasla çok sınırlıdır. Buna karşılık onlar, dallara tutunmak ve tırmanmak için çok güçlü kol kaslarına sahiptirler.

**3. Hançere ve Dil:** İnsanın, karmaşık *Sözel İletişim* için dili kullanabilmesi sosyokültürel mirasın korunmasını ve gelecek nesillere öğretilebilmesini sağlamıştır. İnsan toplulukları konuşarak anlaşabilir ve birlikte hareket edebilirler. Sözel iletişim sayesinde, karanlıkta da görüş paylaşımı ve birlikte hareket gerçekleşebilir.

İnsanın hançeresi, özellikle müzik konusunda zengin bir çeşitliliğe olanak sağlar. Opera gibi insan sesinin sınırlarını zorlayan müzik türleri, olağanüstü güzellikte eserler oluşturmuştur.

Hiçbir primat, ileri derecede iletişim seviyesine ulaşamamıştır. Bu konudaki becerileri ile istisna olarak, kuşlar gösterilebilir. Ancak, kuşların karmaşık bir cümle oluşturduğu henüz belirlenememiştir.

**4. Sol-Sağ Beyin Farklılaşması:** Primatlardan farklı olarak insanda sağ el kullanımı ve dilin gelişimi *Sol Beyin*'in uzmanlaşarak baskın hale gelmesini gerektirmiştir. *Sağ Beyin*'in ise görsel ve uzamsal becerilere yönelik uzmanlaşma gösterdiği anlaşılıyor.

**5. Büyük Beyin ve *Neokorteks*:** Beyin ağırlığının vücuda oranı arttıkça genel olarak hayvanlarda zekâ seviyesi yükselir. İnsan beyni, benzer boyuttaki primatlara kıyasla, üç katı kadar büyüktür. Sadece bu fark bile, insanın ayrıcalıklı konumda olduğunu gösterir. Özellikle de beynin %80'ini kaplayan *Neokorteks*, primatlarla farkın temel nedenidir. Bu bölgenin, insana mahsus dil, mantık ve tasarım gibi *Stratejik Yaratıcılık* açısından önemli rolü olduğu görülüyor. Ben *Neokorteks*'in insan için vazgeçilmez olduğunu düşünüyorum. Eskilerin deyimi ile insanı Eşrefi Mahlukat yani en seçkin canlı varlık yapan bu beyin bölgesidir. Bu bölgeyi *Stratejik Beyin* olarak da tanımlayabiliriz.

Fare gibi bazı hayvanlarda, beyin-vücut ağırlık oranı yüksek olmasına rağmen, *Neokorteks*'in boyutu çok sınırlı kalır.

**6. Kılsız Vücut:** İnsan, vücudu kılsız olan tek primattır. Memeli hayvanlar arasında ise sadece, suda yaşayan bazı memelilerin kılsız olduğu görülmektedir. Primatların genel olarak suda yüzmede başarılı olamamaları da insanın farklı bir varlık olduğunu gösterir.

**7. Gözyaşı:** Sadece insanların üzüntü ve sevinç nedeni ile gözyaşı döktüğü biliniyor. Duyguların bu şekilde ifadesi konusunda benzersiz olduğumuz anlaşılıyor.

**8. Ateşin Kullanılması:** Ateşin yakılması ve sürdürülmesi, insanın stratejik becerileri arasında çok önemli bir yer tutar. Ateşi kullanan insan, yırtıcılara karşı büyük bir üstünlük sağlayabilmiştir. Ateş ile gece gündüze dönüşür. Mağaralar, evler ısıtılabilir ve aydınlatılabilir. Yemek pişirilebilir. Metaller eritilebilir. Ateşi kullanmanın, insanın *Stratejik Yaratıcılık*'ı açısından önemli bir dönüm noktası olduğunu vurgulamak istiyorum.

Şempanzeler bile kendi başlarına ateş yakmayı beceremezler. Sadece, eğitmenlerinden çakmak kullanmayı öğrenebildikleri görülmüştür.

Ateşle ilgili ilginç bir gözlem de Avustralya'da yapıldı. Bazı avcı kuşların, çalılıklardaki yangınların etrafa yayılmasını sağlayarak, avların ortaya çıkmasını bekledikleri iddia edilmiştir.[3]

**9. Yemek Pişirmek:** Isıtarak yemek hazırlayan tek canlı insandır. Yemek pişirme, öncelikle gıda maddelerinin kolay hazmedilir şekle gelmesini sağlar. Buna ilaveten, iyi pişirilen besinlerdeki mikroplar yok edilerek, bulaşıcı hastalıklara karşı koruma sağlanır.

**10. Alet Yapmak:** Maymun ve şempanzelerin, basit de olsa alet yapma becerileri olduğu görülüyor. Bazı kuşların ve özellikle kargaların da bu konuda becerileri olduğu biliniyor. Ancak, insan alet yapma becerisini geliştirip, alet yapan makineler ve yapay zekâ sistemleri tasarlama aşamasına kadar yükseltmiştir. Alet yapmak, insanın sahip olduğu bilgiyi bir nesneye yükleyerek somutlaştırmasıdır. Medeniyetin gelişmesinde aletlerin rolü çok büyüktür.

**11. Estetik Arayışı:** İnsan kendini, çevresini ve eşyalarını güzelleştirmek için sürekli bir gayret içindedir. Bilinçli olarak sanat eserlerinin üretilmesi de insana mahsus bir özelliktir.

Şempanzelerin boya ile oynamaktan hoşlandıkları görülmüştür. Ancak, şempanze ortaya çıkan görüntü ile ilgilenmez. Boya ile oynamak, şempanzenin gürültü yapmaktan hoşlanmasına benzetilebilir.

Doğada bazı hayvanların estetik beğeniye sahip olduklarını gözlemliyoruz. Örneğin, Çardak Kuşu'nun da yaptığı çardakları güzelleştirme çabasından dolayı estetik kavramına sahip olduğunu unutmamak gerekir.

**12. Kültürel Birikim (Medeniyet):** Kültürel mirasın yeni nesillere öğretilerek devredilmesine pek çok canlı türünde rastlanır. Ancak, insan yaşadığı ortamın tasarlanması ve sosyokültürel kurumların oluşturulması konularında özel bir üstünlüğe sahiptir. Ayrıca; bilim ve sanat gibi kavramlar insana mahsustur.

Hayvanların yuva yapma konusundaki becerileri de görmezden gelinemez. Ancak, hayvanların yaptığı yuvaların genel olarak aynı kaldığını, tasarımların kolay kolay yenilenmediğini görüyoruz.

**13. Yenilik Merakı:** İnsanın, keşif ve icat yapma eğilimi, diğer canlılarda rastlanmayan bir davranıştır. Sadece bir zirveye tırmanmış olmak için hayatını tehlikeye atmak insana mahsus bir özelliktir. Ancak bu eğilim, sonuç olarak pek çok işlevsel aletin ve güzel eserin yapılmasını sağlamıştır. Yeni aletler ve sanat eserleri yaratmaya çalışmak ve bu şekilde kendini ifade etmek insanı farklılaştırır.

İnsan yapabildiği keşif, icat ve tasarımlarla yeni sorunları çözebilir. *Yaşamsal Satranç* oyununda yenilik yapabilmek, *Stratejik Yaratıcılık* için eşsiz bir üstünlük sağlar. Örneğin; ateş yakmayı, tarımı, değirmeni, matbaayı ve antibiyotikleri icat eden insanlar, rakiplerine karşı büyük birer üstünlük sağlamışlardır.

Doğada bulundukları çevreyi değiştiren; termit, arı veya kunduz gibi canlıların karmaşık yapılar oluşturdukları gözlenir. Karıncaların yaprak ve küfleri kullanarak sınırlı biçimde, tarımsal üretim yaptıkları görülür. Bunları sosyokültürel birikim olarak görmek bile mümkündür. Lir kuşu çevrede duyduğu mekanik gürültüleri bile şarkı repertuvarına ilave edebilir. Çardak Kuşu da çevrede bulduğu renkli eşyaları çardağına koyarak süsleyebilir.

Bazı memeli ve kuşların karşılaştıkları yeni sorunları çözmek için sınırlı da olsa yeni yöntemler oluşturdukları gözlenmiştir. Şempanzelerin ve maymunların da bazı yaratıcı çözümler bulabildikleri görülüyor. Bu konularda, tamamen yalnız olmayabiliriz, ancak hayvanlarda görülen bu özellikler, insanlarla kıyaslayınca çok ilkel seviyede kalmaktadır. Özetle, bilimsel olarak gözlemlenebilir bir zaman diliminde, hayvanların yaratıcılık olarak tanımlanabilecek önemli yenilikleri yapabildiklerine rastlamıyoruz.

**14. Strateji:** İnsanın stratejik davranışının temelinde ihtiyaçlarını karşılamak vardır. Buna ilaveten, insan yeni sorunlar çözebilmek ve yeni hedeflere ulaşabilmek için yaratıcı fikir ve alternatif arayışına girer. Strateji süreci, algılama ve yeni görüş oluşturma yanında uygulama becerisi gerektirir.

Bu süreçleri iyi yöneten toplumların, oluşturduğu *Stratejik Yaratıcılık* örneklerinden gelecek bölümlerde bahsedeceğim.

Buraya kadar insan doğası ile ilgili çeşitli tartışmaları irdelemiş olduk. İnsanın ne kadar özel bir varlık olduğunu nedenleri ile birlikte gördük. Şimdi, canlıların ilginç yapıları ve karmaşık ilişkileri ile olağanüstü bir çeşitlilik sergilediği, *Yaşamsal Satranç* oyununa biraz daha yakından bakalım.

## YAŞAMSAL SATRANÇ

*Erkek Çardak Kuşu her mevsim yeni bir çardak yaparak, eşler bulmaya çalışır. Çardağını güzel dallarla donatarak oluşturur. İçine de etrafta bulduğu meyveleri yerleştirir. Hatta taşıyabildiği renkli eşyaları da onların yanına koyar. Böylece, sağlıklı bir birey olduğunu göstermek için özgün bir çardak oluşturur. Başarılı bir çardak tasarımı ona otuz tane dişi ile çiftleşme imkânı sağlayabilir. Genlerini taşıyacak yavrulara bu dişi kuşlar bakacaktır. Çardak Kuşu emeğinin karşılığında, neslinin devamını sağlayacaktır.*

*Guguk Kuşu (Cuckoo) bir asalaklık örneği sergiler. Yumurtalarını başka kuşların yuvalarına bırakarak annelik görevini onlara yükler. Çoğu zaman, kuşlar yuvalarında yumurtadan çıkan her yavruyu sahiplenir ve beslerler. Böylece, asalak Guguk Kuşu çok sayıda yavrusunun beslenmesini sağlamış olur.*

Çardak Kuşu yaşam mücadelesinde, küçücük beynini kullanarak ilginç bir *Yaşamsal Satranç* oynar. Canlılar bulundukları ortamlara, çevreden aldıkları çeşitli bilgileri işleyerek uyum sağlarlar. Bu bilgi işlem süreci, özellikle hareketli canlılarda, karmaşık sinir sistemleri hatta büyük beyinler gerektirir. Bilgi toplama, işleme ve uyum sağlama suretiyle stratejik adımlar atılarak bu *Yaşamsal Satranç* oyunu oynanır.

| GİRİŞ | **1. BEYİN** | 2. STRATEJİK | 3. TARİHSEL | SONUÇ |

Bitkilerin bile, beslenmek, üremek, mevsimsel değişikliklere uyum sağlamak ve kendi düzenlerini koruyup geliştirmek için *Yaşamsal Satranç* oynadıkları söylenebilir. Bazı bitkiler kurdukları tuzaklarla böcekleri avlar. Buna karşın, yüzlerce metre uzunluklara ulaşabilen bitkilerde bile, en basit hayvanlar olan böceklerdeki beyin yapısına benzer bir sinir sistemi gelişmemiştir. Yani, beyin hatta bir sinir sistemi olmaksızın da *Yaşamsal Satranç* oynanabilir.

Mikroorganizmalar genetik yapılarında oluşan mutasyonlar nedeniyle antibiyotiklere karşı direnç oluşturarak üremeyi sürdürebilirler. Tehlikeli hastane mikropları bu şekilde oluşur. Çoğu zaman, *Yaşamsal Satranç*'tan mikroplar kazançlı çıkar. Örneğin, insanlar tükettikleri besin maddeleri ile bağırsaklardaki milyarlarca mikrobu beslerler. Aslında, karnımızın doyması bağırsaklarımızdaki mikropların doyması anlamına gelir. Onlarla ortakyaşar olmanın gereği olarak birbirimize yardımcı olmaya çalışırız. Yediklerimizin büyük bir kısmı mikropların *Yaşamsal Satranç* oyunu için kullanılıyor. *Ben, mikropların insanları evcilleştirmeye başladıklarından şüpheleniyorum!*

Bir topluiğnenin başı kadar küçük beyne sahip olan arı, oynadığı *Yaşamsal Satranç* için çevrenin haritasını çıkarır, kovanında petek yapar, yuvasını temizler ve dans ederek bulduğu çiçeklere giden yolun tarifini yapabilir. Başka bir deyişle, çiçeklere giden yolun dans ile görselleştirildiği söylenebilir. *(Mecbur kalsanız, sadece dans ederek, birine yol tarifi yapabilir misiniz?)*

Hayvanların beyni büyüdükçe yetenekleri artar ve *Yaşamsal Satranç* oyunu çeşitlenir. Genel olarak avcıların beyinleri avladıkları hayvanlara kıyasla daha büyüktür. Evcilleşen hayvanların da vahşi olanlara kıyasla beyinleri küçük kalır. *Fazla uysal olmak akıllı işi değil galiba.*

Aşağıdaki şekilde, memeli hayvanlara örnek olarak primat ve insan beyinleri kıyaslanmıştır. Maymun, goril ve şempanzelerin oluşturduğu primatların ve insanların beyinlerinde *Neokorteks* olarak isimlendirilen üstel yapının büyüklüğü dikkat çeker. Ancak insan beyni, aynı boyuttaki primat beyninin kabaca üç katı büyüklüğündedir. Gelecek bölümde, *Yaşamsal Satranç* becerileri ile hayvanlar âleminde özel bir yeri olan primatları incelemek istiyorum.

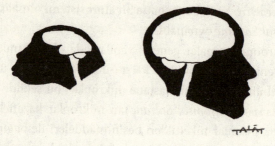

## Primatlarla İnsanların Benzerlik ve Farkları

*Şempanzelerin, doğada yaşamsal sorunlarını çözmek için, on üç tane alet geliştirdiği biliniyor. Bunlar arasında kabuklu yemişleri kırmak için kullanılan taşlar, saldırı için kullanılan sopalar ve temizlenmek için kullanılan yapraklar sayılabilir. Avustralya yerlileri olan Aborjinlerin, birkaç yüzyıl öncesine kadar, sadece kırk alet kullandığı düşünülürse, on üç tane aletin önemi daha da iyi anlaşılabilir. Jared Diamond, Tasmanya yerlilerinin ise geçmişte sahip oldukları bazı aletleri ve becerileri kullanmayı unuttuklarını anlatır. Tasmanya keşfedildiğinde, yerliler ateş yakmayı, sandal yapmayı ve balık tutmayı artık beceremedikleri için açlık sınırında yaşıyorlardı.*[4]

*Ben birikimlerin ve yaratıcılığın kaybedilmesini Beynin Kısırlaşması olarak tanımlıyorum. Bu konudan daha sonra bahsedeceğim.*

Şempanze ile insanın genetik olarak farkının sadece yüzde bir seviyesinde olması dikkat çekicidir. Aslan ve kaplan arasında bu kadar fark, onlarda önemli bir değişikliğe neden olmaz. Oysa insan ile şempanze arasında zihinsel olarak büyük bir uçurum vardır. Bu nedenle, primatlar doğada ve laboratuvarlarda çok sayıda araştırmaya konu olmuştur. Ben de, şempanzelerle aramızdaki benzerlik ve farkları ayrıntılı olarak irdelemenin, bize insan olmanın ne demek olduğunu daha iyi anlatacağını düşünüyorum.

Şempanzeler, yüksekteki muzlara erişebilmek için, iç içe geçebilen iki sopayı birleştirmek suretiyle parçalı bir alet yapabilirler. Taş kullanarak kabuklu yemişleri kırabilirler.

Japonya'da yaşayan makak maymunlarının da, toprak bulaşmış patates ve tahıl tanelerini suda temizlediği gözlemlenmiştir. Bu örnek, onların fiziksel bir ayırma tekniğini kullandıklarını göstermektedir. Bu buluşun makak sürüsü içinde yaygınlaşması sırasında, maymunlar birbirini izlemek suretiyle öğrenebilmiştir. Maymunlarda öğrenme ve *Görsel İletişim* açısından özel önemi olan *Ayna Nöronlar* konusu ilerleyen bölümlerde tartışılacaktır.

Benlik bilinci konusunun geçmişte, sadece insana özgü bir kavram olduğu öne sürülmekteydi. Yani, insan dışında hiçbir canlının kendi benliğinin farkında olmadığına inanılmaktaydı. Deneylerde, pek çok hayvanın aynadaki yansıyı bir rakip olarak algıladığı, hatta aynaya saldırdığı görülmüştü. Ama aynaya bakan bir şempanzenin ise, aynada gördüğünün kendisi olduğunu kolayca anladığı fark edildi. Bu gözlem, şempanzenin kendi görüntüsünün farkında olduğunu ispat etti. Uykudayken yüzüne boya sürülen bir şempanze, uyandığında aynaya bakınca boyayı fark eder ve dikkatli bir şekilde temizlenir. Bu bulgular, şempanzelerin, benlik bilinci ve *Görsel Düşünme* açılarından eriştikleri yüksek seviyenin işaretleridir.

İnsan beyninde konuşma becerisinin odaklandığı Broca Alanı'na benzer bir bölgenin şempanze ve orangutanlarda da gelişmiş olduğu belirlenmiştir. Şempanzeler, kendilerine söylenen isimleri anlayarak ait olduğu kişilerin resmini işaret edebilirler. Buna karşılık, şempanzelere konuşma öğretmek için yapılan çalışmalar başarılı olamamıştır. Sadece yüz elli civarında sözcüğün şempanze tarafından anlaşılması sağlanabilmiş, ama gerçek anlamda konuşma asla gerçekleşememiştir.

Araştırmalarda şempanze hançeresinin sesleri çıkarmak için yetersiz olduğu ortaya çıkmıştır. Özellikle de, sessiz harflerin kullanımı sorun yaratmıştır. Bu açıdan yeni doğmuş bir bebekle şempanze arasında benzerlik söz konusu olabilir.

Şempanzelerin, *Sözel İletişim*'deki başarısızlığına kıyasla, *Görsel İletişim*'de çok daha becerikli oldukları görülür. Örneğin, *İşaret Dili* öğrenerek, isteklerini kolayca anlatabilirler. Şempanzelerin, kendileri için oluşturulan, görsel semboller içeren bir klavyeyi kullanarak, cümle kurabildikleri de görülmüştür. Bu şekilde görselleştirilen iletişimde, şempanzeler yeni kavramları ifade edebilmek için öğrendikleri sembolleri birleştirebilmişlerdir. Bu örnek de onların, *Görsel İletişim* için ileri derecede yetkin olduklarını göstermiştir.

Şempanzeler ile ilgili ilginç bir bulgu da, uzun bir kuraklık döneminden sonra yağan yağmuru sevinç içinde dans ederek kutlamalarıdır. Yani şempanzeler duygularını görselleştirerek ifade ediyorlar. Ayrıca, farelerde görüldüğü şekilde, şempanzeler de oyun oynarken gülmeye benzer sesler çıkarıyorlar. Şempanzelerin gıdıklandıklarında güldükleri de gözlemlenmiştir.

Geçtiğimiz yüzyılda Constantin von Economo tarafından, beyinde başkalarının ne düşündüğünü anlamaya yarayan nöronlar olduğu öne sürülmüştü. Bu nöronlar, araştırmacının adına dayanarak *von Economo Nöronları* (VEN) olarak isimlendirilmişti. Daha sonra, bir hareketin beyinde taklit edilmesi, *Carpenter Fenomeni* olarak tanımlandı. Bu kavram, ayrıca *Ideomotorik Yasası* olarak da bilinir.

Rizzolatti ve çalışma arkadaşları, maymunlar üzerinde yapılan beyin araştırmalarında, önemli bir buluş gerçekleştirmiştir. Bir maymunun hareketlerini izleyen diğer maymunların beyninde, izlenen işi sanki kendileri yapıyormuş gibi uyarılmalar olduğu saptanmıştır. Bu uyarılmaların odaklandığı sinir hücrelerine, *Ayna Nöron* (*Mirror Neuron*) adı verilmiştir.[5]

Maymunların bu yapılar aracılığı ile başkalarını izleyerek öğrenebildikleri ortaya konmuştur. Ayrıca, başka maymunların cinsel ilişkilerini içeren videoları izlemekten hoşlandıkları da görülmüştür. Bu sırada izleyicilerin testosteron seviyesinin yükseldiği de belirlenmiştir.

Rizzolatti ve arkadaşları maymunlardan sonra insanlarda da *Ayna Nöronlar* ile ilgili önemli keşiflere imza attılar. Artık bu nöronların *Yaşamsal Satranç* oyunu için birçok faydası olduğu anlaşılıyor. Şimdi bunlardan bir kısmını açıklamaya çalışalım.

**1.** *Ayna Nöronlar* öncelikli olarak karşımızdaki insanlarla empati kurmamızı sağlarlar. Bu şekilde kendimiz için doğru davranışın ne olduğuna karar verebiliriz. Ayrıca, karşımızdakine destek vermek için uygun zaman ve yaklaşımı belirleyebiliriz.

**2.** İzlenen görsel eylemler taklit edilerek öğrenilir. Bebeklerin doğduktan çok kısa bir süre içinde özellikle annelerinin yüzündeki ifadeleri taklit etmeye çalıştıkları gözlenir. Bu taklitler aynı zamanda iletişim kurmak için de kullanılır. Çocuk anneyi, anne de çocuğu taklit ederek bağlarını güçlendirirler. Evli çiftlerin de zaman içinde birbirlerine benzer şekilde hareket ettikleri gözlenir.

**3.** Grup halinde yapılan, avlanma gibi eylemlerde eşzamanlı hareket edilmesi gereklidir. Takım olarak hareket etmek bireylere *Yaşamsal Satranç* oyununda önemli bir avantaj sağlar.

**4.** *Ayna Nöronlar*la ilgili olarak belki de en önemli nokta, gözlemcinin karşısındaki bireyin bir sonraki adımının tahmin edilebilmesidir. Örneğin, bir çatışma sırasında rakibin hareketlerine anlam verebilmek ve gelecek hamlesini öngörebilmek yaşamsal fayda sağlar.

Primatlar da, ayılar ve köpekler gibi, göz göze bakışmayı bir tehdit olarak algılarlar. Ayrıca, primatlarda cinsel organın gösterilmesi meydan okumadır. Bu açıdan bazı ilkel insan toplulukları ile benzerlik görülür. Yeni Gine'deki bir kabilede erkekler cinsel organlarını göstererek dans eder. Bu da Haka dansı gibi karşı tarafa bir çeşit meydan okuma gösterisidir. Normal şartlar altında, en ilkel kabilelerde bile cinsel organlar örtülür. Bu şekilde örtünmek, gereksiz yere oluşabilecek tehdit algısını ortadan kaldırır.

Primatlar ile insanlar arasında bir benzerlik alanı da içgüdüsel çekincelerdir. Örneğin, yılandan, düşmeden ve karanlıktan korkmanın yanında, dışkılardan uzaklaşma ve temizlenme davranışları da benzerdir. Primatlar, bir süre konaklayarak kirlettikleri bölgeden uzaklaşmak suretiyle, atıkların birikmesini ve bitlenmeyi engeller.

Aslında kara ve deniz memelileri arasında primatlardan daha büyük beyinli olanlar vardır. Hatta yunusların primatlardan daha zeki olduğu bile öne sürülüyor. Buna karşın yunusların düşündüklerini gerçekleştirmek için kullanabilecekleri ellere sahip olmamaları nedeniyle zekâ potansiyellerinden yararlanmaları beklenemez. Örneğin, yunusların alet tasarlama becerileri olsa bile onu gerçekleştirebilmeleri mümkün değildir. Primatları güçlü kılan en önemli özellik, onların elleri ile aletleri kullanabilmeleridir.

Şempanzeler beslenme konusunda oldukça esnek davranırlar. Mevsime göre olgunlaşan meyve, yaprak ve kabuklu yemişler toplayıp tüketirler. Yüksek dallara ulaşmak için sopalar kullanırlar. Kabukları da taşlarla kırarlar. Bu ve benzeri karmaşık becerilerini yavrularına öğretirler. Şempanzeler meyve bulamazlarsa avlanır ve et tüketirler. İletişim becerileri ile avlanmada işbirliği yapar ve sosyal bir düzen içinde yaşarlar. Kalabalık topluluklar olarak birlikte hareket eder ve düşmanlarına saldırılar düzenlerler. Birbirlerini temizleyerek bitlenmekten korunurlar. Şempanzelerin bu davranışları ile *Yaşamsal Satranç* oyununda başarılı olduklarını söyleyebiliriz.

Primatlar insana benzerlikleri nedeniyle doğada özel bir konumu olmalarına rağmen, insanların kurduğu medeniyetler ile benzer bir birikime sahip olamadıkları kolayca görülüyor. Primatlarda *Stratejik Yaratıcılık*'ın yeterince gelişemediğini gözlemliyoruz. Bu farkın nedenleri bu kitabın temel konusunu teşkil ediyor. Acaba, *Stratejik Yaratıcılık* becerileri nasıl geliştirilebilir? Bu soruları ilerleyen bölümlerde yanıtlamaya çalışacağız.

### İnsan Zihnine Tarihsel Bakışlar

*Oğlum dünyaya geldiğinde, doktor parmaklarını şaklatarak onun dikkatini ve hareket becerisini test etmeye çalışmıştı. Elini onun başının etrafında döndürürken parmakları ile çıkardığı seslere yöneldiğini görünce denemeyi sona erdirmişti. Yeni doğan bebek duyduğu sesleri ve etraftaki yüzleri dikkatli bir şekilde incelemeye ve tanımaya çalışır. Ses, koku gibi özellikler ile görüntüleri ilişkilendirir. Doktor görsel algılama ile hareket becerisinin birlikte kullanımını kabaca test etmişti.*

Çocukluktan itibaren insan yaşamsal sorunlarını çözmek ve hedeflerine ulaşabilmek için görsel dünyada olup bitenlerle ilgili bilgi toplar. Bu bilgilere dayanarak beyninde görsel bir dünya modeli yaratarak, çevresindeki karmaşıklığı anlaşılabilir hale getirir. Bu amaçla çevresinde gördüklerini sadeleştirerek özetlemeye çalışır. Bu zihinsel süreçlerde zekânın rolü tarih boyunca tartışılmıştır. Aşağıda bazı önemli kaynaklara değineceğiz.

Platon, *Phaedrus* adlı söyleşisinde, insan zihnini, görselleştirerek, bir sürücü ve iki attan oluşan bir arabaya benzetir.[6] Sürücü tarafından yönetilen iki atın birbirinden farklı özelliklere sahip olduğundan bahseder. Siyah At vahşi ve uyumsuzdur. Buna karşılık, Beyaz At evcil ve uyumlu özellikler sergiler. Sürücü bu iki atı kontrol ederek hedefine ulaşmaya çalışır. Platon, bu söyleşide insan zihnindeki, bencil ve sosyal odaklı iki uç eğilimi tanımlamıştır.

Sigmund Freud ise, insan zihninin; *İd*, *Süperego* ve *Ego* olmak üzere üç öğeden oluştuğunu öne sürmüştür. *İd* bencil karakteri temsil ederken, *Süperego* bireyin toplumsal kurallarla uyumlu yanını ifade etmektedir. Freud, *Ego*'nun diğer iki unsuru kontrol altında tutarak yaşamsal hedeflerine ulaşmaya çalışmakta olduğunu savunur.[7]

Platon ve Freud modelleri arasındaki paralellik kolayca görülebilmektedir. Platon modelindeki Siyah At ile Freud'daki *İd* arasında benzerlik vardır. Platon'un Beyaz At'ı, Freud'un *Süperego* tanımına yakındır. Platon'daki sürücü de Freud'daki *Ego*'ya karşılık gelir. Platon'un, Freud tarafından öne sürülen üçlü yapıyı, iki bin yıl önce tanımladığı söylenebilir.

Pek çok düşünür insanın birden fazla benlik taşıdığından söz etmiştir, ama Platon, zihinsel faaliyetlerin eşzamanlı olarak işlerliğini tanımlamakla kalmamış, onların yaşam süresince ağırlıklarının değişimini de öne sürmüştür. Platon, *Şölen* adlı eserinde, Diotima isimli bilge kadının dilinden insanın, yaşam sürecindeki en önemli gayesinin *Ölümsüzlük* olduğunu anlatır. İnsan, *Ölümsüzlük* mücadelesinin ilk aşamasında ailesini kurmak ve soyunu devam ettirmek yolunu seçer. Diotima birinci önceliğin bedensel güzele yönelmek olduğunu ifade eder. İkinci aşamada ise insan toplumsal ve kültürel hedeflere yönelir. Burada odaklanma, toplumla birlikte olmaya ve eğitime dönüktür. Üçüncü aşamada ise insan saf bilgiye dönük bir arayışa yönelir.[8]

*Şölen*'de Platon, Diotima aracılığı ile insan zihninin yaşamın dönemleri ile ilişkili olarak bir değişim ve gelişim gösterdiğini anlatır. Platon'un *Ölümsüzlük* arayışı adını verdiği süreci, ben *Yaşamsal Satranç oyunu* olarak isimlendiriyorum.

Bir psikolog olan Daniel Kahneman, insanların karar verme tarzlarını, hızlı ve yavaş olarak ikiye ayırmıştır. Özellikle de hızlı verilen kararlarla yapılan hatalar konusunda yaptığı araştırmalar ile ekonomi Nobel'i kazanmıştır. İnsanların hızlı karar vermeye zorlandığında, mantıklı düşünemediğini ve yanlış yaptığını ortaya koymuştur.[9] Bu karar sistemlerinin, Platon ve Freud tarafından tartışılan, iki uç eğilimle paralel olduğu görülebilir. Platon ve Freud tarafından tanımlanan zihinsel üçlü yapıda, bir uçta Sürücü ve Ego mantıklı düşünmeyi temsil ederler. Diğer uçta ise, Siyah At ve İd kural tanımayan bencil kimliği ifade ederler. Bu uçlardaki davranış ile Kahneman'ın öne sürdüğü hızlı ve yavaş düşünme arasında bir paralellik olduğuna inanıyorum. Aşağıdaki tabloda Platon, Freud ve Kahneman tarafından öne sürülen insan tanımları arasındaki paralellik gösterilmiştir.

|  | **Bencil Kimlik** | **Uyumlu Kimlik** | **Yönetici Kimlik** |
|---|---|---|---|
| Platon | Siyah At | Beyaz At | Sürücü |
| Freud | İd | Süperego | Ego |
| Kahneman | Hızlı Düşünme | Yavaş Düşünme | Yavaş Düşünme |

Abraham Maslow insanların yaşam mücadelesine temel olarak *İhtiyaç Hiyerarşisi Modeli*'ni öne sürmüştür. Bu model bir insanın; fizyolojik, güvence, sosyal aidiyet, itibar ve kendini geliştirme olmak üzere, beş farklı ihtiyacının sırasıyla karşılanması üzerine kurulmuştur.[10] Maslow en son seviye olarak belirlediği kendini geliştirme aşamasını, özellikle yaratıcı faaliyetler ile ilişkilendirmiştir. Maslow'un modeli, Platon'un *Şölen*'de ifade ettiği, farklı dönemlerde farklı ihtiyaçlara yönelme kavramı ile kısmen de olsa paralellik göstermektedir. Maslow'un modeline göre, *Yaşamsal Satranç* oyununun beş farklı alanda oynandığını söyleyebiliriz. Aşağıdaki şekilde Maslow'un İhtiyaç Hiyerarşisi'nin basamakları özetlenmiştir.

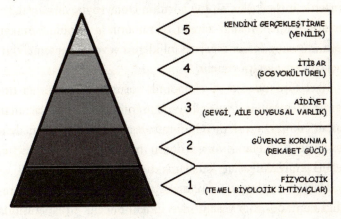

Abraham Maslow tarafından ihtiyaçların karşılanmasında bir öncelik sırası olduğu düşüncesi ile geliştirilen *İhtiyaç Hiyerarşisi*'nde temel olarak, alt seviyedeki ihtiyaçlar karşılanmadan, üst seviyedeki ihtiyaçlara odaklanma olmayacağı kabul edilmiştir. Bu modelde, önceliğin fizyolojik ihtiyaçlar olduğu öne sürülmüştür. Buna karşın, aidiyet veya kendini gerçekleştirme ihtiyaçları daha sonraki aşamalarda ortaya çıkacaktır.

Aslında, ihtiyaçların eşzamanlı olarak giderilmesi sıklıkla görülür. Örneğin, dostlarla yemek sırasında, beslenme yanında duygusal tatmin oluşabilir. *Tatlı yerken tatlı konuşmak* mümkündür!

Maslow'un *İhtiyaç Hiyerarşisi*, insanın bireysel gelişim süreci ile de ilişkilidir. Bebekler, başlangıçta sadece beslenme ve uyku gibi fizyolojik ihtiyaçlara yöneliktir. Ergenlikte ise, karşı cinse ilgi ve bedensel rekabet öne çıkar. Ebeveynler için öncelik

| GİRİŞ | **1. BEYİN** | 2. STRATEJİK | 3. TARİHSEL | SONUÇ |

aile olur, yani çocukların yetiştirilerek soyun devam ettirilmesi isteği baskındır. Bu aşamadan sonra ise, insan içinde bulunduğu toplumda itibarlı bir birey olmaya çalışır. Bu nedenle sosyo-kültürel yapının bir parçası olmaya gayret eder. En sonunda özgün bir eser bırakarak isminin sonsuza kadar yaşamasını ister.

İnsanların, günlük hayatta ve yaşam sürecinde ihtiyaçlar arasında iniş çıkışlar yaptığı görülür. Dolayısıyla, ihtiyaçlar yeterince karşılanmadığı zaman tekrar onlara dönülür. Acıkan veya uykusu gelenler diğer etkinliklere ara verip, bu temel ihtiyaçları karşılamaya yönelir.

İlkel toplumlarda ve ekonomik sorunların yaşandığı dönemlerde insanlar, *İhtiyaç Hiyerarşisi*'nin alt basamaklarından yukarı çıkmakta zorlanır. Günümüzde açlık ve güvenlik nedenleri ile göçmen olarak yollara düşen milyonlarca insanın ilk hedefleri temel ihtiyaçları karşılamaktır.

Maslow'un *İhtiyaç Hiyerarşisi* ile Platon'un, Diotima aracılığı ile ifade ettiği yaşam sürecindeki öncelik sırası arasında paralellik vardır. Önce bedensel güzelliğe yönelmek aile kurmayı sağlar. Daha sonra, topluma yönelik hedefler oluşur. Bu öncelikli yapı ve odaklanılan konular arasında benzerlik vardır. Platon'un, Maslow'dan iki bin yıl önce, bu hiyerarşinin temellerini attığı söylenebilir.

Platon'a göre insan, ölümsüzlük için öncelikle soyunu devam ettirmeyi veya eserler vermeyi hedefler. Bence, iki bin yıl sonra bile tartışılan eserleri, Platon'u ölümsüzlük hedefine ulaştırmış görünüyor. Müzik makinesi yapan Beni Musa Kardeşler ve ampulü icat eden Thomas A. Edison da, *Stratejik Yaratıcılık* örnekleri üreterek medeniyet mirası içinde ölümsüz izler bırakmışlardır. Onların, *Yaşamsal Satranç* oyununda *İhtiyaç Hiyerarşisi*'nin en üst basamağına çıktıklarını söyleyebiliriz.

Buraya kadar yazılanları özetlemek gerekirse, zihin ve zekâ için tarih boyunca önerilen modeller birden fazla katmanı, unsuru veya aşamayı içerir. Robert J. Sternberg ve Howard Gardner, insan zekâsını çok katmanlı bir yapı olarak tanımlayan iki araştırmacıdır. Beyin yapısı ile Gardner'in *Çoklu Zekâ* kavramı arasındaki uyum konusuna daha sonra değineceğim.

Beyin ve zekâ kavramlarını kullanarak yapılan tarihi hatalardan da bahsetmekte yarar var. Darwin'in kuzeni olan Francis Galton, kafatasına bakarak bireylerin zekâ seviyelerini belirleyebileceğini ve onların davranışları ile ilgili öngörüler yapılabileceğini iddia etmiştir. Bu iddialara bilimsellik kazandırmak için, 19. yüzyılda Frenoloji adı uydurulmuştu. Ciddiye alınan bu iddialar nedeniyle, Amerika ve Avrupa'da ırkçı akımlar oluşmuştu. Daha doğrusu bu ve benzeri söylemler kullanılarak ırkçılık için temel oluşturulmuştu. Bu bakışla, Yahudi, Doğu Avrupalı ve Güney Avrupalı göçmenlerin Amerika'ya göç etmesine engel olunmuştu.

Avrupa'da ise, ırk temizleme (Eugenics, Öjenik) amacıyla, İskandinav ülkelerinde, engelli ve özürlüler kısırlaştırılmıştı. Almanya'da da Naziler tarafından, Yahudi ve Çingeneler kıyıma uğramıştı. Galton, Frenoloji söylemi ile korkunç sorunlar yaratmayı başarmıştı. Ne yazık ki, ırkçı yaklaşımlar farklı şekillerde çeşitli ülkelerde ortaya çıkmaya devam ediyor.

Yukarıda bahsedilen zihin modelleri; beynin yapısı ile ilgili bilgiler ortaya çıkmadan önce geliştirilmişlerdi. Buna rağmen Platon, Freud ve Maslow gibi düşünürler insanın *Yaşamsal Satranç* mücadelesinin anlaşılmasında çok faydalı olmuşlardır. Son elli yıllık dönemde yeni teknolojiler kullanılarak beyin konusunda yapılan çalışmalar, artık beyni bir kara kutu olmaktan çıkarmıştır. Özellikle de görselleştirme teknolojileri ile beynin içinde neler olup bittiği belirlenmeye başlanmıştır. Aşağıdaki bölümlerde, beynin içyapısını ve işleyişini tartışarak, insanın oluşturduğu medeniyetleri daha iyi anlayabileceğimizi düşünüyorum.

## BEYNE GENEL BAKIŞ

### Çocukluktan hatırladığınız ilk görüntü nedir?

Benim hatırladığım ilk görüntü, evimizin önündeki meydana kurulan darağacına asılı bir adamdı.

Evimiz Maraş'ta eski belediye meydanındaydı. Bir sabah sokağa çıktığımda, karşımda meydanın orta yerinde bir darağacı ve ipte sallanan bir adam buldum. İbreti âlem, yani herkese ders olsun diye böyle şey yapılmıştı. Küçük bir çocuk için korkunç bir deneyimdi. O darağacı pek çok kez rüyalarıma girdi.

| GİRİŞ | 1. BEYİN | 2. STRATEJİK | 3. TARİHSEL | SONUÇ |

İnsan beyninin, evrendeki en karmaşık yapı olduğunu çoğu insan kabul eder. Ancak, çoğumuz beynimiz ile ilgili yeterli bilgiye sahip olmadan yaşıyoruz. Neden çocuklukta gördüğüm darağacı, yıllar sonra hatırlayabildiğim bir görüntüyü oluşturuyor? Neden bir çocukluk arkadaşımı, yaşlanmış yüzünden tanıyabiliyorum ama ismini çıkarmakta zorlanıyorum? Bu sorulara cevap verebilmek için, beyindeki yapıları tanımaya ve neler olup bittiğini anlamaya çalıştım. Şimdi beyinle ilgili araştırmalardan çıkan bazı ipuçlarını tartışma zamanı geldi.

*Yaşamsal Satranç* oyununda, beyin stratejik altyapı ve alternatif beceriler sunar. Beyni bir *İsviçre Çakısı*'na benzeten Cosmides ve Tooby çeşitli zihinsel becerileri yetenek modülleri kavramı ile açıklamıştı.[11] Bu kitapta ise beynin bölümleri birer kimlik olarak isimlendirilecektir. Şimdi insan beyninin ilginç yapısı hakkında daha fazla bilgi edinelim.

## DIŞ SAĞ GÖRÜNÜŞ     KESİT GÖRÜNÜŞ

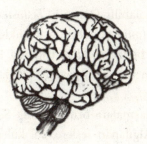
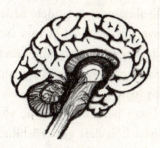

Aslında, yaklaşık yüzde sekseni sudan oluşan beyin, süzme yoğurt içeren bir torbaya benzetilebilir. Beyinde küçük bir kanama felce yol açabilirken, bazı bölümlerin ameliyatla alınması durumunda davranışlarda önemli bir değişiklik görülmeyebilir. Bu tip gözlemlere dayanarak, beyinde bazı işlevlerin yedeklendiği anlaşılmıştır. Ayrıca, küçük çocuklarda oluşan ciddi beyin hasarlarında, başka bir bölgenin kaybedilen işlevleri devraldığı görülür.

Yetişkin insan beyni, ortalama bir buçuk kilogram kadar olmasına karşın çok fazla enerji tüketir. Normal şartlar altında, insanın kullandığı enerjinin %20'si kadarı beyne gider. İnsan vücut ağırlığının sadece %2'sinin beyin olduğu düşünülürse, diğer organlara oranla on kat daha fazla enerji gerektirdiği ortaya çıkar. Dinlenme halinde ise, beynin enerji kullanım payı %30'a yükselir. Uyku durumunda da bazı beyin bölümleri çalışmaya devam eder.

Bebek beyninin büyüklüğü nedeniyle, doğumlar anne için zor ve tehlikeli olabilir. Doğumdan yetişkinliğe kadar, beyin dört kat büyürken, vücut on kat büyüklüğe ulaşır. Beynin büyümesi kadar, sinir hücreleri arasındaki bağlantıların oluşması da zihinsel yetkinlikler açısından önemlidir. Eğitim ve deneyim bu bağlantıların artmasına neden olur. Öte yandan, suç işleyenlerin beyinlerinde bazı bölgelerin gelişmediği veya hasar gördüğü belirlenmiştir. Beyinde hormonların uygun seviyede olmaması da şiddete neden olabilir. Örneğin, *Testosteron* seviyesinin yüksekliği veya *Serotonin* seviyesinin düşüklüğü şiddete eğilimi artırabilir.[12] Bu ve benzeri bilgiler ışığında, irade ve suç kavramlarının yeniden tanımlanmasının gerektiği anlaşılıyor.

İnsan beynindeki ilginç yapılaşmalara örnek olarak *Sözel İletişim* bölgeleri gösterilebilir. Algılanan seslere, sol kulağın hemen arkasındaki *Wernicke Bölgesi*'nde anlam verilir. Kulağın önündeki *Broca Bölgesi*'nde ise cümleler oluşturulur. Konuşmak için dil ve dudak hareketinin kontrol edildiği yer de *Broca Bölgesi*'nin yakınındadır. Yani beyindeki algılama ve eyleme dönük motor bölgeler birbirine yakın konumlanmıştır.

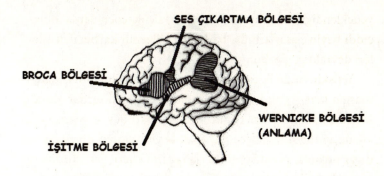

## Homungulus

> *Beni bende demen, bende değilim*
> *Bir ben vardır bende benden içeru.*
> Yunus Emre

Beyinde, bir organın yaşamsal önemi arttıkça, onun için ayrılan alanın boyutu artar. Beyinde uzmanlaşmış alanların boyutlarına göre bir resim çizilecek olursa, koca kafalı, elleri ve ayakları irileşmiş, Homungulus (Homunculus) olarak isimlendirilen çirkin bir uzaylı yaratık görüntüsü ortaya çıkar. Oysa Homungulus bana, Sezgin Burak'ın Hüdaverdi'si veya Oğuz Aral'ın Avanak Avni'si gibi sempatik bir çocuğu hatırlatır. Bence herkesin içinde, her şeye burnunu sokan bir yaramaz çocuk vardır. Ne yazık ki, çoğu zaman bu çocuk kundaklara sarılarak eli kolu bağlanır. Eğitim sürecinde de uslu bir robota dönüşür. Tanıdığım pek çok bilim insanı ve sanatçının, çocuksu bir merak ve hayal gücüne sahip olduğunu gördüm.

Ne dersiniz, benim aşağıdaki Homungulus yorumum, Nöroloji kitaplarında görmeye alıştığımız yaratıktan daha sempatik değil mi?

Homungulus görüntüsü, organların önem sırasını ve insanın doğal önceliklerini gösterir. Örneğin, el için ayrılan alanların genişliği, onun yaşamsal önemini gösterir. Yüzde, göz ve dudakların iyice öne çıktığı görülür. Gözün algılamadaki önemi nedeniyle öne çıkması şaşırtıcı değildir. Dudakların beslenme ve konuşma için önemi aşikârdır. Ellerin ise bu kadar büyük bir alanı kaplaması insan için elle yapılan işlerin önemini ortaya koyar. Göz ve el koordinasyonu ile yapılan işlerin beynin gelişimi için faydalı olduğu artık çok iyi biliniyor. İnsan elle yaptığı işlemlerden özgün deneyimler ve beceriler edinir. *Yaşamsal Satranç* açısından eylemde öğrenen insan kavramı ile Homungulus görüntüsü uyum gösterir. Bu konuya ilerleyen bölümlerde değinilecektir.

### İnsan Beyni ve Algılama

#### Denge

*Yaramaz bir çocuk olduğumu ve evde devamlı sorun yarattığımı anlatırlar. Annem kundaktayken bile solucan gibi hareket etmeye çalıştığımı söylerdi. Belli ki kundak, denge becerisi henüz gelişmemiş olan bebekleri hapsetmek için icat edilmişti.*

| GİRİŞ | → | **1. BEYİN** | → | 2. STRATEJİK | → | 3. TARİHSEL | → | SONUÇ |

*Çocukların yürümeye başlaması için, son derece karmaşık bir denge ve hareket becerisinin oluşması gerekir. Benim biraz erken başlayan denemelerim kanlı bir şekilde sonuçlanmış. Küçük bir çocukken denge becerimi abartınca taş merdivenden aşağı uçarak burnumu kırmışım. Belli ki bana çok kızmışlar, iyileşince uslanayım diye beş yaşında ilkokula gönderilmişim. Kendi ağırlığıma yakın bir tahta çantayı sürükleyerek okula gittiğimi hatırlıyorum.*

Yükseklik korkusu öğretilmeyen bebeklerin bile düşme ihtimaline karşı tedbir aldığı görülür. Cam bir yüzey üzerinde emekleyen bebeklerin, altlarında boşluk olduğunu fark ettiklerinde ilerlemedikleri gözlemleniyor. Çocukların çok küçük yaşlardan itibaren bisiklet gibi hareketli aletleri kullanabilmeleri bedenin konumu ile ilgili hassas bir algılama gerektirir.

İnsanın, sadece beş duyuya sahip olduğu asırlardır kabul edilmişti. Bu beş duyu ile farkında olarak ya da olmayarak, dış çevreden sürekli bilgi toplanır, işlenir ve belleğe kaydedilir. Günümüzde, beş duyuya ilaveten, beynin bedene yönelik pek çok bilgiyi topladığı biliniyor. Örneğin, gözler kapalıyken bile bedenin ve kolun konumunu biliriz (*Proprioception*). Hareket halindeyken dengeyi sağlayabilmek, uzamsal ve kinematik algılamaları gerektirir. Açlık ve susuzluk algıları da sindirim sisteminin yönetilmesini sağlar. İnsan ayrıca; uykusuzluk, üşüme, ağrı ve haz gibi sayısız bilgiyi alır, onları işler ve kaydeder. İçeriden gelen bu bilgiler ile dış kaynaklı bilgileri birleştiren insan, ortaya çıkan fırsat ve tehditlere karşı nasıl davranması gerektiğini kararlaştırır.

İnsan, bazı eğilim ve davranışlarına doğuştan itibaren sahiptir. Bunlara ilaveten, yeni algılamalar bellekteki bilgi ve beceriler ile birlikte şekillenir. Doğal olarak, bu yetkinlikler her bireyin gelişim sürecine göre farklılaşır. Gözlemlerden başlayarak, çevredeki önemli ve önemsiz unsurların ayırt edilmesi yaşamsaldır. Yerdeki uzun bir borunun hortum mu, yoksa yılan mı olduğuna karar verebilmek, yaşam ile ölüm arasındaki farkı oluşturur. Deneyimlere dayanarak, bir camın arkasındaki yılanın, daha az tehlikeli olduğu düşünülebilir. Geçmiş deneyimler ışığında yapılan gözlemler, fırsat veya tehditlerin fark edilmesini sağlar.

İnsanın duyu organlarının ve algılamalarının ne kadar güvenilir olduğu tartışma konusudur. Örneğin, ameliyat ile kollarını kaybeden kişiler, olmayan kol ağrısı duyarlar. Beyindeki bazı bölgeler devreye girerek, hastayı kaybedilen kolda ağrı olduğuna inandırabilir.[13]

Bilgi sözcüğünün İngilizce karşılıklarından biri olan *Information*, *In* ve *Formation* olarak ikiye ayrılabilir. *In* içeriyi ifade eder. *Formation* ise şekil vermek anlamına gelir. Burada bilginin içine girdiği sisteme şekil verme özelliği vurgulanır. Yani, alıcıda görüş değişikliğine veya eyleme neden olmayan bilgiler, aslında gürültü olarak bile tanımlanabilir. Yeni gözlemler, bellekteki bilgi birikimi ile birlikte işlenir ve bilgi ağı güncellenir. İnsanın önyargıları (*Paradigma*), yeni bir gözlemin irdelenmesine temel teşkil ederek, geleceğe dönük karar alınmasını ve planlanmasını sağlar.

Öğrenme sürecinde, beyindeki sinir hücreleri arasında köprü olarak nitelendirilecek somut bağlar oluşur. Günümüzde, beyindeki uzman bölgelerin boyutu ve bağların yoğunluğu da ölçülebilmektedir. Tony Buzan, bilgilerden oluşan bir ağ kavramına dayanarak, *Zihin Haritası* (*Mind Map*) adını verdiği bir yöntem geliştirmiştir.[14] Bu yöntemin, *Görsel Düşünme* açısından faydası, bilgileri organize ederek kolayca görselleştirmesidir. Burada yapılan, bir konunun temel unsurlarından başlayarak, daha ince ayrıntılarına doğru bilgilerin görsel bir harita üzerine yerleştirilmesidir. Bu yöntem, beyinde bilgilerin saklanması sırasında kullanılan sisteme benzerlik gösterir. Bir soyağacı tipik bir *Zihin Haritası*'dır. Akrabaların ilişkileri, zihnimizde de dallı budaklı bir şekilde saklanır ve hatırlanır. Kültürümüzde aile bağları çok güçlü olduğu için üç dört nesli içeren bir soyağacı karmaşık bir ağa dönüşür. Benim soyağacım bir sayfaya zor sığıyor. Denemediyseniz, size de aile ağacınızı yapmanızı tavsiye ederim. Aşağıdaki kadar kolay bir iş olmadığını görebilirsiniz.

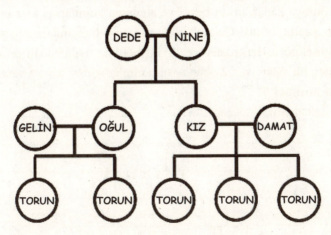

Ben *Zihin Haritası* tekniğini bir rapor yazarken kullanırım. Bu yöntem düşüncelerin organize edilmesini kolaylaştırır. Aşağıda, bu kitabı yazmak için kullandığım *Zihin Haritası*'nı görebilirsiniz.

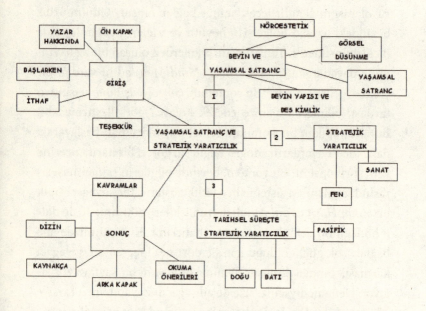

Buraya kadar, insan beyni ve algılama konularına kısa bir giriş yapmış olduk. Gelecek bölümde, zekâ hakkındaki güncel bilimsel görüşleri irdeleyeceğiz. Bu bölüme başlamadan önce sizden bir ricam var. Zekâyı nasıl tanımladığınızı buraya yazabilir misiniz?

Zekâ nedir? ................................................................

................................................................................

................................................................................

................................................................................

................................................................................

## Çoklu Zekâ

*Rudyard Kipling, ormanda kurtlar arasında yetişen Mowgli isimli bir çocukla ilgili, Türkçe'ye "Orman Çocuğu" ("The Jungle Book") olarak çevrilen güzel bir roman yazmıştı. Ama gerçek hayatta, insanlardan uzakta yetişen çocukların durumu hiç de iyi değildi. Yaban ortamda kaybolan çocuklarda pek çok sorunlar görüldü. Örneğin, 1920'de Hindistan'da bulunan yabanıl çocuklar (onlara Amala ile Kamala ismi verilmişti) iki ayak üstünde yürümeyi öğrenememişlerdi. Onların bebek yaşta ormanda kayboldukları ve Mowgli gibi kurtların arasında büyüdükleri iddia edilmişti. Bu çocuklar sözel iletişim öğrenmekte de zorlanmışlardı. Onlarla duygusal ilişki kurulması mümkün olamamıştı. Çocuklar insanlar arasında kısa bir süre yaşadıktan sonra, erken yaşlarda hayatlarını kaybetmişlerdi. Amala ve Kamala hakkında yapılan gözlemlerin bilimsel nitelikte olmadıkları öne sürülmüştü. Buna rağmen Mowgli'ye kıyasla daha gerçekçi bir tablo çizilmişti.*

Zekânın ne olduğu tarih boyunca merak konusu olmuştur. Zekâ ile çeşitli zihinsel faaliyetler tanımlanmıştır. Bebeklere uygulanan ilk zekâ testinin algılama ve hareket koordinasyonunu içerdiğinden bahsedilmişti. Dikkat, algılama, bellek, akıl yürütme, planlama gibi pek çok özellik zekâ tanımlarında kullanılmıştır. Dil becerisi ve alet yapmak da zekânın göstergesi olarak düşünülmüştür.

Zekâyı belirleyen etkenlerin başında bireyin genetik mirası gelir. Ancak, doğuştan itibaren uygun beslenme ve yaşam ortamı genetik mirasın ortaya çıkması için önem kazanır. Örneğin, Hindistan'da ormanda büyüyen Amala ve Kamala isimli çocuklarda görüldüğü şekilde, en temel gelişme aşamalarına bile erişilemeyebilir. Bu süreç, epigenetik olarak tanımlanır. Alınan eğitim ve deneyimler, doğuştan gelen altyapının üstüne zihinsel becerilerin edinilmesini sağlar.

Beyin konusunda yapılan yeni araştırmalar, günümüzde zekâ tanımı ve ölçümü konusuna ışık tutmaya devam etmektedir. Hayvanlarda yapılan deneylerde öğrenmenin ve zeki davranışın oluşması ile beyindeki nöronlar arası bağların artışı arasında ilişki kurulmuştur. Örneğin, renkli ve oyuncaklı bir ortamda yetişen farelerin beyinlerinde daha yüksek miktarda bağlantı kurulduğu görülmüştür.

Küçük yaşta müzik aleti çalmayı öğrenenlerin beyinlerindeki bağlantıların ileri derecede gelişmiş olduğu görülür. 5-12 yaş arasında müzik aleti çalmayı öğrenenlerin beyninde, 13-20 yaş arasında öğrenenlere kıyasla, yaklaşık iki kat kadar alanın uzmanlaştığı belirlenmiştir.[15] Yani bir çocuk ne kadar erken yaşta müzik aleti çalmayı öğrenirse, beyninde gelişme o kadar fazla olacaktır.

Daha önce, Frenoloji çerçevesinde yapılan kafatası ölçümlerine dayanarak bireyin zihinsel becerilerinin tanımlanabildiği iddialarından bahsetmiştik. Benzer şekilde, yüz hatlarına bakarak kişilerin zekâ ve karakterlerinin belirlenebileceği iddiası ile Fizyonomi icat edilmişti. Bu yaklaşımlardan yararlanan ırkçılar sadece kendilerini güzel ve zeki olarak tanımlamıştı. Ayrıca, Batı'da kölelik savunucuları tarafından Afrikalıların düşük zekâ seviyesinde oldukları ve köleliği hak ettikleri iddia edilmişti. Hatta onların insan bile olmadıkları, maymunlara yakın türler oldukları öne sürülmüştür. Günümüzde, Fizyonomi ve Frenoloji'nin bilimsel bir temeli olmadığı kabul ediliyor.

Zekâ seviyesinin bilimsel kriterlere göre ölçülmesi, 20. yüzyılın başından itibaren Binet, Simon ve Terman gibi uzmanlar tarafından geliştirilen yöntemlerle yapılmıştır.[16-17] Bu testler öncelikle, öğrencilere ve askerlere uygulanmıştır.

Geleneksel zekâ kavramı ve genel zekânın ölçümünde kullanılan testler (Intelligence Quotient, IQ) akademik becerilere odaklanarak pek çok farklı zihinsel yeteneği göz ardı eder. Testlerde kullanılan sorular genel olarak sözel ve matematiksel bilgi ve becerileri ölçer ve bu nedenle de zekâyı bütünsel olarak tanımlamak için yeterli değildir. Genel olarak bu testler bireylerin okul eğitimi sırasında öğrendikleri konularla ilgilidir. Ayrıca, yerel ve kültürel unsurlar da içerirler.

Beyinle ilgili yeni bilgiler ortaya çıktıkça, daha doğru bir zekâ tanımı yapmak ve testler hazırlamak için çalışmalar devam ediyor. Örneğin, görsel yaratıcılık yeteneğini değerlendirmek amacıyla E. Paul Torrance ve diğer araştırmacılar tarafından geliştirilen testler geometrik algılama ve tasarım becerilerine dayanır. Bu testlere bir örnek vermek gerekirse, üçboyutlu parçalar, zihinde birleştirilerek bir yapı oluşturulması istenebilir.[18]

Robert Sternberg, beynin farklı becerilerini tanımlayan, çok katmanlı zekâ kavramını tartışmaya açtı.[16] Bu alanda, Howard Gardner tarafından yapılan araştırmalar sonucunda, *Çoklu Zekâ* (*Multiple Intelligences*) modeli ile birlikte çeşitli zekâ öğeleri öne sürüldü.[17] Böylece geçmişte söz konusu olmayan *Görsel-Uzamsal Zekâ* ve *Bedensel-Kinetik Zekâ* gibi önemli zihinsel beceriler tanımlandı. Gardner'ın modelini oluşturan temel zekâ çeşitleri aşağıdadır. Araştırmalar devam ettikçe, yeni zekâ çeşitleri ortaya çıkarılıyor ve liste uzuyor.

1. Sözel (Linguistic): Kendini ifade etme

2. Mantık ve Matematiksel (Logical and Mathematical)

3. Uzamsal (Spatial): Üçboyutlu algılama ve tasarım

4. Müziksel (Musical): Müzik algılamak, çalgı çalmak, beste yapabilmek.

5. Bedensel-Kinetik (Bodily-Kinesthetic): Denge, spor, dans

**6.** İlişkisel (Interpersonal): İnsanlar arası ilişkiler, Duygusallık

**7.** İçedönük (Intrapersonal): İnsanın içdünyası ile barışık olması

Gardner tarafından ortaya çıkarılan zekâ çeşitlerinin büyük ölçüde, beyindeki yapılar ile örtüştüğüne inanıyorum. Bu konular ilerde ayrıntılı olarak irdelenecektir.

Gelecek bölümde, insanın görsel dünyadaki renk ve görüntüleri nasıl algıladığını inceleyen Nöroestetik alanını tanıtmaya çalışacağım. Okumaya başlamadan önce, aşağıda en çok ve en az beğendiğiniz renkleri seçebilirseniz sevinirim. Bakalım bu konuda başkaları ile benzer zevkleriniz var mı? Ne de olsa renkler ve zevkler tartışılmaz. Beğendiklerinize (+), beğenmediklerinize (-) işaret koyun lütfen.

Mavi...

Kırmızı...

Kahverengi...

Yeşil...

Turuncu...

Mor...

Sarı...

# NÖROESTETİK VE GÖRSEL DÜŞÜNME

## Renksizlik

Çocukluğumda Türkiye'de gördüğüm şehirleri ve kıyafetleri; siyah, beyaz ve kahverenginin karışımı olarak hatırlıyorum. Kilim, halı ve çinilerdeki güzel renkler sokakta görülmezdi. Hatta o döneme ait sararmış siyah-beyaz resimlerin gerçek görünüşü çok iyi yansıttığını söyleyebilirim.

Bir keresinde, Maraş'taki evlerin duvarlarını beyaza boyama zorunluluğu getirilmişti. Herkes, en azından kireç ve süpürge kullanarak duvarlara badana yapmıştı. Şehir kısa sürede pırıl pırıl olmuştu. Daha sonra, Bülent Ecevit beyaz yerine açık mavi gömlek giyince haber olmuştu. Ecevit mavisi icat edilmişti!

Üniversitede öğrenciyken, İngiltere'ye bir çiftlikte çilek toplamak için gitmeye karar verdim. Planım orada kazanacağım para ile gezmek ve konuşma pratiği yapmaktı. Sirkeci Garı'ndan bindiğim tren yavaş yavaş sınıra kadar gitti. Sınırda lokomotif değişince tren hızlandı ve görüntü değişti. Bulgaristan, o zamanki adıyla Yugoslavya ve Avusturya üzerinden Almanya'ya ulaştık. Münih'te aktarma yaparak Manş geçişine kadar trenle devam ettik. Manş'ı gemiyle geçtikten sonra başka bir trenle Londra'ya vardık.

| GİRİŞ | → | **1. BEYİN** | → | 2. STRATEJİK | → | 3. TARİHSEL | → | SONUÇ |

*O zahmetli yolculuk benim için ufuk açıcı olmuştu. İlginç bir yanı da renklerle alakalı idi. Türkiye'de siyah-beyaz başlayan yolculuğum sırasında, Bulgaristan'dan itibaren şehirlerin ve giysilerin renklendiğini gözlemledim. Avusturya ve Almanya'da çok renkli bir dünya vardı. Sadece, Münih Garı'nda banklara oturup sohbet eden Türk işçiler siyah-beyaz-kahverengi giyinmişti. Daha sonra uğradığım Belçika, Hollanda ve İngiltere de rengârenkti.*

*Birkaç yıl önce, bir bayram günü Saraybosna'ya gitmiştim. İnsanların rengârenk giysilerle bayram sevincini sokaklara taşıdığına şahit oldum. Hep merak ettim; bizler neden kendimizi siyah-beyaz dünyaya hapsetmiştik?*

İlk insanların, yüz binlerce yıl önce bıraktıkları ayak izleri ve şekillendirdikleri nesnelerden oluşan görsel eserler tarihi anlaşılabilir hale getirmiştir. İnsanlar tarih boyunca; iklim şartlarına uyum, tehlikelere karşı savunma ve besin maddeleri elde etmek amacıyla çeşitli aletler geliştirmiş ve eserler vermiştir. Bu eserler kullanılarak, kültürel birikimlerin sonraki nesillere aktarıldığı anlaşılıyor.

İnsanlar yaptıkları düzenlemelerle, içinde bulundukları ortamları görsel eserlerle kendilerine uygun hale getirirler. Tarih boyunca, mağara duvarlarından başlayarak, evlerin ve şehirlerin sanat eserleri ile süslenmesi bu şekilde açıklanabilir. Özetle, insanlar yaşam alanlarındaki ağaçlara ve çiçeklere, hatta hayvanlara şekil vererek çevrelerini evcilleştirmeye çalışırlar.

Burada *Görsel Düşünme*, görüntülerin, sembollerin algılanması ve zihinde işlenmesi ile tasarım yapılması olarak tanımlanabilir. Bu düşünce sistemi, geometri temelinden başlayarak ileri aşamada görsel dil oluşturmaya kadar gider. Çeşitli kültürlerde *Görsel Düşünme*'ye yönelik ilginç oyuncaklar geliştirilmiştir. Örnek vermek gerekirse; parçaları birleştirerek yapılan oyuncaklar (Lego), kâğıt katlama tekniği (Origami) ile yapılan oyuncaklar ve kesilmiş karton parçaları ile yapılan resimler (Puzzle) aklıma geliyor. *(Not: Daha önce hiç Origami tekniği ile kuş yapmadıysanız, internette nasıl yapıldığını gösteren bir video izleyerek denemenizi öneririm. Kolay değil, ama zevkli bir iş olduğunu göreceksiniz.)*

İşaret dili *Görsel Düşünme*'yi tanımlamak için iyi bir örnektir. Pek çok ülkede yerel işaret dilleri geliştirilmiş olmasına rağmen, kullanılan işaretlerin %60 oranında benzer olduğu görülüyor. Yani, bir işaret dilini öğrenen diğerlerini de, kısmen anlayabiliyor.

Sanat ve fen alanlarındaki yaratıcılık konusunu *Nöroestetik* ve *Görsel Düşünme* perspektifinden tartışmak ve insan beyni ile ilgili güncel çalışmaları incelemek istiyorum. Özellikle de bu amaçla, bir taraftan en son teknolojilerin kullanıldığı Nöroestetik alanına, bir taraftan da *Görsel Düşünme* kavramına daha ayrıntılı olarak bakmak gerekecek.

Kitabın ikinci bölümünde, *Görsel Düşünme*'nin geliştiği toplumlarda, sanat ve fen alanlarında önemli yeniliklerin nasıl geliştiğini örnekleriyle tartışacağım. Bu çerçevede, sanat ve fen alanlarının arakesitinde çalışan kişilerin, *Görselleştirme* ve *Görsel Düşünme* yöntemi kullanarak önemli keşif, icat ve tasarımlara nasıl imza attıklarına da şahit olacaksınız.

*Görselleştirme*'yi tanımlamak gerekirse; en temel örnek olarak, sayısal verilerin grafik olarak ifade edilmesi gösterilebilir. Aşağıda insanlık tarihinin son döneminde, dünyada yaşayan insanların sayısı ve artmakta olan enerji tüketimi ile ilgili bir grafik görebilirsiniz. Bu veriler görselleştirildiğinde, durumun ne kadar vahim olduğu görülebiliyor.

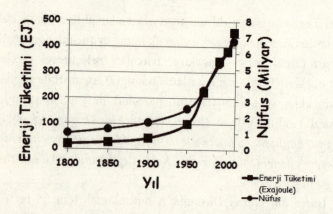

*Görselleştirme* yaşamın her alanında karşımıza çıkar. Duygular davranışlarda, ülkeler haritalarda ve uçaklardaki aletlerin işleyişi ile ilgili bilgiler pilotların önündeki ekranlarda görselleşir. Termometre sıcaklığı, saat zamanı, televizyon haberleri görselleştirir. Otomobilin göstergeleri; benzin, yağ ve su seviyelerini görsel bilgiye dönüştürür.

Çocuklardan, uyumlu çiftlerin ve geçimsiz çiftlerin davranışlarını görselleştirmeleri istendiğinde, sırasıyla yumuşak ve sert şekilleri çizmişlerdi. Bu çizimlerin, davranışları çok iyi karikatürize ettikleri görüldü.[19] Aşağıdaki şekilde, uyumlu ve uyumsuz ilişkiler için benim yorumumu göreceksiniz.

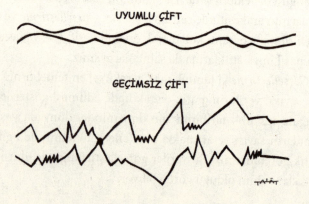

| GİRİŞ | 1. BEYİN | 2. STRATEJİK | 3. TARİHSEL | SONUÇ |

Bu bölümde ayrıca, *Görsel Düşünme*'nin insanın *Yaşamsal Satranç* oyunundaki rolünü tartışmak istiyorum. Benim tanımıma göre *Yaşamsal Satranç*, canlıların yaşamlarını sürdürmek, ihtiyaçlarını karşılamak ve hedeflerine ulaşabilmek için zihinsel becerilerini kullandıkları stratejik bir oyundur. Bu oyunu oynarken, farklı ihtiyaç ve hedeflerin eşzamanlı olarak göz önüne alınması gerekebilir.

İnsan zihninin nasıl işlediği yüzyıllardır tartışılan önemli konulardan birisidir. Ancak, beynin incelenmesindeki zorluk nedeniyle, insanın zihinsel faaliyetleri yakın zamana kadar yeterince anlaşılamamıştır. Özellikle 20. yüzyılın ikinci yarısından itibaren, insan beyin yapısının görselleştirilmesi sonucunda *Görsel Düşünme* konularında önemli bilgiler ortaya çıkmaya başlamıştır. Günümüzde beynin işleyişinden esinlenerek Yapay Sinir Ağları (Artificial Neural Networks) programları yazılıyor. Bu programları kullanan güçlü bilgisayarlar ile karmaşık problemlerin çözülmesi kolaylaşıyor. Bu şekilde büyük miktarda verilerin toplandığı tıbbi teşhis gibi uygulamalar yapılıyor.

Bu kitapta, insan beynindeki temel bölümler satranç taşları olarak tanımlanacaktır. Beynin işleyişi de, *Yaşamsal Satranç* oyununda gözlenebilir. Yaşam süresince her insan, beynin bölümlerini nasıl kullanabileceğini öğreniyor. Doğru zamanda ve doğru şekilde onları kullananlar, *Yaşamsal Satranç* oyununda başarılı oluyor.

Tarih boyunca bilginin ve iletişimin görselleştirilmesi sayesinde oluşan *Görsel Düşünme* yöntemleri; sanat ve fen alanlarındaki gelişimi hızlandırmıştır. Kültürel etkinliklerin sınırlı olduğu yerlerde görsel uyaranların daha az olduğu görülmektedir.[19] Görsel eserlerin olmadığı ortamlarda tasarım ve *Görsel Düşünme* gelişemez. Toplumların dönemsel, yerel ve kültürel özelliklerini yansıtan *Görsel Düşünme* yetkinliğini kazanmak için uzun yıllar gerekir. Örneğin, ilkel kabile üyeleri ilk defa bir

fotoğraf gördüklerinde, ona anlam veremedikleri ortaya çıkmıştır.[19] Benzer şekilde ilk defa sinema veya tiyatro seyredenlerin gördüklerine anlam veremediği ve görselleri gerçek olarak algıladığı görülmüştür.

İnsanlar gördükleri görüntülerdeki eksiklikleri tamamlar ve yorumlarını eklerler. Aşağıdaki resimde bir kare yoktur, ama çoğumuz onun orada olduğunu düşünürüz. Bu ilginç kavram, Gestalt olarak isimlendirilir. Bazı ilkel toplumlarda, bu eğilimin olmadığı ortaya çıkarıldı. Muhtemelen aldığımız eğitim, geometrik şekillerin fark edilmesini sağlıyor.

## Nöroestetik

Zevkler ve renkler ne kadar tartışılmaz olsa da, insanların ortak tercihlerinin olup olmadığı bilim dünyasında merak konusudur. Yapılan araştırmalarda, erkeklerin, kırmızı renk giyen kadınları çekici buldukları belirlenmiştir. Aynı derecede olmasa da, kırmızı giyen erkeklerin de kadınlar tarafından beğenildiği ortaya çıkmıştır.[20] Buna karşılık, en çok kazaya karışan arabaların da kırmızı renkli olduğu biliniyor. Günümüzde bu ve benzeri görsel konular, Nörobilim'in uzantısı olarak gelişen Nöroestetik alanında inceleniyor. *Nöroestetik* çalışmaları insanın estetik ile ilgili altyapısına ait temel bilgileri ortaya çıkarıyor.

Geçmişte, beyin hasarları nedeniyle oluşan zihinsel işlevlerdeki değişiklikler beyin araştırmalarına yol gösteriyordu. Ancak, son yıllarda yeni teknolojiler kullanılarak sağlıklı bireyler üzerinde yapılan deneylerle, normal bir beynin ne şekilde çalıştığı anlaşılmaya başlanmıştır. Bu şekilde öne çıkan alanlardan biri de Semir Zeki tarafından temelleri atılan *Nöroestetik* disiplini olmuştur. Zeki, 1940 yılında Türkiye'de doğan ve İngiltere'de eğitilen bir bilim insanıdır. *Nörobilim* alanındaki çalışmalarına, halen İngiltere'de University College London'da devam ediyor.

*Nöroestetik* kısaca; beyinde renk, çizgi, şekil ve sanat eserlerinin algılanması ile ilgili bir çalışma alanıdır. 20. yüzyılın sonlarında Zeki tarafından yapılan araştırmalar, bu alanda pek çok çalışmaya ilham kaynağı olmuştur. *Nöroestetik* araştırmalarının, *Nöropazarlama* ve *Nöroergonomi* gibi yeni alanların gelişmesine destek olduğunu düşünüyorum.

İnsan, algılama, düşünme ve eylem işlevlerini gerçekleştirirken, beynin bazı bölgelerinde enerji tüketimi artar. Enerji gereksinimini karşılamak üzere o bölgelerde artan kan dolaşımı izlenebilir. *Nöroestetik* çalışmalarında *fMRI (Functional Magnetic Resonance Imaging)* manyetik görüntüleme teknolojisi ve EEG (Elektroensefalogram) gibi teknolojiler kullanılarak beynin uyarılan bölgelerindeki hareketlilik gözlemlenebilir. Günümüzde, bu bulgulara dayanarak, beyin faaliyetlerini görselleştirmek, haritalamak ve izlemek mümkündür.

Renklerin, hayvanlar ve insanlar üzerindeki psikolojik etkileri üzerine, pek çok çalışma yapılmıştır. Son yıllarda, endüstriyel tasarım, reklamcılık ve mimarlık alanlarında, renklerle ilgili çalışmalar yaygınlaşmaktadır. Burada bir fikir vermek amacıyla, *Nöroestetik* ve psikoloji alanlarında renk konusunda yapılan bazı ilginç çalışmalardan kısaca bahsetmek istiyorum.

Renklerin yaşamsal önemi nedeniyle, algılanmaları için beyinde uzmanlaşan bölgelerin oluştuğu anlaşılmaktadır. Örneğin, kırmızı renk için uzmanlaşan hücreler, diğer renklere kıyasla, kırmızının algılanması sırasında yüksek seviyede uyarılır.

Kırmızı renk ile ilgili bazı bulgulardan girişte de bahsetmiştik. Kırmızı renk, pek çok farklı kültürde, kan, şiddet ve cinsellikle ilişkilendirilmiştir. Bazı ilkel toplumlarda bedenlerin kırmızıya boyanması, cinsel olgunluğa erişildiği anlamına gelir. Ayrıca, bazı hayvanlarda cinsel ilişkiye hazırlık sürecinde, yüz ve cinsel organlarda artan kan dolaşımı kırmızılaşmaya neden olur.

İspanya'da kırmızı farklı bir anlam kazanır ve boğa güreşi sırasında öne çıkar. Ancak, yapılan araştırmalarda, boğa için rengin önemli olmadığı, sadece matadorun hareketlerinden rahatsız olduğu anlaşılmıştır. *(Not: Bence de boğa, garip kıyafetli ve kötü niyetli matadora kızmakta haklı!)*

Kırmızı, ulusal bayrakların %31'inde bulunan, yani en sık kullanılan renktir. Spor karşılaşmalarında, kıyafetlerde de kırmızı sıklıkla kullanılır. Yapılan bir araştırmada, elli yıllık süreçte, kırmızı renkli forma kullanan takımların, diğer renk forma taşıyan takımlara karşı daha fazla başarılı olduğu görülmüştür.[21]

Sınav sırasında, kırmızı renkli dosyada soru verilen öğrencilerin, diğer renk dosyalarda soru alan öğrencilere kıyasla daha az başarılı oldukları görülmüştür.[22] Primatların da kırmızı yerine, mavi ve yeşili tercih ettikleri biliniyor. Örneğin, kırmızı giysili bakıcılardan yiyecek almak istemedikleri görülmüştür.

Sıcak renk olarak da tanımlanan kırmızı ve turuncunun ısınma hissi verdiği; buna karşılık mavi ve yeşilin ise serinletici olduğu biliniyor. Kırmızıya boyanmış restoranlarda yemek daha hızlı tüketiliyor. Buna karşılık, kırmızı ağırlıklı mağazaya kıyasla, mavi renkli ortamda daha fazla alışverişin yapıldığı gözlemlenmiştir. Günümüzde, *Nöropazarlama* çalışmalarında bu tip bilgilerden yararlanılıyor.

Nörolojik görüntüleme çalışmaları sırasında, gözden gelen bilgilerin önce Talamus bölgesindeki merkeze (Lateral Geniculate Nucleus, kısaca LGN) oradan da beynin arka kısmındaki V1/V2 görme bölgesine giriş yaptığı belirlenmiştir. Bu bölgenin bir çeşit dağıtım merkezi olduğu söylenebilir. Beynin üst kısmında görülen nesnenin nerede olduğu belirlenir. Beynin alt kısmında, ise nesnenin ne olduğunu anlamaya yönelik bölümler vardır.

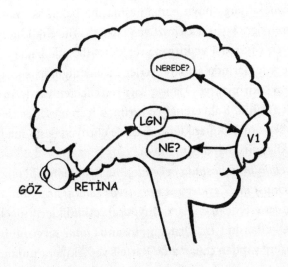

Gözden gelen görüntüler önce LGN bölgesi üzerinden, görsel merkeze (V1/V2, Occipital Lobe) ulaşır. Oradan; renk için V4, çizgi için V3, hareket için V5 ve yüz algılama için V6 olarak işaret edilen uzmanlaşmış bölgelere yönlendirilir. Uzman bölgelerde sorun olduğu zaman doğru algılama gerçekleşmez. Örneğin, çizgisel oryantasyona duyarlı bölgelerin hasar görmesi durumunda, çizgiler algılanamaz.

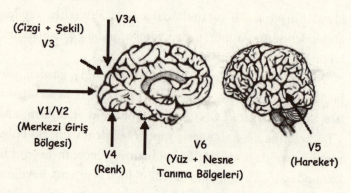

*Beyinde Görme ile İlgili Bölümler*

Gözdeki dalga boyu uzmanlaşmasına bakılırsa, maviye ve diğer renklere kıyasla kırmızı ve yeşil daha önceliklidir. Bebekler de en çok mavi ve kırmızı renklere dikkatle bakarlar. Müzayede salonlarında satılan eserler incelendiğinde, sırasıyla en çok mavi, kırmızı, yeşil, mor, sarı renk içeren eserlerin beğenildiği görülür. Kahverengi ve turuncu içeren eserler ise en az beğenilenlerdir. Bu renklerin dışkı ve çürüyen besin maddeleri ile ilişkilendirildiği düşünülüyor.

*(Bu bölümün başında beğendiğiniz ve beğenmediğiniz renkleri sormuştum. Zevkleriniz müzayede salonu ile uyumlu mu?)*

*Nöroestetik* çalışmaları duygusal etkinlikleri incelemek için de kullanılmıştır. Örneğin, insanda *anne sevgisi*ni incelemek üzere yapılan çalışmada, Bartels ve Zeki tarafından, *anne sevgisi* ile *romantik sevgi*nin beyinde benzer bölgeleri uyardığı gösterilmiştir.[109] Bu alanlardaki örtüşme, *romantik duyguların* temelinde *annelik duygusu* olduğu görüşünü doğrulamaktadır.

Arnheim, görsel sanatların *entropi*ye karşı bir mücadele olduğunu ifade etmiştir.[19] Yani estetik, düzen kavramı ile ilişkilidir. Dissanayake de sanatın dokunduğu nesneye değer kattığını ifade etmiştir.[23] Sanatın nasıl algılandığına dair *Nöroestetik* araştırmalarında insan beyninin, gerçek nesneler kadar onların resimlerine bakarken de uyarıldığı belirlenmiştir. Bu çerçevede öncelikle, insan beyninde sanat için ayrılmış bir alan olup olmadığı araştırılmıştır. Ayrıca, sanatın ne işe yaradığı anlamaya çalışılmıştır. Aşağıdaki bölümlerde bu soruları yanıtlamaya çalışacağım.

Portre, manzara ve natürmort gibi değişik konulara yönelik resimlerin izlenmesi sırasında, beyinde farklı bölgelerin uyarıldığı ortaya çıkmıştır.[24] Böylece, yaşamsal önemi olan görüntüler için uzmanlaşmış bölgelerin varlığı belirlenmiştir.

Nöroestetik çalışmaları insanın, dış dünyaya yönelik görsel algısı için bir öncelik sırası olduğunu göstermiştir. Renklerin ve şekillerin her zaman objektif bir şekilde algılanmadığını biliyoruz. Örneğin, renkkörü olan veya yüz tanıma bölgesinde (*Fusiform Face Area*, FFA) hasar olan bir bireyin algılamasında farklılık oluşur. Gözlük, lens ve kamera gibi görsel teknolojiler algılama için destek verir. Gözlemlere bireysel yorumların eklenmesi, her insanın görsel dünyaya bakışını özgün şekle sokar. Aşağıdaki şekilde, görme ile ilgili olarak beyinde uyarılan bazı bölgeler işaret edilmiştir.[25]

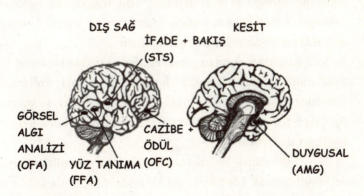

OFA: Occipital Face Area
FFA: Fusiform Face Area
OFC: Orbito Frontal Cortex

STS: Superior Temporal Sulcus
AMG: Amigdala

İnsanlarda görsel algılama ile ilgili pek çok soruna rastlanabilir. Gözlük veya lens kullanarak; miyop, hipermetrop ve astigmat sorunları çözülebilir. Günümüzde göz ameliyatları da gözlük ve lens kullanımına alternatif yaratmıştır. Buna rağmen, renkkörlüğü (Akromatopsi ve Diskromatopsi), hareket körlüğü (Akinetopsi), yüz tanımama (Prosopagnosia) ve yüz ifadesine anlam verememek (Vultanopsia) ciddi sorunlar arasındadır. Bütün görsel algılama farklılıkları yan yana gelince, bireye özgü bir izlenim gerçekleşir.

Görsel beğeninin temelinde yatanın, insanın ihtiyaç eğilimleri olduğunu düşünüyorum. Maslow tarafından *İhtiyaç Hiyerarşisi* olarak tanımlanan temel ihtiyaç alanları, görsel ilgi odaklarını da tanımlar. Örneğin, besin maddelerine gösterilen ilgi, mağara döneminden itibaren av hayvanlarının ve evcilleştirilen hayvanların görsel eserlerde işlenmesine neden olmuştur. Günümüzde bu ihtiyaçlar kullanılarak, beğeni uyandıran sanat eserleri ve dikkat çeken pazarlama görselleri üretiliyor.

Komar ve Melamid tarafından yapılan araştırmada, on üç ülkedeki insanların beğendikleri manzara resimleri arasında benzerlik olduğu ortaya çıkmıştır.[26] Bu resimlerde; ağaç, su kaynağı ve hayvanların varlığı, insanların yerleşimine uygun mekânların tercih edildiğini göstermiştir.

Satılmak üzere yapılan görsel eserler ve reklamlar temel ihtiyaçlara hitap eder. Cinsellik bu maksatla en kolay kullanılan unsurdur. İştah açıcı besin maddelerinin resimleri de kolayca ilgi çeker. Sevimli bir çocuk veya evcil hayvan görüntüsü de izleyicinin içini ısıtır.

Temel ihtiyaçlar kadar, temel korkuların görselleştirilmesi de yaygın olarak görülür. Sanat ve reklam alanında korku ve tiksinme potansiyelinden faydalanılır. Kurukafa, kan, dışkı, idrar gibi unsurlar da görsellik için dikkat çekicidir. Tiksinme sırasında beyinde pek çok alanın uyarıldığı görülür.

Görsel eserlerde dikkati çeken bir unsur da karikatürdür. İnsan beyni izlediği nesneler ile ilgili kritik unsurlardan oluşan bir özet oluşturur. Bir şehrin kuşbakışı krokisi veya bir evin planı kolayca hatırlanır. Bu eğilim bir kişinin yüzünün karikatürize edilmesi ile benzerlik gösteriyor. Buna dayanarak, beyinde de görüntülerin abartılarak yani karikatürize edilerek saklandığını söyleyebiliyoruz. Çoğu insan, meşhurların karikatürlerini, fotoğraflarına kıyasla daha kolay tanıyorlar. Pek çok karikatürün, fotoğraftan daha gerçekçi bir şekilde kişiliği yansıttığını düşünüyorum. Aşağıda örnek olarak kendi karikatürümü paylaşmak istedim.

Renkkörlüğü ya da yüz tanıma zorluğu gibi sorunlar, görsel algı sistemindeki yanılsamalara dönüşebilir. Algılama dışında, beynin bilgi işleme süreçlerinden kaynaklanan sorunlar da bireyin beklenmedik davranışlarına neden olabilir. Günümüzde bireylerin beyin hasarlarından kaynaklanan sorunların istem dışı davranışları tetiklediği kabul ediliyor. Bu nedenle, artık mahkemelerde avukatlar zanlıların beyinleri ile ilgili raporlarla savunma yapıyorlar. Amerika Birleşik Devletleri'nde, bu tip davaların yüzde yirmisinde bu savunmaların etkili olduğu bildiriliyor.[27]

Daha önce bahsedilen, Maslow'un *İhtiyaç Hiyerarşisi*'nin her bir basamağına göre, insan dünyayı beş farklı gözle izler. Buna dayanarak, insanın beş farklı dilde *Görsel Düşünme* yetkinliğine sahip olduğu bile söylenebilir. Kısaca insan; maddesel, bedensel, duygusal, kurumsal ve deneysel dünyaları, sahip olduğu beş farklı *Görsel Düşünme* yetkinliği sayesinde anlayabilmektedir.

Yaşamsal önemi yüksek olan ihtiyaçların giderilmesi sürecinde, insanlar görsel olarak da keyif alıyorlar. İnsanın çeşitli ihtiyaçlarının karşılanması sırasında, alınan hazlar alışkanlıkları oluşturabiliyor. Başka bir deyişle, ödüllendirme yardımı ile yaşamsal beceriler ediniyoruz.[28] Örneğin, besin maddelerinin tüketilmesi sırasında olduğu gibi, görülmesi durumunda da *Dopamin* salgılanıyor.[29] Televizyonlardaki yemek programları ve resimli yemek kitapları da *Görsel Keyif* verecek şekilde hazırlanıyor.

Görsel keyif ile ödüllendirme sisteminin, ihtiyaçların karşılanmasını teşvik eden şartlı refleksler oluşturduğu bile söylenebilir. Bu eğilimden yararlanarak reklamlarda iştah açıcı görsellerin kullanılması, tüketicilerin ihtiyaçları olmayan ürünlere yönelmesine neden oluyor. *Nöropazarlama* alanında bu eğilimlerin ticari olarak kullanılması için çalışılıyor.

Yemek yemek gibi, cinsellik de üreme temel hedefinin ötesine geçerek görsel haz alınmasına da odaklanıyor. Pornografi sektörünün varlığı bu şekilde açıklanabilir. Cinsel ilişkiye davet işareti olarak algılanan görseller de mutluluk hormonu (*Dopamin*) salgılanmasına neden oluyor.[30] Bu nedenle, cinsellik içeren reklamlar, pazarlama için sıklıkla kullanılıyor.

Günümüzde, yapay zekâ ve robotik sistemlerin tasarlanmasında da bir ödül algoritmasından yararlanılıyor. Örneğin, bir temizlik robotu görevlerini yerine getirdikçe puan topluyor.

Pek çok insan sağlıklı yaşam ve güçlü olmak amacıyla spor yapıyor. Ancak, hormon uygulamaları ile abartılı ölçüde kas geliştirenler bu hedefin ötesine geçiyorlar. Hatta kimyasalların kullanılması suretiyle yaşamların tehlikeye atıldığı bile görülüyor. Kısaca; iştah, cinsellik, şiddet ve duygusallık ön plana geçtiğinde, insanların mantıklı düşünmeleri zorlaşıyor.

Gençlerin yenilik merakı ve *Görsel Keyif* kullanılarak, güncel tasarım ürünlerinin pazarlanması sağlanır. Oyunların ve yarışmaların izlenmesinde bilinmeyene yönelik merak öne çıkar. Yapılacak olan bir spor müsabakasının veya çekişilin sonucu da, insanlarda merak uyandırır. Macera filmleri de şiddet ve cinsellik yanında beklenmedik sahneler ile heyecan ve ilgi oluşturur. Kumara ve şans oyunlarına yönelik ilgi de, belirsizliğin yarattığı heyecan ile birlikte, merak ve umut ile beslenir.

Özetle, beyinde yaşamsal önemi olan ihtiyaçların giderilmesi için doğuştan gelen altyapı, bireyin gelişim sürecinde şekillenir. Beynin fizyolojik yapısını bilgisayar donanımına benzetebiliriz. Bu donanımın kullanılabilir şekle sokulabilmesi için programlanması gerekir. Bireyin yaşadığı sosyokültürel ortamda edindiği eğitim ve deneyimlerin de bir yazılım olarak bu bilgisayarın kullanılmasını sağladığını söyleyebiliriz.

20. yüzyılın ikinci yarısından itibaren beynin yapısı ve işleyişi üzerine çok sayıda araştırma yapılıyor. Gelecek bölümde ortaya çıkan bilgiler ışığında beyindeki yapıların, insanın dış dünyaya bakışını nasıl etkilediğini irdeleyeceğim.

## İNSAN BEYNİ VE BEŞ FARKLI KİMLİK

*Açlık, susuzluk, korku, merhamet, sorumluluk, merak gibi duyguların öne çıktığı durumlarda, tanıdığım pek çok insanın bambaşka kişilere dönüştüklerine şahit oldum. Belli ki bu güçlü duygular ilgili davranış kalıplarını tetikliyor.*

Günümüzde insan beyni ile ilgili konular sadece Nörobilim alanında tartışılmıyor, psikolojiden endüstriyel tasarıma kadar çok sayıda disiplinde gelişmelere neden oluyor. Yukarıda pazarlama ve hukuk kavramlarının beyin araştırmalarından nasıl etkilendiğini görmüştük. Ayrıca *Nöroestetik, Nöropazarlama* ve *Nöroergonomi* gibi yeni disiplinlerin ortaya çıkışına değinmiştik.

Aşağıdaki bölümlerde, önce beyinde uzmanlaşmış yapılar ve onlara denk gelen kimlikleri tartışacağım. Daha sonra, her bir kimlik ile onun dikkatini çeken ve *Görsel Düşünme*'ye sevk eden nesnelerden bahsedeceğim. Bu maksatla ilk hedefimiz, vücudumuzun iç organlarını yöneten *Otonom Sistem*'i tanımak olacak.

## Otonom Sistem ve Fizyolojik Kimlik

### Mikroplar Sağ Olsun!

Sütün yoğurt haline getirilmesi Türklerin önemli bir icadıdır. Bilimsel adı fermantasyon olan bir işlemle, süt uzun süre saklanabilen bir gıda maddesine dönüştürülür. Yoğurt, bağırsaklarımızda görev yapan bazı faydalı mikropları içerir. Ayrıca dövme buğday veya unun, yoğurt kullanarak fermantasyonu ile tarhana yapılması da önemli bir icattır. Bu şekilde yıllarca saklanabilen, besin değeri yüksek bir gıda maddesi elde edilir.

Doğada yaygın olarak bulunan mikroorganizmalar bütün gıda maddelerine ulaşmaya ve hızlı bir şekilde onları tüketmeye çalışırlar. Bu hedeflerine ulaştıkları takdirde bu besin maddelerinde çürüme görülebilir.

Gıda maddelerinin uzun süre saklanabilmesi, askeri seferler ve uzun gemi yolculuklarını kolaylaştırmıştır. Tarhana, pastırma ve sucuk gibi geleneksel ürünler yanında konservelerin teneke kutularda saklanması önemli bir gelişme sağlamıştır. Kurutma, tuzlama ve ısıl işlemler gıda maddelerinin istenmeyen mikroplara karşı korunmasını sağlar.

İnsanlarla mikroplar arasındaki ilişkinin başka bir alanı da hastalıklardır. Çoğu zaman bağışıklık sistemimiz bizi mikropların saldırılarından koruyabilir. Amerika kıtasının keşfinden sonra, İspanyollar tarafından taşınan hastalıklara karşı bağışıklıkları olmayan yerliler büyük can kayıpları vermişlerdir.[31] Bulaşıcı hastalıklara karşı geliştirilen aşılar da bağışıklık oluşturarak koruma sağlayabilir. Asırlardır Asya ülkelerinde ve İslam dünyasında uygulanan Çiçek Aşısı bu konuda ilginç bir örnektir. Avrupalılar tarafından, 18. yüzyılda Osmanlılardan öğrenilen bu teknik geliştirilerek yaygınlaştırılmıştır.

| GİRİŞ | → | **1. BEYİN** | → | 2. STRATEJİK | → | 3. TARİHSEL | → | SONUÇ |

Uyku, sindirim, kalp-damar ve bağışıklık sistemleri gibi temel vücut fonksiyonlarının işleyişi beyindeki *Otonom Sistem* tarafından düzenlenir. İç organların işlevlerinin sorunsuz bir şekilde yürütülmesini sağlayan *Otonom Sistem*, beyin sapı, hipotalamus ve beyincik ile birlikte görev yapar.[32] Otonom sistem sempatik ve parasempatik olarak adlandırılan iki sistem tarafından harekete geçirilir ve durdurulur. Bu yapı, sindirim sistemindeki mikroorganizmalar ile de yakın ilişki içindedir. Mide ve özellikle bağırsaklardaki mikroorganizmalar mikrobiota veya flora olarak isimlendirilir. Onların büyük bir kısmı anaerobik veya fakültatif bakterilerdir. Yani, havasız ortamda yaşamlarını sürdürebilirler. Normal şartlarda, bağırsaktaki mikropların sayısı, insan vücudundaki hücrelerin toplamı kadardır. Onların etkinlikleri, sadece sindirim ile sınırlı değildir. Vücut için en önemli hormonlardan biri olan *Serotonin*'in yaklaşık %90'ı bağırsaklarda üretilir. Ayrıca, metabolit adı verilen etken biyokimyasal maddelerin %40'ı da bağırsaklarda salgılanır. Michael Gershon bu sistemi, *İkinci Beyin* (*The Second Brain*) olarak tanımlamıştır.[33]

Normal şartlar altında anneden çocuğa geçen mikroorganizmalar, yetişkin bir insanda yaklaşık iki kilograma ulaşırlar. Bu mikropların çeşitliliği ve sayısı, yaşam boyunca değişikliğe uğrayabilir. Özellikle de diyet değişikliği veya ilaç ve antibiyotik kullanımı, flora çeşitliliğini ve sindirim sisteminin çalışmasını etkileyebilir. Çoğu zaman, sadece *Probiyotik* denen mikroorganizma takviyesi ile bağırsak florasının yenilenmesi sorunu çözer.

*Otonom Sistem*'in duyarlı olduğu pek çok etken vardır. Psikolojik sorunlar bağışıklık sisteminin çalışmasını engelleyebilir. Aşırı stres, kalp ve sindirim sisteminde sorun (psikosomatik) yaratabilir. Uzun uçak yolculukları sonucunda büyük saat farkı oluştuğunda, uyku düzeni geçici olarak bozulabilir.

| GİRİŞ | → | **1. BEYİN** | → | 2. STRATEJİK | → | 3. TARİHSEL | → | SONUÇ |

Uyku durumunda, *Otonom Sistem* dışındaki beyin bölümleri yavaşlar veya devre dışı kalırlar. Uyku, koma ve narkoz durumunda bile *Otonom Sistem* görevini yapmaya çalışır. Yani, *Otonom Sistem* aralıksız olarak, Maslow'un *İhtiyaç Hiyerarşisi*'nin ilk basamağındaki fizyolojik işlevleri yerine getirir. Beslenme, sindirim, kan dolaşımı ve bağışıklık sistemleri, normal şartlar altında aralıksız olarak *Otonom Sistem* tarafından işletilir.

Gardner tarafından öne sürülen *Çoklu Zekâ* çeşitleri arasında, *Otonom Sistem* ile doğrudan ilişkilendirilecek bir zekâ çeşidi yoktur. Ancak, işlevinin önemi nedeniyle ben, *Otonom Sistem*'e ait becerileri bir stratejik zekâ modülü olarak tanımlıyorum. Bu sistemin, karmaşık ve önemli işlevleri nedeniyle bu kitapta, *Otonom Sistem* çerçevesindeki temel fizyolojik yetkinlikleri *Otonom Zekâ* (Otonom Quotient, *OQ*) olarak isimlendirdim. Burada amacım, genel zekâ ölçütü (Intelligence Quotient, IQ) ile uyumlu bir tanım yapmaktır. Uyku, bağışıklık ve sindirim sistemlerinin etkin bir şekilde çalışması, *Otonom Zekânın* (OQ) varlığına işaret eder.

Beyindeki stratejik modüller, bireyin gelişim sürecinde aşama aşama devreye girer. Doğumdan önce *Otonom Sistem* çalışmaya ve *Fizyolojik Kimlik* oluşmaya başlar. Ben bu kimliği bilimsel tabirle *Homo economicus* olarak isimlendirdim. Bu kimlik insani gelişim açısından fizyolojik ihtiyaçları karşılamaya yönelik en alt basamağı teşkil eder. İnsan nefes aldığı sürece *Fizyolojik Kimlik*'i devam eder.

İnsanın yemekten ve lezzetli besinleri görmekten aldığı haz kısmen, bağırsaklardaki mikroorganizmaların beslenmedeki yönlendirici rolünden kaynaklanır. Tüketmeye alışık olduğumuz yiyecekler bağırsak florasının çeşidi ve sayısı üzerinde etkilidir. Besin maddelerinin çeşidine göre onları sindirmek için mikroplar arasında bir işbirliği oluşur. Başka bir deyişle, bağırsaklarda konumlanan mikroplar besinlerin parçalanıp sindirilmesi için işbölümü yaparlar. Bu organizmaların görevlerini iyi yapmaları durumunda sağlıklı bir sindirim sistemi oluşur.

Bağırsaklar besinlerin sindirim süreci konusunda beynin uzantısıdır. Ancak, bazen flora kontrolü ele geçirir. Yani karnını doyurmak mikropları doyurmaya dönüşür. Mikropların tercihleri, beynin kararı olarak ortaya çıktığında, ihtiyaçtan fazla tüketim gerçekleşebilir. *Fizyolojik Kimlik*'imizden gelen işaretler bize iştah verir, ziyafetlere ve TV'deki yemek programlarını seyretmeye yöneltir.

Aşağıdaki resimde bağırsaklardaki mikropların beyin ile iletişim kurmak için kullandıkları yöntemler bir ok ile özetlenmiştir. Bu yöntemler arasında, *Vagus* sinir bağlantısı ve hormonlar üzerinden haberleşmek sayılabilir.

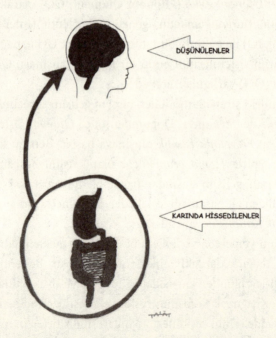

*Sindirim Sisteminden Beyne Giden Uyarılar:*
*Açlık, Susuzluk, Tiksinme vs.*

Aslında *Fizyolojik Kimlik* yıllar içerisinde değişime uğrar. Özellikle yetişkin veya yaşlı olarak tanımlanan dönüşümlerde fizyolojik sistemde değişiklikler olur. Organ, kan veya ilik nakli, diyet, ilaç tedavileri ve implantlar otonom sistemin faaliyetlerini etkiler. Gelecek bölümde, *Fizyolojik Kimlik*'imizin, görsel dünyaya bakışımızı nasıl etkilediğini tartışacağım.

### Fizyolojik Kimlik ile Görsel Düşünme

*Can boğazdan gelir.*
Atasözü

*Romalıların togalarını giyerek uzandıkları rahat divanlarda ziyafetler yaptıklarını, muhtemelen bir filmde görmüşsünüzdür. Bu ziyafetlerde, iyice doyduktan sonra yediklerini çıkardıkları, sonra tekrar yemeye başladıkları söylenirdi.*

*Bu anormal ziyafetlerin ve bilinçsiz iştahın gerçekdışı olduğunu düşünürdüm. Yanılmışım, günümüzde insanların yemek yarışmalarına katıldıklarını ve abartılı miktarda hamburger veya sosis yediklerini görüyorum. O zaman, Roma âdetlerinin günümüzde yaşadığını anlıyorum.*

*Her geçen gün, dünyada fazla kilolu insanların sayısının arttığı bildiriliyor. Bu nedenle çoğu insan diyet yapıyor hatta ameliyat masasına yatıyor. Anlaşılan, beynin uzantısı olduğu söylenen bağırsaklar sorun yaratıyor.*

Fizyolojik ihtiyaçlara yönelik uzmanlaşmış beyin bölümleri ve iç organların çalışmasını sağlayan *Otonom Sistem*in *Fizyolojik Kimlik*'i oluşturduğundan bahsetmiştim. Solunum, dolaşım, beslenme, sindirim ve uyku gibi temel faaliyetlerin sürdürülmesi için bu sisteme hitap eden unsurlar en güçlü uyaranlardır.

Besinler, bünyelerindeki enerji ve biyokimyasal maddeler yanında, sindirim sistemi için bilgi de içerirler.[32] Güzel bir yemek, sindirim sırasında haz veren hormonların üretilmesine neden olur. Ödüllendirme ile birlikte besin maddelerinin bilgi içeriği, vücut içinde iletişim sürecini tetikler. Bir taraftan da *Vagus* siniri bağlantısı üzerinden beyin ile haberleşme gerçekleşir.

Canlılar için maddesel kaynaklara sahip olmak, *Yaşamsal Satranç*'ın temel unsurudur. Hayvanlar arasında; sulak, otlak veya avlak olarak tanımlanabilecek bölgeleri ele geçirmek için gerçekleşen rekabet bu çerçevede görülebilir. İnsanın nefes alması, uyuması, yiyecek bulabilmesi ve temizlenebilmesi için sahip olması gereken imkânlar ve mekânlar tüketim eğiliminin temelini oluşturur. Bu temel ihtiyaçlara dayalı *Fizyolojik Kimlik* tarih boyunca gelişerek, tüketimden zevk almak amacıyla ilave edilen, tatlandırıcılar, baharatlar ve keyif verici ürünlere kadar geniş bir yelpaze oluşturmuştur. *Fizyolojik Kimlik*, bu geniş ihtiyaç yelpazesindeki bütün unsurlara ilgi duyulmasına neden olur.

Daha önce farklı insan topluluklarına yönelik araştırmalarda, bitki, av hayvanı ve sulak alanları içeren resimlerin beğenildiğinden bahsedilmişti. Mağara duvar resimlerinde, konu olarak av hayvanlarının seçilmesi, avlanmanın beslenmedeki stratejik öneminden kaynaklanır. Kadınların özellikle bitkisel besinlerin kolaylıkla toplanabileceği doğa görüntülerini beğendiği belirlenmiştir.[34] Çiçeklerin verimli bitkilerin varlığına işaret etmesi de, onların beğenilmesinin temel nedeni olduğu düşünülüyor.

*Fizyolojik Kimlik*'in, maddesel dünyaya yönelik olarak *Görsel Düşünme* yetkinliği ve merak oluşturduğunu söyleyebiliriz. Ayrıca, çiçekler içerdikleri kokular ile de hayvanların ve insanların uyarılmalarına neden olurlar. Hatta böceklerin cinsel uyaranları olan *feromon*lara benzeyen kokuların çiçekler tarafından üretildiğini görüyoruz. Bu kokular böcekleri çiçeklere çekerek, polenleri taşımalarını sağlar.

Taze ve olgun bir meyvenin görsel cazibesi, onun tüketimi sırasında alınacak hazzın habercisidir. Örneğin, sıkılan bir limonun görülmesi, *Görsel Keyif* vererek ağzı sulandırabilir. Bir natürmort veya manzara resmi de, bolluğun işareti olarak izleyiciye mutluluk verir. Bu nedenle, besin maddelerinin paketlenmesi, sunulmasında ve reklamlarında tüketimden alınacak *Görsel Keyif* hedeflenir.

Freud, insanın haz veren şeylere yönelmesini *Hedonik Prensip* olarak açıklamıştı. İhtiyaçlar tarafından şekillenen meraka göre, güzel bir yemek görüntüsü haz verir. Buna karşılık, çürümüş bir meyve görüntüsü ise, mikrobiyal risk ile ilgili uyarı niteliğindedir. Stratejik tehlike görüntüleri içeren sanat eserleri de, bu nedenle izleyicinin dikkatini çekmeyi başarabilir. Örneğin, kurukafa sembolü başlangıçta tehlike ifade etmek için kullanılırken, günümüzde giyim kuşamda ilgi çekici bir süslemeye dönüştürülmüştür. 20. yüzyılda yaygınlaşan; kan, idrar ve dışkı kullanarak yapılan eserler de bu çerçevede görülebilir. Korku veren görsel unsurlar ile dikkat çekmek için, çürümüş et, dışkı, kan ve idrarın sanat eserlerinde kullanılması, bana ters geliyor. Bu tip konulardan sıklıkla yararlanan sanatçılar, acaba yaratıcılık sorunu yaşıyor olabilirler mi?

*Termodinamiğin İkinci Kanunu* açısından insanın beslenme ihtiyacını karşılayan maddeler, besin ve enerji içeriği yüksek olanlardır. Bu nedenle, onların tüketilmesi haz verir. Pek çok hayvanın, şeker ve yağ içeren besinlere yönelik ortak eğilimi olduğu söylenebilir. Proteinler de önemli besin maddeleri içerdikleri için tercih edilirler. Bir başka deyişle, beğenilen besin maddeleri en fazla *Serbest Enerji* yani en az *entropi* içerirler. Buna karşılık; dışkı, idrar ile çürümüş veya kurtlanmış besin maddelerinde ise en fazla *entropi* oluşmuştur. Yüksek *entropi* içeren bu maddelerden, tiksinti duyarak uzak durulmasının temel nedeni onların besin değerinin düşüklüğü ve hastalık potansiyelidir. Böylece, *Fizyolojik Kimlik*'in besinlere yönelik beğeni veya tiksinmesinin temelinde de *Termodinamiğin İkinci Kanunu*'nun olduğu söylenebilir.

Gıda maddelerinin içerdikleri protein, yağ, şeker, tuz gibi maddeler onların sindirim sistemi tarafından tanımlanmasını sağlar. Yani insan besin maddesini gördüğü, kokladığı ve tadına baktığı zaman onu tanımlamış olur. Başka bir deyişle, sindirim sisteminde daha önce tüketilen besinlerle ilgili bir kimlik kartı oluşur.

Bir gıda maddesine yönelik iştah onun içerdiği maddeler ile ilişkili olarak ortaya çıkar. Beğenilen gıda maddelerinden alınan haz, beyinde *Dopamin* salgılanmasına neden olur. Nefis bir yemek resmi iştahı tetiklerken, beyinde beslenmeye benzer şekilde uyarılma ve haz oluşmasını sağlar. Beslenme sırasında tat, koku ve görsel algılama birlikte gerçekleşir. Gözler ve burun kapalıyken tüketilen bir elma ile patates ayırt edilemeyebilir. Bu durumda, görsel bilgi olmadığı için damak tadı eksik kalır.

*Otonom Sistem* için görsel algı, bozuk gıda maddelerinden zehirlenme ihtimaline karşı önemli bir koruma sağlar. Bozuk besin görüntüsü bile, *Otonom Sistem* tarafından tiksintiye neden olur, hatta kusmayı tetikler. Başkalarının kusması da kusmaya neden olabilir. Sindirim sistemi tarafından sorunlu olarak tanımlanan gıda maddelerinin tüketimini engellemek için, Vagus sinir bağlantısı üzerinden beyin ile iletişim kurulur.

*Otonom Sistem*'in önemli bir işlevi olan bağışıklık da güçlü bir belleğe sahiptir. Bu sistemde, vücudun temas halinde olduğu bütün mikroorganizmalar için bir biyokimyasal kimlik kartı oluşturulur. Karşılaşılan bulaşıcı hastalıklar için, bazen kısa süreli bazen de ömür boyu bağışıklık sağlayarak gerektiğinde antikor üretilir.

*Otonom Sistem*'in her zaman çalışır durumda olması ve iç organların sağlıklı kalması, onların beyinden bile daha öncelikli olduğunu gösterir. Örneğin, beyne giden kan ve dolayısı ile oksijen kesilse bile, iç organların çoğu çalışır durumda kalır. Ölüm, daha doğrusu beyin ölümü sürecinde, en son *Otonom Sistem* devre dışına çıkar. Bu aşamaya ulaşmadan önce, hâla canlı olan iç organlar, başka bedenlere nakil edilerek, yaşatılabilir.

Temel ihtiyaçların giderilmesi sırasında alınan haz, yaşamsal seçimlerin ödüllendirilmesidir. Yemek ile ilgili görsel haz alınmasında *Sağ Beynin* de rolü olduğu gösterilmiştir.[35] Günümüzde, *Otonom Sistem*'e hitap eden iştah açıcı görseller reklamlarda yaygın olarak kullanılır.[36]

İnsan, yaşamsal olarak önemli olan ihtiyaçlarını giderirken birkaç şekilde haz duyar. Önemli ihtiyaçların karşılanma sürecinde ulaşılan ödüller yani hazlar, bu davranışların öğrenilmesini ve gelecekte tekrar edilmesini sağlar.[37] Kısaca, bir ihtiyacın giderilmesini müjdeleyen görüntüler bile insana haz verebilir. Başka bir deyişle, insanın izlediği yolun doğru olduğu, görüntüden alınan haz ile teyit edilir.[35] Beslenme sürecinde, henüz yemek yemeye başlamadan önce bile keyif alma başlar. Doygunluk durumunda ise alınan haz giderek kaybolur.

Görsel uyaranların verdiği haz için taze çilek görüntüsü iyi bir örnektir. Sadece tabakta gördüğümüz çileklere bakarak ağzımızın sulanması, *Görsel Keyif* kavramını açıklamak için yeterlidir.

*Görsel Keyif* temel ihtiyaçlara hitap eden nesnelerdeki görsel cazibenin anlaşılmasında önemli bir etkendir. Örneğin, görsel medyada yemek, içmek, manzara, bedenler ve duygularla ilgili konuların sıklıkla işlenerek dikkat çekilmesi bu şekilde açıklanabilir. İnsanın sadece besin maddelerine bakınca iştahının açılması ve haz almaya başlaması, medyada *Görsel Keyif* veren görsellerin kullanılmasına neden olur. Yemek ile ilgili televizyon programları çoğalırken, yemek tarifleri içeren resimli kitaplar da çok satanlar arasına giriyor. Reklam ve kataloglar için besin maddelerinin ve yemeklerin resimlerini çekmek de bir uzmanlık alanına dönüşmüştür.

Alışılmış görüntünün dışındaki renkler nedeniyle, yiyeceklerin tadı aynı olsa da tüketiciyi rahatsız eder. Örneğin, yeşil ışık altında sunulan et bozuk olarak algılanır. Tiksinmeye neden olur. Öyle anlaşılıyor ki, *Fizyolojik Kimlik* bizi tehlikelere karşı uyarıyor.

Dilimizde, *Fizyolojik Kimlik*'i tanımlamaya yönelik görsel kavramlara sıklıkla rastlıyoruz. *Açgözlü Olmak* ve *Gözü Doymak* bu kimliğin görüntü ile ilişkisini ortaya koyar. İnsan en çok zamanını *Fizyolojik Kimlik*'in gerektirdiği ihtiyaçların karşılanması için harcar. Uyku, yemek ve temizlenmek günlük yaşamın en azından üçte birini kapsar.

Gelecek bölümde, bir beyin cerrahı tarafından gözlemlenen, insan ve hayvan beyinleri arasındaki benzerlikten bahsetmek istiyorum. Bu bakış açısından beyindeki yapıları incelemek farklı disiplinlerde ortaya çıkarılan bilgileri birleştirmeyi kolaylaştırıyor.

## Beyinde MacLean Tarafından Belirlenen Bölgeler

Bir beyin cerrahı olan Paul MacLean, insan beynindeki yapılar ile hayvanların beyinlerindeki bazı bölümlerin benzerliğini keşfetmişti. Onun tespitine göre bu bölümler aynı işlevleri görüyordu. Bu görüş, kulağın veya gözün bütün canlılarda benzer amaca hizmet etmesine benzetilebilir. Özetle, MacLean bulgularını Evrim Teorisi açısından değerlendirerek benzer beyin parçalarının, bütün hayvanlar için benzer işlevleri olduğunu öne sürmüştü.[38]

MacLean insan beynindeki bu bölümlerin işlevlerini, hayvan beyinleri ile ilişkilendirerek isimlendirmişti. MacLean bu benzerliklere dayanarak insan için üç katmanlı bir beyin modeli öne sürmüştü. Bu katmanlar, *Sürüngen Beyni (Reptilian Brain), Memeli Beyni (Paleomammalian veya Limbic System)* ve *Neokorteks (Neocortex veya Neomammalian)* olarak sıralanmıştı.[38] Aşağıdaki şekilde bu katmanları kabaca göstermeye çalıştım.

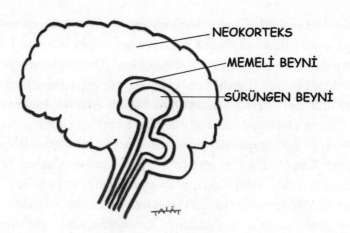

*MacLean Beyin Modeli*

Güncel bilim konularında önemli eserler üretmiş olan Carl Sagan da, insan beyni ile ilgili ilginç kitabında, MacLean'ın üç katmanlı beyin modelinde bahsedilen yapılaşmaların, insan davranışını ne şekilde etkilediğini sadeleştirerek açıklamıştı.[39] MacLean'in katmanlı beyin modeli, günümüzde çeşitli yayınlara konu olmaya devam ediyor.[40] Aşağıdaki bölümlerde, MacLean tarafından öne sürülen modeldeki yapılar ayrıntılı olarak irdelenecektir.

### Sürüngen Beyni ve Bedensel Kimlik

#### At, Avrat, Silah

> Gazetelerin ilk sayfalarında kanımızı donduran cinayet haberleri ile karşı karşıya geliyoruz. Bilimsel araştırmalar, suç işleyenlerle birlikte olunmasından veya polisiye filmlerin izlenmesinden dolayı şiddetin yaygınlaştığını ortaya çıkarıyor.

MacLean'e göre, insan beyninin en alt seviyesinde, sürüngenlerdeki beyin yapılarına benzeyen bir bölüm bulunur. Bu yapıda arabeyin de denilen diensefalon (Diencephalon) ile birlikte beyincik (Cerebellum) görev alır. *Sürüngen Beyni (Reptilian Brain)* olarak adlandırılan bu bölüm; avlanma, kavga ve çiftleşme gibi temel bedensel eylemleri gerçekleştirir. *Sürüngen Beyni* ile ilgili davranışları en iyi temsil eden canlı olarak, MacLean *Komodo Ejderi*'ni göstermişti. Bu sürüngenin, erkeği ile dişisi arasında cinsel ilişki dışında temas yoktur ve karşılaştıkları takdirde çatışma olabilir. Dişi ejder, yumurtalarını bıraktıktan sonra, yavruları ile ilgilenmez. Karşılaşırsa, onları yiyebilir. Yavrular ise yumurtadan çıktıkları anda kendi başlarının çaresine bakabilecek durumdadırlar. Kısaca, *Sürüngen Beyni*'nin işlevi olarak tanımlanan faaliyetler, çatışma, avlanma ve cinsel ilişkiye yöneliktir.[38]

MacLean'a göre, insandaki cinsellik ve çatışma davranışları da *Sürüngen Beyni*'ne benzeyen yapılar tarafından yönlendirilir. Kavga durumunda kan akışı insanın ellerine yönelerek mücadeleye hazırlık yapılır. Korku durumunda ise, kan bacaklara iner. Bu da tehlikeden uzaklaşmaya hazırlık anlamına gelir. Cinsel uyarılma durumunda ise, cinsel organların bulunduğu bölgelerdeki kan dolaşımı artar. Bu süreçlerde, insanda *Sürüngen Beyni*'nin devreye girdiği ve hareketlerin hızlandığı görülebilir.

Özetle, yoğun korku, şiddet ve cinsellik içeren durumlarda, *Sürüngen Beyni* devreye girince mantıklı düşünmek zorlaşır. Yani, yaşamsal tehlike hissedildiğinde, uzun süreli bir değerlendirme için zaman yoktur. *Sürüngen Beyni* hızlı bir şekilde karar alınmasına neden olur. Bu süreçte, beyinde Talamus üzerinden Amigdala'ya giden yol kullanılır. Bu seçenek, ön beyin üzerinden gerçekleşen karar sürecine kıyasla 150 kat daha hızlı hareket etmeyi sağlar.

*Sürüngen Beyni*'nin işlevi, sadece şiddet ve cinsellikle sınırlı değildir. Pek çok bedensel ve kinetik faaliyetleri de yönetir.

| GİRİŞ | → | **1. BEYİN** | → | 2. STRATEJİK | → | 3. TARİHSEL | → | SONUÇ |

Örneğin spor, avlanma ve dans gibi zevk veren etkinlikler de bu çerçevede görülebilir. Hatta pek çok avcı, avlanmayı beslenmek için değil, sadece keyifli bir eğlence olarak sürdürür.

Gardner tarafından tanımlanan *Bedensel-Kinetik Zekâ* ile *Sürüngen Beyni*'nin etkinlik alanının örtüştüğünü düşünüyorum.

Ergenlik çağına giren gençlerin, cinsel kimlikleri bedenlerinde belirginleşir. Bu dönemden itibaren, gençlerin davranışları farklılaşır ve gelişim merdiveninin ikinci basamağındaki insan *Homo furens* yani *Bedensel Kimlik* ortaya çıkar. Bedenin ve kasların hareketinin sağlanması, bireylerin rakiplerine karşı konumlanması yanında eş bulma açısından da gereklidir.

*Bedensel Kimlik* bireyin yaşamı süresince gelişim gösterir. Doğurganlık ile ilgili gelişmeler, bedensel değişikliklerle birlikte davranış farklılaşmalarına neden olduğu gibi, doğurganlığın sona ermesi de önemli bir aşamadır.

Özetle, insanın bedensel ihtiyaçlarına ve eğilimlerine yönelik beyin bölümleri *Bedensel Kimlik*'i belirler. Ergenlikte kazanılan bu ikinci kimlik hakkında, gelecek bölümde daha fazla bilgi bulacaksınız.

### Bedensel Kimlik ile Görsel Düşünme

#### *Işıklar Sönünce Neredeydin?*

*1965 yazında New York şehrini de içine alan, Amerika'nın büyük bir bölgesini kapsayan bir elektrik kesintisi gerçekleşmişti. O elektrik kesintisi 25 milyon kişiyi etkilemiş ve on beş saat sürmüştü. Bilindiği kadarı ile o gece önemli bir polisiye olay yaşanmamıştı. Sadece, dokuz ay sonra doğan çocuk sayısında önemli bir artış olduğu fark edilmişti. Bu da malum esprilere neden olmuştu. "Işıklar Sönünce Neredeydin?"*

*("Where were you when the lights went out?")* o sırada yaşanan komik olayları anlatan bir filmin adıydı. O dönemin meşhur oyuncularından Doris Day başroldeydi.

13 Temmuz 1977 akşamı bir tiyatro gösterisini izlemek üzere, üniversitenin otobüsü ile New York'a gitmiştim. Oyun başladıktan kısa bir süre sonra elektrikler kesildi. Kesintinin uzun sürebileceği söylenerek tiyatro kapatıldı. Ben Türkiye'de elektrik kesintileri ile büyümüştüm. Sükûnetle karşıladım.

Caddeye çıkınca üniversite otobüsünün bizi beklediğini gördüm. Dönüş yolunda, New York şehrinin savaş alanına dönüştüğüne şahit olduk. Yangınlar çıkartılmıştı ve dükkânlar yağmalanıyordu. İnsanlar çıldırmış gibiydi. Yağmalama yapanlar birbirlerine de saldırıyorlardı. Usta sürücümüzün marifetiyle, sorun yaşamadan geriye dönebildik.

O gece başlayan kesinti nedeniyle, dokuz milyon insan toplam 25 saat süresince elektriksiz kalmıştı. Çıkan yağmalama ve çatışmalar nedeniyle üç binden fazla kişi tutuklanmıştı. Yüzlerce yaralı ve iki ölü vardı. Bin kadar bina yangınına müdahale edilmişti. Pek çok kişi asansörlerde uzun süre mahsur kalmıştı. Metroda kalan 4000 kişi daha sonra kurtarılmıştı. O gece 16.000 dükkânın yağmalandığı ve 350 milyon dolar zarar verildiği kayıtlara girdi. Böyle geniş kapsamlı bir yağmalama olayı daha önce hiçbir yerde gerçekleşmemişti. Toplumdaki dengelerin ne kadar kolay bozulabildiği ve insanların korkunç yüzlerinin nasıl ortaya çıkabildiği, bu vesileyle bir daha görülmüştü.

Bu olaydan sadece on iki yıl önce gerçekleşen elektrik kesintisinde insanlar bir sorun yaşamamışken, nasıl olmuştu da böyle bir olay çıkabilmişti? Herkes bu konuyu anlamaya çalışıyordu. İlk akla gelen neden, New York'un çok daha fazla sosyal sorunlar yaşanan, sokakları güvenli olmayan

| GİRİŞ | 1. BEYİN | 2. STRATEJİK | 3. TARİHSEL | SONUÇ |

bir şehre dönüşmüş olmasıydı. Ben bile, o yıllarda sokakta silahlı çatışmaya şahit olmuştum. Hatta birinin vurulduğunu da görmüştüm.

New York'un yağmalanması bana geçmişteki bazı toplumsal şiddet olaylarını hatırlatmıştı. 1967'de bir futbol maçı sonrasında Kayseri ile Sivas futbol taraftarları 43 kişinin ölümü ile sonuçlanan kanlı bir çatışmaya girmişti. 1969'da ise, El Salvador ile Honduras futbol nedeniyle binlerce kişinin ölümü ile sonuçlanan bir savaşa sürüklenmişti.

Ne yazık ki, kanlı olaylar her gün yaşanıyor. İnsanı içine çeken bir girdap gibi, şiddetin kurtulamadığımız bir yanı var. Sokakta çarpışan arabaların sürücüleri hemen kavga etmeye başlıyor. İnsanların Sürüngen Beyni'nin kolayca devreye girdiği görülüyor. Medeniyet ince bir örtü gibi şehirleri kaplıyor, ama altında gizlenen her an saldırmaya hazır bir canavar var.

*Bedensel Kimlik*'e hitap eden görsellerin içerdiği cinselliğin ve bedensel estetiğin verdiği *Görsel Keyif*, kadın ve erkek için ayrı ayrı şekillenir. İnsanlar, eş bulma sürecinde karşı cinslerine alıcı gözle bakarken, hemcinslerini potansiyel rakip olarak görürler.

İlk çağlarda yaşayan insanlar için bedenlerini yırtıcılardan ve rakiplerinden koruma ihtiyacı, bedensel gücün, temel stratejik rekabet unsuru olmasının nedenidir. Öte yandan, gençlik ve bedensel güzellik de eş seçiminde önemli nitelikler olarak aranır. Bu kriterler temel olarak sağlık ve doğurganlık ile ilgilidir. Kısaca, bireyler genlerini daha sonraki nesillere aktarmak için uygun eş ararlar.

İnsanlar, kendilerini karşı cinse beğendirmek için yüz ve bedenlerine özen göstererek hemcinsleri ile rekabet ederler. Binlerce yıl sürmüş olan köle ticareti de öncelikle gençlik, güzellik ve kas gücü gibi bedensel özelliklere dayanarak yapılmıştır. Günümüzde de bedensel güç ve güzellik önemini sürdürmeye devam etmektedir. Örneğin, işe alımlarda ve terfilerde, adaylar arasında bedensel olarak cazip görülenlerin tercih edildiği belirlenmiştir.[34]

Tarih boyunca güzellik; gençlik, simetrik yüz, orantılı beden, düzgün ten ve doğurganlığı ifade eden unsurlarla ilişkilendirilmiştir. Güzelleşmek için kozmetik maddeler ve yöntemler uygulanmıştır. Kozmetik Yunancada düzen anlamındaki *kozmos* kökünden gelir. İlk çağlardan itibaren insanlar, bedenlerini süslemek amacıyla boya, dövme ve takılar kullanmıştır. Günümüzde de bütün toplumlarda, giyim kuşam, süs eşyaları ve makyaj ürünlerinin *Görsel Keyif* açısından önemli olduğu görülüyor.

Kadın ve erkek bedenlerini kısmen veya tamamen sergileyen resim ve heykellere pek çok toplumda rastlanır. Bu eserlerde, güzellik, doğurganlık veya güçlülüğün öne çıkarıldığı görülmektedir. Bedensel güzellik açısından, uzuvlar arasındaki orantı ve simetri de önemlidir. Günümüzde medya kanallarında, *Görsel Keyif* için kadınların gençlik ve özellikle de doğurganlık dönemlerindeki görüntüleri tercih edilir. Bu özellikleri daha görünür kılmak üzere kozmetik, giyim, diyet ve spor ile birlikte estetik ameliyatlar destekleyici unsurlar olarak kullanılıyor. Spor ve dans bu görüntüyü vurgulamak için tercih ediliyor.

İlk çağlardan beri erkekler, avlanmak, ailelerini yırtıcılardan ve rakiplerinden korumak için güçlü olmak zorunda kalmışlardır. Günümüzde bile görsel medya, erkeklerin fiziksel gücünü temsil eden genç ve kaslı görüntülerinden yararlanıyor. Korku ve şiddet içeren filmlerde ise, bedensel çirkinlikler de öne çıkarılmaktadır. Stratejik olarak, çirkin bedenler hastalık ve ölüme yönelik yaşamsal uyarı olarak dikkat çeker. Korku filmlerinin beğenilmesi, tehlikeye yakın olmakla birlikte, emniyette olduğunu hissetmekten kaynaklanır. Çirkin ve rahatsız edici bir görsel eser, stratejik tehdit nedeniyle dikkati çekmeyi başarır. Tehlikeyi atlatmış olmak bize mutluluk verir. Başkalarının tehlikede olduğunu veya zarar gördüğünü görmek de, bazı insanları mutlu eder. *(Bildiğim kadarı ile Türkçede bu duyguyu ifade edecek bir sözcük yok, ama Almancada ona "Schadenfreude" deniyor. Ben ona, "Hasetkeyf" denmesini öneriyorum.)*

İnsanlar için; güzel, genç ve güçlü görünmek ölüme uzak konumda olmak anlamına gelir. Özellikle de doğurganlık dönemi neslin devamı açısından tercih nedenidir. Hastalıklı ve güçsüz görünüm ise yaşlanma yani artan *entropi* ile ilgili bir işarete dönüşür.

*Bedensel Kimlik*'e yönelik faaliyetler özellikle erkeklerde *Dopamin* ve *Testosteron* salgılanmasına neden olur. Ayrıca, besinlerde olduğu gibi, sadece görsel olarak alınan bir zevkten de bahsedilebilir. Bu nedenle, cinsellik ve şiddet içeren görseller, gerçekte bu faaliyetleri yaşamaksızın, sadece izlemek suretiyle de haz verebilir. Cinsellik ve şiddet içeren filmler, reklamlar ve bilgisayar oyunları *Görsel Keyif* vermek üzere hazırlanırlar. Örneğin, reklamlarda kırmızı renkli otomobil ile güzel mankenlerin öne sürülmesi, *Görsel Keyif*'i kullanarak erkeklerin dikkatini çekmek içindir. Ancak, bu görüntüler kadınları rahatsız eder. Aşağıdaki resimde, erkekler için gücü temsil eden bir spor araba ile cinselliği temsil eden bir mankenin birlikte kullanıldığını görebiliriz.

Beynin hipotalamus bölümünde, cinsellik ve şiddet ile ilgili alanların yan yana olduğu biliniyor. Bu nedenle kadın bedeni ile birlikte silah ve arabaların sergilendiğine sıklıkla rastlıyoruz. Ayrıca aşağıdaki şekilde gösterilen bu iki alan arasında, bir geçiş bölgesinin olduğu Kandel tarafından belirlenmiştir.[15]

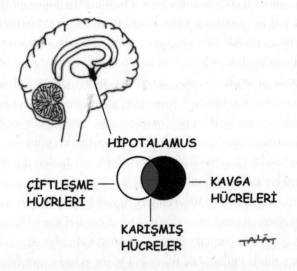

*Çiftleşme ve Kavga ile İlgili Beynin Hipotalamus Bölgesi*

Şiddet ve cinselliğin yoğun olduğu durumlarda *Sözel İletişim*'in de düşük düzeyde kaldığı görülür. Görüntüler ve hareketler *Görsel Keyif* için yeterlidir. Örnek olarak, yoğun şiddet sergilenen bir *Bourne* serisi filminde, aktör Matt Damon'ın, sadece 288 sözcük kullanarak kendini ifade ettiği saptanmıştır.[41] İlginç bir şekilde, şiddete eğilimli kişilerin kendilerini ifade etmekte zorlandıkları görülmüştür. Vücuttaki serotonin seviyesindeki düşüş ile şiddet eğilimi arasında da ilişki olduğu biliniyor.

Filmlerde, sevilmeyen karakterler ve tehlikeli görüntüler oluşturularak seyircinin ilgi seviyesi yükseltilir. Ayrıca, yabancıların ve vahşi hayvanların varlığı da tehlike ifade eder.

| GİRİŞ | → | **1. BEYİN** | → | 2. STRATEJİK | → | 3. TARİHSEL | → | SONUÇ |

Bu nedenle, korkunç düşmanlar yanlarında zehirli sürüngenler ya da yırtıcı hayvanlarla birlikte tasvir edilir.

Görsel medya üzerinden, küçük çocukların ilkokuldan itibaren çok fazla şiddet ve cinsellik görüntülerine maruz kalmaları günümüzde önemli bir sorun teşkil ediyor. Yapılan araştırmalarda, şiddet içeren filmleri ve televizyon programlarını izleyen gençlerde suç oranının yükseldiği ortaya çıkmıştır. Yetişkinliğe erişenlerin okulda harcadığı zamandan daha fazlasını televizyon ve film izleyerek geçirdiği hesaplanmıştır. Çocukların yetişme dönemlerinde on binlerce cinayet ve şiddet görüntüsünü izledikleri tahmin ediliyor. Cinselliğin, şiddet ile ilişkisi, kadın ve çocuklara yönelik istismar sorununu da beraberinde getiriyor. Günümüzde, şiddetin ve silahlanmanın artmakta olması ürkütücüdür.[12] Şiddet içeren filmleri izleyenlerin gördükleri davranışları taklit ettikleri de biliniyor. Örneğin, *Geyik Avcısı* (*Deer Hunter*) filmini izleyen 35 kişi Rus ruleti oynayarak canına kıymıştır.

Özetlemek gerekirse, günümüzde *Bedensel Kimlik*'in ve merakın çok fazla öne çıktığını görüyoruz. Görsel medya, cinsellik ve şiddeti kullanarak film ve TV programlarının izlenmesini sağlıyor. Benzer yöntemler, daha fazla ürün satmak için, Nöropazarlama'da kullanılıyor. Ben sanat eserlerinde; şiddet, cinsellik, korku, kan ve dışkı gibi unsurların kullanılmasını da, bir çeşit Nöropazarlama olarak görüyorum.

Şehvet ve şiddet kültürü yaygınlaşırken toplumsal gerginlikler de artacak gibi görünüyor. Bu bölümün başında, 1965 ve 1977 yıllarında New York'ta gerçekleşen iki elektrik kesintisi sırasında çok farklı olaylar yaşandığından bahsetmiştim. Sosyoekonomik faktörlerin yanında, medyada şiddetin yükselişinin de 1977'deki olaylarda etkin olduğuna inanıyorum.

*Bedensel Kimlik*'in, Deli Dumrul olarak karikatürize edilmesinin uygun olacağını düşünüyorum. Bence hepimizin içinde zaman zaman ortaya çıkan bir Deli Dumrul var. Örneğin, yollarda kaza yapan kişilerin birbirlerine saldırdıklarına sıklıkla şahit oluyoruz. Dilimizde, bu kimliğin görsellikle ilişkisine yönelik birçok tabir var. *Göz Dikmek, Yan Gözle Bakmak* ve *Gözü Dönmek* ilk aklıma gelenler.

Deli Dumrul bizim her fırsatta mücadele etmemizi ister. Macera ve savaş filmlerine, avcılığa, balıkçılığa ve spor programlarına ilgi duymamıza neden olur. Cinsel kimliğin öne çıkmasını sağlayarak, karşı cinse ilgiyi ön plana çıkarır. Giyim kuşam ve aksesuvarlar cinsel kimliği destekleyecek şekilde seçilir.

### Memeli Beyni ve Duygusal Kimlik

> *Bir kez gönül yıktın ise bu kıldığın namaz değil.*
> Yunus Emre

*Memeli hayvanların yavrularıyla ilişkileri insanlarla benzerlik gösterir. Ölenlerin başında yas tutan filler ve kangurular da, hayvanlarda merhamet duygusunun olduğuna işaret eder. Ayrıca, fillerin bir yavru ceylanı yırtıcılardan koruması veya Bonobo şempanzelerinin yaralı bir kuşa yardım etmesi bu merhamet duygusunun aile ile sınırlı olmadığını gösteriyor.*

İnsanda, *Sürüngen Beyin* bölgesinin dışında, sadece memeli beyinlerinde görülen bir yapı vardır. Bu bölge MacLean tarafından *Memeli Beyni* (*Limbic* veya *Paleomammalian Brain*) olarak da adlandırılmıştır. Sürüngenlerden farklı olarak, memeli hayvanlarda; yavru bakımı, iletişim, oyun ve sosyal ilişkiler görülür. Özellikle oyun oynayarak öğrenme, memeli hayvanların gelişme süreci için önemlidir. Oyun, yetişkinlikte edinilecek roller için provadır. Memeliler sertlik içeren oyunları oynarken bile birbirlerini incitmezler. Buna karşılık insanlar oyunları daha fazla ciddiye aldıkları için spor sahalarında şiddet yaygın olarak görülüyor.

Memelilerde anne-yavru ilişkisi sırasında, dokunuşların Oksitosin salgılanmasına neden olduğu biliniyor. Ayrıca, aşk iksiri denilen uyuşturucu, Feniletilamin de üretiliyor. Bu şekilde alınan haz nedeniyle kuvvetli bir sevgi bağı oluşuyor. Buna karşılık, duygusal deneyimler sırasında mantıklı düşünme zorlaşıyor.

Gardner tarafından insanlar arası ilişkiler için belirlenen *İlişkisel Zekâ* ile MacLean tarafından tanımlanan *Memeli Beyni*'nin örtüştüğünü düşünüyorum. Ayrıca, Daniel Goleman tarafından, ilişkileri yönetmek konusunda tanımlanan *Duygusal Zekâ*'yı (*Emotional Intelligence EQ*) da bu çerçevede görüyorum.[42]

İnsanın sevgi ve merhamet gösteren kimliği, özellikle aile ve dost çevresinde ortaya çıkar. Bebeklikten itibaren çocukların büyütülmesi sürecinde, bu *Duygusal Kimlik* önemli bir rol oynar. Sevginin öne çıktığı romantik ilişkilerde de bu beyin yapısının uyarıldığı görülür. Çocukların yetiştirilmesi sürecinde, insanın iletişim ve oyun oynama özelliğini vurgulamak amacıyla, Johan Huizinga tarafından *Homo ludens* adı verilmişti. Bence bu dönemde *Duygusal Kimlik* oluşur.[43] Bu kimliğin temelinde ebeveyn olmak ve aile ilişkilerini sürdürmek vardır. Bu aşamayı, insani gelişim seviyesinin üçüncü basamağı olarak tanımlıyorum.

### Duygusal Kimlik ile Görsel Düşünme

*Çocukluğumda gördüğüm Türk filmlerinde veremli kız, üvey anne ve görme engelli delikanlı gibi konuların işlendiği duygusal senaryoları hatırlıyorum. Kadınlar bu filmlerde ne kadar coşku içinde ağladıklarını anlatırlardı. En çok ağlatan film en iyisiydi. Onlar için ağlamanın güzel bir etkinliğe dönüşmesine hayret ederdim.*

Tarihte duygusal eserlerin ilk örneklerinin, çocuklara yönelik süslemeler olduğu görülüyor. İlk çağlardaki çocuk mezarlarında bulunan eşya ve boncukların çokluğu onlara verilen önemi gösteriyor. Ayrıca eşlere ve aile fertlerine karşı gösterilen sevgiyi ifade eden sanat eserlerine, tarih boyunca sıklıkla rastlanıyor.

*Duygusal Kimlik* bireylerin yaşamları süresince değişim gösterir. Çocukluk, yetişkinlik, ebeveynlik dönemlerinde duygular farklılaşır. *Duygusal Kimlik*'in kültürel boyutu da vardır. Örneğin, aile kavramı ve bireylerin rolleri göçebe ve yerleşik düzenden, geleneksel büyük aileden, çağdaş çekirdek aileye doğru değiştikçe *Duygusal Kimlikler* de değişim gösterir.

Duygusal ilişkiler ve öğrenme açısından, oyun oynamak ve taklit edebilmek çok önemlidir. Maymunlarda keşfedilen ve insanlarda da var olduğu ispat edilen *Ayna Nöronlar*'dan daha önce bahsedilmişti. *Ayna Nöronlar* hasar aldığında, birey insanlarla iletişim kurmakta zorlanır.

İnsanın duygusal ihtiyaçlarına ve eğilimlerine yönelik *Duygusal Kimlik*'in temelinde ebeveynlerin çocuklarını yetiştirme işlevinin olduğundan bahsetmiştik. Türlerin ve toplumların sürdürülebilirliği için de gelecek nesilleri sağlıklı bir şekilde yetiştirebilmek gerekir. Ailelerde, özellikle ebeveynlerde görülen duygusallık ve iletişim becerileri neslin devamlılığında önemli rol oynar.

İnsanlar, sevdikleri kişilerin resimlerini görebilmekten bile mutlu olurlar. Çocuk ve evcil hayvan görüntüleri de ilgi çeker ve *Görsel Keyif* verir. Bu nedenle, görsel medyada sempatik çocuklar ile birlikte kedi ve köpek yavrularının görüntüleri yaygın olarak kullanılır. Sevilen insanların ve çocukların tehlikede gösterilmesi ise heyecan yaratır. İnsanlarda çocuk sevgisi bir tutkuya dönüştüğünde, onların başkalarının çocuklarını kaçırmasına bile neden olur. Çocuk ve evcil hayvanların bakımlarındaki zorluklara, ancak böyle bir sevgi ile katlanılabilir. *(Not: Bunu iki çocuk yetiştirmiş biri olarak söylüyorum!)*

Aile ortamı ile birlikte, evcil hayvanlar ve bitkiler, sürdürülebilir bir ortak-yaşam düzeni oluşturur. Bu düzen, çevredeki kargaşayı azaltmaya yardımcı olur. Aile yapısı verimli bir düzen kurmak için işbirliği anlamına gelir. Buna karşılık, aile düzeninin bozulması bireylerin yaşamını zorlaştırır. Bu nedenle, mutlu aile birlikteliğini ifade eden görseller beğenilir. Aşağıdaki resmin bu duyguları ifade ettiğini düşünüyorum.

Annelerin çocuk sevgisi ile hayvan sevgisi arasında da paralellik olduğu anlaşılıyor. Hatta geçmişte hayvanların evcilleştirilmesinde kadınların önemli bir rol üstlendiği söylenebilir.

Aslında, başka türlerin yavrularına merhamet göstermek, memeli hayvanlar arasında rastlanan bir olgudur. Örneğin, fillerin, geyik yavrularını yırtıcılara karşı koruduğu görülmüştür. Aynı ortamda yetişen, kedi ve köpek gibi farklı memeli hayvanlar arasında dostça ilişkilerin geliştiği görülür. Bir denemede, birlikte büyütülen aslan, ayı ve kaplan yavruları on beş yıl boyunca birbirleri ile iyi geçinebilmişlerdir.

Semir Zeki ve çalışma arkadaşları tarafından yapılan araştırmalar, anne sevgisi ile romantik sevgi için beyinde uyarılan bölgelerin örtüştüğünü göstermişti. Bu bulguya dayanarak anne sevgisinin romantik ilişkinin temeli olduğu öne sürülmüştü.[25] Duygusal ilişkiler sırasında *Dopamin*, *Östrojen* ve *Oksitosin* gibi hormonlar salınır. Dopaminin mutluluk verdiğinden bahsetmiştik. Aşk hormonu olarak da bilinen Oksitosin, cinsel uyarı ve sevgi ile ilişkilidir.

Bu ilişkilerde, görsellik çok önemli rol oynar. Hatta yeni doğum yapmış annelerin bebeklerinin fotoğraflarına baktıklarında bile süt salgılamaya başladıkları bilinir. Sanat ve pazarlama alanlarında, merak uyandırmak ve *Görsel Keyif* vermek için duygusal içerikli görseller çokça tercih edilir.

*Duygusal Kimlik*'i, Cengiz Aytmatov'un romanındaki *Toprak Ana* olarak tanımlıyorum. *Toprak Ana* insanlara yönelik sevginin sembolü olarak yerini almıştır. Bence herkesin içinde zaman zaman ortaya çıkan yufka yürekli yaklaşımın, *Toprak Ana* duyarlılığı olduğunu düşünüyorum. Bu kimliği tanımlamak için Yunus Emre de kullanılabilir. Dilimizde, *Gönül Gözüyle Bakmak*, bu kimliği ifade ediyor.

*Toprak Ana* kimliği, özellikle çocuklara, hayvanlar ve muhtaç insanlara dönük duyarlılığı artırır. Hayır kurumlarına destek vermek, insan haklarına ve çevreye duyarlı olmak bu kimliğin öne çıkan özellikleridir. Romantik filmleri de bu kimlikle seyrederiz.

Yukarıda bahsedilen; otonom, sürüngen ve memeli beyin bölümlerini beynin altyapısı olarak tanımlayabiliriz. Bu bölümler, canlılar dünyası ile insanın ortak işlevlerini içerir.

Bu kitabın başlangıcında, insanı farklı yapan özelliklerden bahsetmiştik. Onlar arasında bence en önemli olan, Neokorteks adı verilen ön ve üst kısımdaki yapıdır. Neokorteks, insana ait sosyokültürel birikimin sürdürülmesi yanında keşif, icat, tasarım ve sanat etkinliklerini gerçekleştirir. Bu bölümün, beynin stratejik üstyapısı yani *Stratejik Beyin* olduğunu söyleyebiliriz. Buna karşılık, bu bölgenin insanlar tarafından yeterince kullanılmadığını düşünüyorum. Bu nedenle, üzerinde daha fazla durmak istiyorum. Gelecek bölümde, bu yapının sol ve sağ olmak üzere, iki bölüm olarak uzmanlaşmasından bahsedeceğim.

### Neokorteks (Sol Beyin ve Sağ Beyin)

Yukarıda bahsedilen beyin bölümleri insanın hayvanlarla benzerlik gösteren özelliklerine yönelikti. Onları beynin altyapısı olarak isimlendirdik. Bu bölümlerin *Yaşamsal Satranç* için çok önemli rolleri olmasına rağmen, *Stratejik Yaratıcılık* için yeterli olmadıklarını gördük. Yeni sorunların çözülmesinde faydalı olan zeki davranış için bilgi birikimi ile birlikte keşif ve icat merakı gerektirir. Burada devreye *Neokorteks* girer.

Hayvanlarla kıyaslandığında, insan büyük ve gelişmiş bir *Neokorteks*'e sahiptir. Primatlarla kıyaslandığında bile boyut farkı çok yüksektir. İşte bu bölüm, insanı hayvanlardan farklı yapan özellikleri barındırır. İnsan ile şempanze arasındaki büyük farkın kaynağı bu yapının kazandırdığı olağanüstü becerilerdir.

İnsan beyninde özellikle ön ve üst kısımda yoğun bir tabaka şeklinde, beynin yaklaşık %80'ini oluşturan *Neokorteks* vardır. Kıvrımlı yapısı nedeniyle geniş bir yüzeyi kaplar. Nöronların sağlıklı beslenebilmesi için *Neokorteks*'in yüzey alanının geniş olması yaşamsaldır. Bu yüzeyden besin maddeleri alınır ve atık maddeler uzaklaştırılır. Bu şekilde geniş bir yüzey alanı olmasaydı, beynin hızlı çalışmasının mümkün olamayacağı düşünülüyor. *Neokorteks*, bireyin sosyokültürel birikimine, gelecek vizyonuna, stratejik bakışına, yenilik ve yaratıcılığına ev sahipliği yapar. Hayvanların beyinleri ile kıyaslandığında, insanda *Neokorteks* yapısının ileri seviyede gelişmiş ve uzmanlaşmış olduğu görülür.[38]

Aşağıdaki resimde beynin üstten görünüşü gösterilmiştir. Genel olarak sol beyin baskındır ve biraz daha büyüktür. Beynin üzerindeki kıvrımlar kadar nöronlar arasındaki stratejik bağlantıların çokluğu beynin işleyişini belirler.

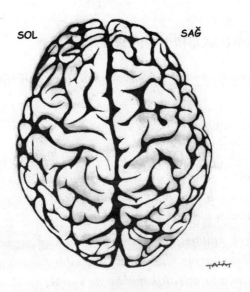

*Sağ ve Sol Beynin Üstten Görünüşü*

*Neokorteks*'i oluşturan iki yarıküre arasındaki ilişki, *Korpus Kallosum (Corpus Callosum)* denilen büyük boyutlu bir sinir ağı bağlantısı üzerinden gerçekleşir. Sperry ve çalışma arkadaşları tarafından bu bağlantının kesildiği durumlarda, yani *Ayrık Beyin (Split Brain)* hastalarında yapılan deneysel çalışmalar, *Neokorteks*'in iki yarısının nasıl farklılaştığını göstermiştir.[44]

Kazalar veya beyin ameliyatları sonucunda kaybedilen bölümlerin, hangi beceri veya davranış kayıplarına neden olduğu, beynin işlevsel haritasının çıkarılmasında önemli katkı sağlamıştır. *Neokorteks*'in sağ ve sol olarak uzmanlaşması dışında, hormonlar nedeniyle kadın ve erkek beyinleri arasında önemli farklılıklar oluştuğu bilinmektedir. Şimdi kısaca, *Sağ* ve *Sol Beyin* bölümlerini incelemek istiyorum.

### Sol Beyin ve Bilge Kimlik

*Kendi kendine öğrenen insan, bir cahilden öğrenmiş olur.*
John Constable

*Büyük ressam Constable'ın söylediği düşünülen yukarıdaki söz sanatın bir gelenek üzerine oluştuğunu vurguluyor. Birçok sanatçı, sanatın doğadan değil diğer sanat eserlerinden esinlenerek geliştiğini söyler.*

*Birçok kültürel kavram ve bilimsel eser geçmişten gelen birikim üzerine inşa edilir. Bu şekilde faydalı deneyimler yanında zararlı alışkanlıklar da sonraki nesillere aktarılır.*

*Kültürün saklanmasında yazılı kayıtlar önemli bir yer tutar. Yazının icadından sonra da metinlerin elle yazılması zahmetli bir uğraş olmuştur. Ortaya çıkan nadir eserlerin değeri ve ağırlığı onların taşınmasını da zorlaştırmıştır. Öte yandan, tarih boyunca barbarlar kitapları yakmışlardır. Bu nedenle, pek çok toplumda bilge insanlar yazılı metinleri ezberleyerek ayaklı kütüphaneye dönüştüler. Onlar böylece, kültürel birikimin korunması ve sonraki nesillere aktarılması görevini üstlendiler.*

Öte yandan, kutsal kitapların çoğaltılmasını engelleyen Hintli din adamları, onları ezberleyerek sıradan insanlara göreceli olarak üstünlük sağladılar. Benzer yaklaşım ortaçağda Hıristiyan rahipler tarafından da sergilendi ve din kitaplarının matbaada çoğaltılmasına karşı çıkıldı.

### Tüfek İcat Oldu Mertlik Bozuldu

Bazı toplumlar da, geleneklerin mükemmel olduğunu savunarak, yenilikleri engellemeye çalışmıştır. Japonya'da Samuraylar konumlarını korumak için ateşli silahların üretilmesini yasaklatmışlardı. Bu nedenle, Japonya yabancı işgalcilere karşı savunmada zorlanmış, yeniliğe karşı direniş ülkeye pahalıya mal olmuştu.

Daha önce bahsedilen, hasarlara ve ayrık beyin araştırmalarına dayanarak, beynin sol yarısının, bedenin sağ yarısından gelen bilgileri işlediğini ve sağ taraftaki hareketleri kontrol ettiğini biliyoruz. Benzer şekilde, *Sağ Beyin* de vücudun sol yarısından sorumludur. Nüfusun büyük çoğunluğunda sağ el ile birlikte *Sol Beyin* baskın konumdadır. Bu nedenle, çoğu insanın sağ tarafındaki kemikler daha kalın ve kaslar daha güçlüdür.

Çok küçük yaşlarda yapılan bir ameliyat ile sol beynin alınması durumunda, yerini sağ beynin aldığı görülmüştür. Yani beynin iki tarafı arasında bir yedeklemenin mümkün olduğu anlaşılıyor. Ancak, yetişkin erkeklerde *Sol Beyin*'in ameliyatla alınması, yaşamın sona ermesine neden olabilir. Buna karşılık, benzer durumdaki kadınlarda yaşam şansının daha yüksek olduğu görülür.

| GİRİŞ | → | **1. BEYİN** | → | 2. STRATEJİK | → | 3. TARİHSEL | → | SONUÇ |

*Sol Beyin*, bireyin eğitim sürecinde faydalı olan bilgilerle donatılan ve geç olgunlaşan yapıdır. Bazı becerilerin etkin bir şekilde kullanılması için yirmili yaşların sonuna kadar beklemek gerekebilir. Günlük hayatta ağırlıklı olarak *Sol Beyin*'e özgü, *Sözel İletişim* ve problem çözme becerileri kullanılır. Sözel iletişim sırasında, sol beyin yarıküresindeki *Broca Alanı* konuşmayı sağlar.

Sol Beyin sosyokültürel mirasın yani medeniyetin devamlılığını sağlar. Nesilden nesile aktarılan gelenek ve birikimler bu çerçevede yerini bulur. Sosyokültürel etkinliklerde rol alan insanlar toplumda itibar kazanır. Ortak mirastan yararlanır ve işbirlikleri yapabilir.

*Geleneksel Zekâ Testi* ile ölçülen sözel ve matematiksel beceriler ile analitik düşünmenin, *Neokorteks*'in sol yarısında toplandığı anlaşılıyor. Eğitim seviyesi arttıkça, zekâ testlerindeki başarı oranı da yükselir. Son dönemde, *Gardner* tarafından tanımlanan *Sözel Zekâ (Linguistic)* ile *Mantıksal-Sayısal Zekâ (Logical-Mathematical) Sol Beyin*'de odaklanır. Bu bölgede konumlanan sosyokültürel beceriler *Genel Zekâ* veya *Kristal Zekâ* olarak tanımlanır ve geleneksel zekâ testleri (IQ) ile ölçümlenir.

Toplumun kültür mirasını devralarak, eğitim ve deneyim kazanarak *Bilge Kimlik* geliştirilebilir. Bu kimlik toplumsal sağduyuyu temsil eder. Buna karşılık, bir toplumun dil ve geleneklerine vâkıf olmayanlar, bu yapıyı etkin bir şekilde kullanamazlar. Daha önce bahsedildiği şekilde, vahşi doğada kaybolarak büyüyen çocuklar, daha sonra eğitilmeye çalışılsa da, topluma uyum sağlamakta başarılı olamamışlardır. Bu bireylerin sağduyu oluşturamadığı yani *Bilge Kimlik* geliştiremediği görülmüştür.

Gelişmiş toplumlar, gençleri eğiterek *Bilge Kimlik* edinmelerine, yani *Homo sapiens sapiens* tanımına uygun olarak yetişmelerine gayret eder. Dil öğrenimi ile birlikte medeniyet birikimi de özümsenir. Okul eğitimi de sistematik hale gelen bilgilerin aktarılmasını sağlar. İş hayatı kadar sosyal ilişkiler de sosyokültürel mirasın bireye aktarıldığı uygulamalı bir eğitim niteliğindedir.

Sosyokültürel birikime sahip olmak, aynı zamanda insanı katı bir kalıba da yerleştirir. Bu Thomas Kuhn tarafından tanımlanan *paradigma* kavramına benzer.[45] Bu kalıp, yenilikleri zorlaştırabilir veya bütünüyle engelleyebilir. İnsanlar aidiyet duydukları ırk, dil, din, milliyet ve kültürel miras nedeniyle kendilerini başkalarından üstün görerek, diğer insanları ötekileştirebilirler. Daha ötesi başkalarını küçümseyebilir veya düşman ilan edebilirler. Sonuç olarak, toplumlar arasında çatışmalara neden olacak kadar keskin sınırlar oluşabilir.

Bazı toplumlarda temel sorun, bireyselliğin ve yeniliklerin dizginlenmesidir. Muhafazakâr toplumlar farklı olmayı engelleyen bir atmosfer yaratırlar. Bazı araştırmacılar bu eğilime *Mahalle Baskısı* adını vermiştir. Bir gruba aidiyet hisseden çoğunluğun, yanlış olduğunu bilmesine rağmen ortak görüşleri ve kanunsuz davranışları desteklediği görülür. Bu tip toplu davranış eğilimine (*Group Think*) bazı çağdaş toplumlarda bile rastlamak mümkündür. Spor kulüplerinin fanatik taraftarları bu davranışa örnek gösterilebilir.

Zararlı alışkanlıkların sosyokültürel miras olarak abartılı bir şekilde korunduğu topluluklar, Robert Edgerton tarafından *Hasta Toplumlar* (*Sick Societies*) olarak tanımlanmıştır. Bu topluluklarda, bireylere zarar verilmesine neden olan geleneklerin nesiller boyunca korunduğu görülür. Çin'de uzun süre uygulanan, kadınlar için ayak küçültme geleneği buna bir örnektir. Afrika'da pek çok genç kızın yaşamını yitirmesine neden olan sünnet uygulaması hâlâ devam ediyor. Boyun uzatma amacıyla takılan halkalar da, kadınların yaşamını zorlaştırmasına rağmen hâlâ uygulanıyor.

*Bilge Kimlik* yetişkin ve kültürlü bireylerin edinebildiği bir seviyedir. Farklı kültürde yaşamak zorunda kalan insanlar, bu kimliklerini kaybedebilir. Örneğin, göçmen olarak yeni katıldıkları toplumun dil ve kültür birikimine sahip olamayan bireyler, sadece *Fizyolojik*, *Bedensel* ve *Duygusal Kimlik*'lere indirgenebilirler.

Bilimsel adıyla *Homo sapiens sapiens* olarak yani *Bilge Kimlik ile* tanımlanmasına rağmen, insanın ne yazık ki, çoğu zaman bu övgüyü hak edemediğini düşünüyorum.

### Bilge Kimlik ile Görsel Düşünme

*Yaramazlıklardan dolayı beş yaşında ilkokula gönderildiğimden bahsetmiştim. Tarihi İstiklal İlkokulu'nda sınıflar yetersiz olduğu için, bizi bahçeye kurulan, asker barakası denen büyük bir teneke kutunun içine yerleştirmişlerdi. Soğukta ısıtılamayan, sıcak havalarda ise düdüklü tencereye dönüşen o sınıfı çok iyi hatırlıyorum. Üşüdüğümüzde öğretmen bizleri ayağa kaldırır ve ellerimizi ovuşturmamızı söylerdi. Ancak bu şekilde kalem tutabildiğimiz soğuk kış günlerini unutamam.*

*Okulda da yaramazlıklarım devam etmiş olmalı ki, öğretmenin kafama fırlattığı cetvel beni kanlar içinde bırakınca, onun korku içinde çığlıklar attığını hiç unutmadım. O gün, öğretmenin pedagojiden haberi olmadığını fark etmiştim! Ayrıca, herkesin eşit şekilde cezalandırıldığı sıra dayağından da nasibimi alırdım. Cebinde mendili olmayanlar bile dayakla cezalandırılırdı.*

*Amerikan yardımı süttozu, tatsız peynir, siyah önlük ve beyaz yaka ile ilkokul benim için sevimsiz bir deneyim olmuştu.*

| GİRİŞ | → | **1. BEYİN** | → | 2. STRATEJİK | → | 3. TARİHSEL | → | SONUÇ |

*Fakat son sınıfta okula gelen bir müfettişin sorduğu pek çok soruya sadece ben cevap verebildiğim zaman çok mutlu olmuştum.*

*O dönemde bilimsel merakımı tatmin etmek için evimizin arkasındaki büyük çınar ağacının altında araştırmalar yapıyordum. Boş cam şişelere koyduğum kireç ile su, ilginç bir kimya deneyi oluştururdu. Gaz çıkararak köpüren kirecin şişeyi patlatması görmeye değerdi. Kireçle uçurmayı düşündüğüm roketi tasarlıyordum ki, patlayan şişeden fırlayan bir cam parçası kaşımın yanına saplandı. Bu nedenle sokaktaki Ar-Ge faaliyetlerine bir süre ara vermem gerekmişti. Böylece, iş güvenliği konusundaki ilk dersimi de almıştım.*

*Bazı okul tatillerinde, evden ve sokaktan uzaklaştırılmak için mahalle mektebine gönderilirdim. Orada çok şişman ve gözleri görmeyen bir hocamız vardı. Yaramazlık damarım kabardığında, hocanın sopası havada uçar ve bana isabet ederdi. Anlayacağınız, pedagojik şiddet her yerde uygulanıyordu. Hocanın kör olduğunu bildiğim için, sopanın olağanüstü isabetli uçuşundan dolayı balistik konusuna merak duymaya başladım. Tahmin edeceğiniz gibi mahalle mektebi de ilginç bir deneyim olmuştu.*

*İlkokuldan sonra devam ettiğim, İttepesi denen sevimsiz yerdeki ortaokul da bende hiç iyi bir izlenim bırakmamıştı. Bu okul eskiden bir Fransisken manastırı olarak yapılmıştı. Maraş'ta her milletten ve her mezhepten misyonerlerin cirit attığı dönemin hatırasıydı. Rahipler uzun cüppelerinin bellerine ip bağladıkları için, Maraşlılar onlara Kendirliler derlermiş. Kurtuluş Savaşı sırasında terk edildiğini ve yandığını söylerlerdi. Ortaokul o manastırın temelleri üzerine inşa edilmişti.*

Ortaokulu sevimsiz yapan bir şey de, şapka giymekti. Bir de, Barış Gönüllüsü adı verilen gönülsüz bir Amerikalı kısa bir süre İngilizce dersine girmişti. Onun da pedagojik formasyonu öğrencileri dövmesine engel değildi. Belli ki birisi, "Eti senin kemiği benim" deyimini İngilizceye çevirtmişti. O dönemden hatırladığım tek güzel şey ise, saçma sapan bir şiir yazarak aldığım ödül olmuştu. Onu hâlâ saklarım.

Ne İttepesi ismini, ne de ortaokulu bir daha hatırlamak istemezdim, ama ortaokuldan mezun olduğum 1967 yılında çok güzel bir şey oldu. Yazın ortasında bir akşam, damda hafif esen rüzgârda serinleyerek keyif yapıyordum. İttepesi'ndeki ortaokulda bir yangın çıktı. Yangın büyüdü, binanın ahşap çatısını kapladı ve uzun uzun yandı. Beni eğiterek aydınlatmayan okul, koca şehri bir meşale gibi aydınlattı! O soğuk nevale okul için üzülmek yerine unutulmaz güzellikteki o gösteriyi keyifle içime sindirdim. Bu bina, Maraş'ın Fransız işgali altında yaşadığı dönemin son abidesiydi.

1967 İTTEPESİ ORTAOKUL YANGINI

| GİRİŞ | → | **1. BEYİN** | → | 2. STRATEJİK | → | 3. TARİHSEL | → | SONUÇ |

*İnsanın dış dünya ile ilgili algılamasının yüzde seksen kadarı görüntülerden oluşur.* Ancak, benim aldığım ilk, orta, lise hatta üniversitedeki eğitimde görsellik kullanımı en alt seviyedeydi. O zaman eğitim ve kültür sözel ağırlıklıydı. Seçmeli resim ve zorunlu beden eğitimi dersleri bile çoğu zaman boş geçerdi. Ben de fırsat buldukça sinemaya gider, Varlık Yayınları Dünya Klasikleri'ni okuyarak renkli dünyalarla tanışırdım.

Eğitim hayatım boyunca, sadece yazı içeren kitapları çok soğuk buldum. Bir resim, harita veya çizimle kolayca özetlenebilecek konuları sayfalar dolusu sözcüklerle anlatan kitapları istemeyerek okudum. Sayfaların boşluklarına karalamalar, çizimler ve resimler yaptım. Okuduklarımdan kendim için görsel özetler çıkarttım ve şemalar oluşturdum. Hep merak ettim, bizim eğitim sisteminde neden hiç görsellik yoktu? Daha doğrusu, neden Görsel Düşünme öğretilmeye çalışılmıyordu?

İstanbul Teknik Üniversitesi'nde birçok hocanın ders işlemekten anladığı şey, bir kitaptan bir şeyler okumaktı. Soru sorulmasını da pek sevmezlerdi. Biz de mecburen elimiz uyuşana kadar not tutardık. Bir sınıf dolusu kâtip gibiydik. Metinleri yutup sindirmemiz ve sorulunca bülbül gibi şakımamız beklenirdi. Eve gidince de, yazdıklarımızı tekrar ederek ezberlerdik. Bu sıkıcı dersleri dinlerken fırsat buldukça defterlere hocaların ve öğrencilerin resimlerini çiziktirirdim.

İTÜ Kimya Fakültesi dersliklerindeki ahşap masaların üstü geçmiş dönem öğrencilerinden kalma yazı, karalama ve resimlerle doluydu. Eski öğrenciler de sıkıcı dersleri dinlemek yerine, masaların üzerine resimler çizerek izlerini bırakmıştı. Belli ki bizim nesil, hocaların görsellik içermeyen derslerinde monoton mırıltılarını dinlemek yerine, gözle görülecek veya elle tutulacak bir şeyler arıyordu. Öğrenci tuvaletlerinin duvarlarında da bol bol resim ve yazı görebilirdiniz. Orada sansürsüz olarak her konuda özgür görüşler ortaya çıkardı. Bu da üniversite eğitiminin bir parçasıydı.

Eğitim süreci bir insanın hayatından büyük bir kısmını alır götürür. Başta aileler ve devletler için eğitim pahalıya mal olur. Kimi eğitim beyinleri kısırlaştırarak insanları robotlaştırır, kimi eğitim de şaheserler üreten dehaları yetiştirir. Geriye dönüp bu süreci değerlendirdiğim zaman, şahsen benim zamanımın ve memleketimin imkânlarının isabetli bir şekilde kullanılmadığını, hatta israf edildiğini düşünmeden edemiyorum.

Önceki bölümde, toplumun sosyokültürel birikimine sahip olarak *Bilge Kimlik* oluşturan insanların, toplumun itibarlı üyeleri olduğundan bahsetmiştik. İlk çağlardan itibaren insan topluluklarında, kültürel mirası yansıtan ve toplumsal düzeni vurgulayan kurumsal yapılar ve eserler ortaya çıkmıştır. Toplumlar bu birikimlerini sonraki nesillere aktarabilmek için eğitim sistemleri oluşturmuşlardır. Mağara resimlerinin de göç eden hayvanlarla ilgili bilgileri gençlere aktarabilmek için yapıldığı düşünülüyor. Onlar bir çeşit resimli roman olarak görülebilir. Mısır piramitlerinde bulunan hiyeroglifler de bu tanıma çok uygun bir şekilde yapılmıştı.

Yerleşik yaşama geçişten sonra, insanlar arasında mesleki uzmanlaşma ve alışverişin ortaya çıkması, hukuk ve para gibi kavramların doğmasını gerektirmiştir. Böylece, insanların gelişmişliğini yani medeniyet seviyesini ortaya koyan karmaşık kurumlar ve yapılar oluşmuştur. Hiyeroglif'in ve daha sonra alfabenin icadından itibaren insan topluluklarının sosyokültürel birikimini içeren eserler günümüze kadar ulaşabilmiştir. *Görsel Düşünme* yetkinliğini yansıtan bu eserlerde, kurulu düzenin ve ortak kültürel mirasın izleri görülebilir. Her toplumda, verilen eğitimle kültürel birikim gençlere aktarılarak onların birer *Bilge Kimlik*'le yetişmesi hedeflenir.

Medeniyetin ifadesine dönüşen bakımlı yaşam alanları; huzur, güven ve mutluluk fırsatını ifade eder. İşleyen adalet, eğitim ve güvenlik kurumlarının varlığı insanlara huzur verir. Gelişmiş toplumlar, kurulu düzenin gücünü vurgulamak için sağlam altyapı, büyük binalar, parklar, bahçeler, iyi işleyen ulaştırma araçları, aydınlatılmış meydanlar, sağlık ve eğitim kurumlarını kullanır. Barış ve düzeni yansıtan görseller, sosyokültürel gelişmişliğin işaretidir. Aşağıdaki resimde gelişmiş bir ulaşım sistemi görülüyor.

*Termodinamiğin İkinci Kanunu* açısından makine gibi işleyen bir şehir verimli bir düzenin habercisidir. Buna karşılık aksayan altyapı hizmetleri kargaşa oluşturur. Atık suların etrafa

| GİRİŞ | → | **1. BEYİN** | → | 2. STRATEJİK | → | 3. TARİHSEL | → | SONUÇ |

saçıldığı ve çöplerin toplanmadığı ortamlarda, *entropi*'nin artışı gözlemlenebilir. Bu ortamlar, aynı zamanda bulaşıcı hastalıkların yayılması için çok uygundur. 19. yüzyıla kadar büyükşehirlerde, temiz su ve atıksu altyapıları olmadığı için, kolera gibi salgın hastalıklar milyonlarca insanın ölümüne neden olmuştur. Günümüzde bile, pek çok ülkede temiz su temini ile ilgili sorunlar devam ediyor.

*Hasta Toplumlar*'da birlik sağlayan sosyokültürel derinlik yerine kargaşa öne çıkar.[46] Altyapı ve kültürel eserlerin yapılması için gerekli ortam oluşmaz. Kaos ve anarşi içeren görüntüler, yaşamsal tehlikeleri işaret eder.

*Bilge Kimlik* için bence örnek insan efsane seyyah Evliya Çelebi'dir. Gördüklerini ve öğrendiklerini çok özgün bir tarzda kaydederek bize büyük bir miras bırakmıştır. *Bilge Kimlik*'in dünyaya, tarafsız göz ile baktığını söyleyebiliriz. *Bilge Kimlik*, mantıklı, akil bir insan olmayı, adalet, bilgi ve kültürel zenginliğe ilgi duymayı sağlar. Öğretmenlik mesleği *Bilge Kimlik* konusunda örnek olarak gösterilebilir. Onlar bu kimliğe sahip çıkarlar ve gençlerin yetiştirilmesini sağlarlar.

Geçmişte *Bilge Kimlik* cehalete karşı edinilmesi gereken birikimi temsil ediyordu. Bunun en temel nedeni bilgi kaynaklarının az bulunan ve kolay anlaşılamayan metinlerden oluşmasıydı. Günümüzde, sağlam temel eğitimi alan ve deneyim kazanan insanlar kitap, dergi ve internet üzerinden insan beyninin sahip olamayacağı kadar bilgiye ulaşabiliyorlar. Burada sorun, önemli ile önemsizin ayırt edilmesine ve bu bilgilerden sentez yapılabilmesine dönüşüyor. *Bilge Kimlik*'in yeni görevi bu büyük bilgi birikimi içinde yolunu kaybetmeden, karmaşık sorunları çözebilmektir.

| GİRİŞ | 1. BEYİN | 2. STRATEJİK | 3. TARİHSEL | SONUÇ |

## Sağ Beyin ve Yaratıcı Kimlik

Bu bölümü okumaya başlamadan önce bir deneme yapmanızı öneririm. Lütfen aşağıdaki resmi, bir kere doğrudan bakarak, bir kere de bu kitabı ters çevirerek çizebilir misiniz?

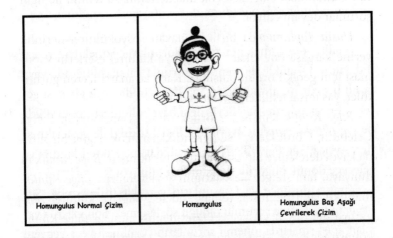

| Homungulus Normal Çizim | Homungulus | Homungulus Baş Aşağı Çevrilerek Çizim |

Sizce bu çizimlerden hangisi, ortadaki resme daha çok benzedi?

*Albert Einstein'ın teorilerini oluştururken zihninde görsel deneyler gerçekleştirdiği bilinir. Benzer şekilde görsel düşünme tekniğini kullanan bilim insanları arasında August Kekule'den de bahsedebiliriz. Benzen molekülünün yapısının anlaşılamaması kimya alanında önemli bir engel oluşturuyordu. Bu sorunu çözebilmek için düşünen Kekule'nin kuyruğunu ısıran bir yılanı uyuklarken rüyasında gördüğü söylenir. Böylece, molekülün daire şeklinde bir yapısı olduğunu düşünebilmişti. Yaratıcı kişilerin problemleri çözmek için çoğu zaman görsel modeller oluşturdukları biliniyor.*

*Isaac Newton tarafından bir prizmadan geçirilerek renklere ayrılan ışığın yapısı görselleştirilmiştir. Teleskopun icat edilmesi de gökcisimlerinin gözlenmesini sağlamıştı. Benzer şekilde, mikroskopun icadı ile mikroorganizmalar görülebilir hale gelmiştir. Röntgen ışınları ve ultrason iç organları görünür hale getirmiştir. Görselleştirme, bu alanlarda yeni paradigmaların oluşmasını sağlamıştır.*

Analitik düşünmek her zaman sorunları çözmek için yeterli değildir. Özellikle de, yeni bir sorunla karşılaşıldığında veya farklı bir çözüm arandığında *Sağ Beyin*'in devreye girmesi gerekir. Bu süreçlerde, *Sağ Beyin*'deki bazı bölümlerin ve özellikle de sağ *Hipokampus*'un uyarıldığı, fMRI tekniği ile gösterilmiştir.[47] Ayrıca, *Sağ Beyin*'de, iç ve dış algıların birlikte işlendiği ve geleceğe dönük öngörülerin yapıldığı biliniyor.[48]

Yaratıcı düşünce ve tasarımların gerçekleştirilmesinde, *Sağ Beyin*'in tek başına sorumlu olduğu söylenemez. Son yıllarda yapılan araştırmalarda, önemli sorunların çözülmesi veya yepyeni tasarımların yapılabilmesi için *Temel Ağ Yapı* (Default Mode Network, *DMN*) denilen karmaşık bir ağ içerisinde çeşitli beyin bölümlerinin birlikte hareket ettiği belirlenmiştir. Kısaca, *DMN Sağ* ve *Sol Beyin*'in birçok bölümünü yaratıcı sürecin içine almaktadır.

Karmaşık sorunların çözülmesi için, dinlenme durumunda olmanın, yürüyüş yapmanın veya sakin bir ortamda çalışmanın faydalı olduğu görülmüştür. Ayrıca, çözümü amaçlanan sorundan çok farklı bir konu ile meşgul olmak ya da duruma yepyeni bir açıdan bakmak da faydalı olur. Bu sürece, Arşimet'in hamamda yıkanırken metallerin yoğunluğu ile ilgili önemli keşfini yapması ve "Eureka!" diyerek koşuşturması örnek gösterilebilir. Arşimet'in hamamdan önce bu konu üzerinde uzun süre kafa yorduğunu ve pek çok fikrini denediğini de unutmamak gerekiyor.

Yenilik merakı *Dopamin* salgılanmasına neden olur. Yani, yenilikler insana tıpkı lezzetli bir yemek gibi keyif verir. Böylelikle, yenilik yapmak bir alışkanlığa dönüşür.

*Sağ Beyin*'in, özellikle görsel ve uzamsal yetkinliklerde uzmanlaştığı belirlenmiştir. *Sağ Beyin* görsel eserlerin yapılması ve izlenmesi durumunda da devreye girer. Sözsüz yani görsel iletişimde de bu bölüm görev alır. Küçük bir topluluk içinde gülme, ağlama, kaşınma ve esneme gibi davranışların hızla yayılması görsel iletişimin gücünü gösterir.

*Sol Beyin*'de, sözel algılamada Wernicke alanının etkin olduğundan bahsetmiştik. *Sağ Beyin*'de Wernicke alanına denk gelen konumdaki bölgede bir hasar olursa, jest ve mimiklerin anlaşılması zorlaşır. Bu bulguya dayanarak, sözel ve sözsüz iletişimin anlaşılmasında karşılıklı iki benzer bölgenin uzmanlaştığı söylenebilir. Sözel iletişimin yeterli olmadığı durumlarda, insanların el kol hareketleri ile sözsüz iletişime yöneldiği görülür.

Yüz tanıma gibi önemli bir görevi de, *Sağ Beyin* üstlenmiştir. Eş seçimi ve sosyal ilişkiler için bu becerinin önemi yadsınamaz. Geometri ve üçboyutlu tasarım gibi görsel becerilerin de bu bölgede odaklandığı belirlenmiştir.

Müzik icra edilmesinde de *Sağ Beyin*'in etkin olduğu bilinmektedir. Buna karşılık, Müzik dinleyenlerde *Sol Beyin*'de uyarılma olur. *Müziksel Zekâ (Musical)*, *Görsel-Uzamsal Zekâ (Visual-Spatial Intelligence, VSQ)* ve *İçedönük Zekâ*'nın (*Intrapersonal*) ise ayrık beyin araştırmalarına göre *Sağ Beyin*'de konumlandığı anlaşılıyor. Ben *Görsel-Uzamsal Zekâ*'nın çok önemli olduğunu ve *Görsel Düşünme*'nin temelini oluşturduğuna inanıyorum. Bu nedenle, *Görsel-Uzamsal Zekâ* için (*Visual-Spatial Intelligence Quotient, VSQ*) VSQ kısaltmasını kullanıyorum.

*Sağ Beyin*'in ameliyatla alınması durumunda, hastanın yaşama şansı olabilir ancak hasta, yüz tanıma konusunda sorun yaşar. Ayrıca, hikâye ve şakaların algılanması da zorlaşır.[49]

Görsel beceriler ile hikâyelerin aynı bölgede işleniyor olması dikkat çekicidir.

*Sağ Beyin* insanın alternatif oluşturabilen deneysel yanını temsil eder. Ayrıca *Sağ Beyin*'in gelecek ile ilgili olduğu söylenebilir. Bu nedenle stratejilerin ve tasarımların oluşturulmasında görev alır ve insanın bireysel sınırlarını zorlamasına imkân verir. Keşifler, icatlar ve yeni tasarımların gerçekleştirilmesi, çoğu zaman mevcut bilgi birikiminin sınırlarını ve varsayımlarını zorlar. Bu süreç, geleneksel yaklaşımlardan farklı olmayı, hatta onlara meydan okumayı gerektirir. Bu becerileri edinen insanlar *Yaratıcı Kimlik* kazanır. Bu şekilde ortaya çıkan, sanat ve fen alanlarındaki eserler sosyokültürel birikimin yenilenmesini sağlar. Bu durumda, Thomas Kuhn tarafından *Paradigma Değişimi* olarak nitelendirilen gelişme yaşanır.

Sosyokültürel birikime sahip olan insanlar *Yaratıcı Kimlik* kazandıkları takdirde, toplumun yeni sorunlarını çözen keşif veya icatları gerçekleştirebilirler. Başka bir deyişle, toplumun sahip olduğu bilgi birikimine sahip olmak, yenilik yapabilmek için gerekli temeli oluşturur. Örnek olarak, Newton tarafından ışığın prizmada temel renklere ayrılmasından yararlanan Georges Seurat'nın *Puantilizm* sanat akımını başlatması gösterilebilir. Newton'ın bilimsel keşfini sanat dünyasına taşıyan Seurat'nın yarattığı *Puantilizm* daha sonra sanat ve fen alanlarında yeniliklere kapı açmıştır. Bu konuyu gelecek bölümlerde tartışacağım.

Bazı araştırmacılar, insanın görsel eserler ile ilişkili kimliğini tanımlamak amacıyla, *Homo aestheticus* ismini gündeme getirmiştir.[50-23] Dissanayake, insanın görsellik kavramını geleneklerle ilişkilendirerek incelemiştir. Ona göre, sanatın temelindeki görselleştirme, bir şeyin veya kişinin özel önemi olduğunu ifade etmek ve onu farklılaştırarak değerli kılmak amacıyla yapılır. Ancak, konuyu sadece estetik açıdan ele almanın, insani gelişim merdiveninin en üst basamağındaki *Yaratıcı Kimlik*'i tanımlamaya yetmeyeceğini düşünüyorum. Özellikle de günümüzde yaygınlaşan, sanat ve fen alanlarındaki inovasyon tanımlamak açısından sınırlayıcı olacağı açıktır. Ben bu aşamayı, *Homo sapiens innovator* ve *Yaratıcı Kimlik* olarak isimlendiriyorum. Bu şekilde insanın; keşif, icat ve tasarım becerileri ile ulaştığı seviyenin daha iyi tanımlandığını düşünüyorum.

Vanderbilt Üniversitesi tarafından, binlerce genç öğrencilik dönemlerinden itibaren, meslek hayatları boyunca takip edilmişlerdi. Bu çalışmalar, *Görsel-Uzamsal Zekâ*'nın (*VSQ*) yaratıcı bir kariyer için önemini ortaya çıkarmıştı. *Genel Zekâ* (IQ) testlerinde, geleneksel sözel ve matematiksel becerilerin ölçüldüğünden bahsetmiştim. Görsel ve uzamsal becerilerin ölçülmesinde ise, geometrik ve üçboyutlu tasarım testleri kullanılır. Bu alanda yüksek zekâya (*VSQ*) sahip olan gençlerin, yetişkinlik dönemlerinde özellikle patent alabildikleri belirlenmiştir. Bu sonuca göre, *Görsel-Uzamsal Zekâ* potansiyeline sahip kişilerin, topluma büyük ölçekte katma değer yaratabilecek potansiyele sahip oldukları ortaya çıkmıştır.[51]

Görsel sanat alanındaki öğrenciler ile sosyal bilim alanındaki öğrencileri kıyaslayan bir çalışma yapılmıştı. Sanat öğrencilerinin eğitim almaksızın geometri testlerinde daha başarılı oldukları belirlenmişti. Bu çalışma sanat eğitimini tercih eden öğrencilerde *Görsel Uzamsal Zekâ* potansiyelinin daha fazla olduğunu işaret etmişti. Başka bir deyişle *Görsel Uzamsal Zekâ* yeteneği olan öğrencilerin sanat eğitimine yöneldikleri anlaşılıyor.[52]

*Ayrık Beyin* araştırmalarından esinlenen Betty Edwards, resim yaparken beynin sağ ön kısmını kullanma yöntemini anlatan bir kitap yazmıştı.[53] Bu yaklaşımı öğrenen öğrencilerin, gerçekçi bir şekilde resim yapmayı başardıklarını iddia etmişti. Bu yaklaşım, resmi yapılan nesneye önyargısız bakmayı amaçlar. Önyargılar, görülen nesneleri zihindeki şablonlara göre algılamaya neden olduğu için gerçekçi bir resim yapılmasını engeller.

Edwards, önyargılardan kurtulmanın resim çizmedeki rolünü göstermek amacıyla herhangi bir resme bakarak benzerini çizmeyi beceremeyen öğrenciler seçer. Bu öğrencilerden, başı aşağı ayakları yukarı gelecek şekilde önlerine konulan bir portreyi kopyalamalarını ister. Tepetaklak görünüşte ayrıntılara anlam vermekte zorlanan öğrenciler, resmi gözleri ile gördükleri gibi kâğıda aktararak başarılı bir şekilde kopyalarlar. Yani yüzün tersten görünüşü için herhangi bir önyargısı olmayan öğrenciler, zihinlerindeki şablonlardan etkilenmeden, gördüklerini yorumsuz bir şekilde kâğıda dökerek gerçekçi bir çizim yapabilirler. Edwards, bu süreçte *Sağ Beyin*'in devreye girdiğini iddia etmiştir. *Bu iddiayı test etmeniz için yukarıda Homungulus resmini doğrudan ve tepetaklak çizmenizi önermiştim. Sizce Edwards haklı mıydı?*

Edwards'ın başka bir uygulamasında da, resimdeki objenin değil, etraftaki boşluğun resminin çizilmesi istenir. Öğrencilerin bu yöntemle de resimleri daha başarılı şekilde kopyaladığı görülür. Edwards'ın ortaya çıkardığı sorun, kişilerin aşina oldukları görüntüleri resimlerken zihinlerindeki şablonlara göre çizmeye çalışmalarıdır. Örneğin, bir burun resmi yaparken onun sembolü haline gelen kaba bir üçgen çizme eğilimi ortaya çıkar. Buna karşılık, burnun etrafındaki boşlukları çizerken daha dikkatli olunması gerekir. Edwards tarafından geliştirilen bu teknik, zihinde var olan şablonları kullanmak yerine, öğrencinin gözleme dayanarak resim yapmasını sağlar. Burada hedef *Sağ Beyin*'in kullanılmasıdır.

Daha önce Kahneman'ın yavaş ve hızlı düşünme ile ilgili görüşlerinden bahsetmiştik. *Yavaş Düşünme* işlemlerinin, özellikle *Sağ Beyin*'i ve *Temel Ağ Yapı*'yı (DMN) içine alan yaratıcı süreçleri tanımladığını düşünüyorum. *Sağ Beyin*'in görsel algılamada ve *Görsel Düşünme*'de rol oynadığı ve yeni bir tasarımın yapılmasında da diğer beyin bölümleri ile birlikte çalıştığı belirlenmiştir. *Yaratıcı Düşünme*'nin bazen sakin bir ortamda, soruna odaklanarak gerçekleştirildiğini çeşitli örneklerden anlıyoruz. Bu şekilde beynin pek çok bölümü devreye girebiliyor. Sözel ağırlıklı toplumlarda, *Sağ Beyin*'in ve *Görsel Düşünme*'nin gelişmesinde zorluk olabilir. *Görsel Düşünme* görselleştirme, görsel iletişim ile birlikte görsel bir dilin oluşmasını sağlar. Bu nedenle, elle yapılan çizimler ve üçboyutlu nesneler ile çalışmak faydalı olur. Bu göz ve el becerilerini geliştirmek için bazı toplumlarda, küçük çocukların kâğıt, tahta, çamur gibi malzemeler kullanarak oyuncaklar yapması teşvik edilir. Yetişkinlerde de el becerilerinin ve uygulamalı görsel sanat çalışmalarının beyin sağlığı açısından faydası görülmektedir.

Bireylerin *Yaratıcı Kimlik*'leri yaşam süreçleri boyunca değişime uğrar. Çoğu çocukta yaratıcılık potansiyeli görülür. Ancak, potansiyelin *Yaratıcı Kimlik*'e dönüştürülebilmesi için gençlerin temel eğitimleri alması gerekir. Örneğin, malzeme bilimi veya biyoteknoloji alanında bir yenilik yapabilmek için en azından temel akademik bilgi birikimine ihtiyaç vardır. Ne yazık ki eğitim sistemi bazen yaratıcılığı törpüler. Eskilerin dediği gibi, *deneyim getirdiği kadar götürür*.

Yenilik ve yaratıcılık etkinlikleri toplumların değişen şartlara uyum sağlamasına yardımcı olur. Yenilikçi kültürün oluşması için fikri hakların korunması gerekir. İnsanın *Stratejik Beyin*'ini kullanarak *Yaratıcı Kimlik* edinmesini sağlayamayan toplumların, beyinleri kısırlaştırdıklarını düşünüyorum. Edgerton tarafından tanımlanan *Hasta Toplumlar* insanların zihinsel olarak kısırlaşmasına neden olurlar.

*Yaratıcı Kimlik* için bence örnek insanlar 12. yüzyılda yaşamış olan El Cezeri ve 16. yüzyılda yaşamış olan Mimar Sinan'dır. El Cezeri sadece sanatsal ve işlevsel makineler tasarlamakla kalmamış, Sibernetik alanına öncü kabul edilebilecek çalışmalar yapmıştı. İçimizdeki El Cezeri sürekli yeni şeyler tasarlayarak yenilik merakını tatmin etmeye çalışır. Mimar Sinan da mimarlık-mühendislik ve sanatı bir araya getiren şaheserler yaratmıştır. Mimar Sinan tarafından yapılan maketlerin görselleştirme ve tasarım için kullanıldığını biliyoruz.

*Yaratıcı Kimlik* için kitaplar, müzeler ve doğa ilham kaynağıdır. Gelecek, sanat ve endüstriyel tasarımlarla ilgili konular onun ilgisini çeker. Kısaca, *Yaratıcı Kimlik* keşiflere, icatlara, yeni tasarımlara ve deneme-yanılmaya meraklıdır.

*Yaratıcı Kimlik* çoğu zaman deha olarak da isimlendirilir. Ancak, dehanın iyi bir tanımını yapmakta zorlanıyoruz. Aslında, önemli keşif ve icatlara yol açtığı söylenen sezgi ve ilham için de benzer bir durum var. Büyük mucit Edison deha kavramını şöyle tanımlamıştı: *Deha yüzde bir ilham, yüzde doksan dokuz terdir.* Edison işin özünün ter dökerek deneme yanılma olduğunu vurguladı. Ampulü icat etmek için binlerce yol denediği söylenir.

*Yaratıcı Kimlik* çoğu zaman takdir edilir ve deha olarak nitelendirilir. Ancak, bazen de rahatsızlık yaratır ve toplumdan dışlanır. Rahat koltuklarında oturan seçkin kişiler yeniliklerden endişe duyarak büyük bir direnç gösterirler. Kitabın ilerleyen kısımlarında örnekleri verileceği şekilde, kimi zaman bu direnç *Yaratıcı Kimlik* taşıyanların cezalandırılmasına kadar gidebilir.

El Cezeri, Mimar Sinan, Einstein ve Kekule gibi pek çok tarihe geçen insanlara dayanarak, *Yaratıcı Kimlik*'e sahip olanların kavramları ve tasarımları görselleştirdiklerini biliyoruz.

### Yaratıcı Kimlik ile Görsel Düşünme

*Dimitri Mendelyef, kimyasal elementlerle ilgili bilgileri birer karta yazarak öğrenmeye çalışıyordu. Bir gün o kartları bir masanın üzerinde özelliklerine göre sıraya dizdi. Kartların yerleşimine baktığı zaman Elementlerin Peri-*

*yodik Tablosu'nun oluştuğunu gördü. Tablodaki eksikler ona henüz keşfedilmemiş elementlerin olduğunu gösterdi. Yani, tablodaki boşluklar gelecekte keşfedilecek elementleri müjdeliyordu. Gerçekten de yıllar içinde yapılan keşiflerle o boşluklar doldurulacaktı. Elementlerle ilgili bilgilerin görselleştirilmesi beklenmedik gelişmelere neden oldu.*

*Sesin görselleştirilmesi ultrason teknolojisini ortaya çıkardı. Fotoğraf, sinema ve televizyon yaşamın her alanına görselleşmeyi taşıdı. Bu liste uzar gider. Görselleştirme ile gerçekleşen keşif ve icatlar için pek çok örnek verilebilir.*

Beyinde, keşif, icat ve yenilik merakına yönelik faaliyetlerin, çok sayıda bölgeyi uyardığı bulunmuştur. *Temel Ağ Yapı* (DMN) olarak isimlendirilen bu bölümler arasında özellikle *Sağ Beyin*'in olduğu tartışılmıştı. Bu etkinlikleri içeren beyin bölümlerinin kullanımı ile *Yaratıcı Kimlik* edinildiğinden bahsedilmişti. İnsanlar, içinde bulundukları sosyokültürel ortamı keşfettikten ve mirası devraldıktan sonra güncel sorunlara yeni çözümler bulmak veya yenilik aramak amacıyla keşif ve icatlara yönelmektedir. Bu şekilde, toplumlar ve bireyler yenilikler yaparak yaşam şanslarını ve rekabet güçlerini artırabilir.

Geleneksel toplumlar kültür miraslarını yaşatırken, yenilikleri tehdit olarak algılar ve kurulu düzenlerin sorgulanmasına engel olurlar. Bazı tutucu toplumlarda, her şeyin halihazırda bilindiği iddia edilerek, yeniliklere tümden karşı çıkılır. Yeniliklerin yaratacağı değişim sonucunda kurulu düzenin bozulmasından korkulur. Bu tip ortamlarda, genç beyinlerin kısırlaştığından daha önce bahsetmiştim. Buna karşılık, özellikle gençler ve düşük gelirliler, kurulu düzeni sorgulamak suretiyle kendilerine yeni fırsatlar oluşturmak isterler. Tarih boyunca, isyanların ve göçlerin temelinde bu mücadele vardır. Böylece, geleneksel birikime alternatif olmak üzere, gençlerin yenilik arayışı devam eder. Bu süreçte, *Görsel-Uzamsal Zekâ*'nın (*VSQ*) oynadığı rolden daha önce bahsetmiştim.

Geleneksel toplumlarda, yeni ve farklı şeyler deneyerek risk almak, toplumdan dışlanmaya yol açabilir. Buna karşılık, aykırı bulunan yeni eserlerin geleceğin sanat akımlarını oluşturabilme potansiyeli vardır. Yenilik içeren sanat eserlerinin değerlerinin anlaşılması, sosyokültürel alanda eğitim ve *Görsel Düşünme* yetkinliği gerektirir. *Yaratıcı Kimlik*'e sahip olan insanlar; keşif, icat ve tasarımlarla birlikte özellikle gelecek ile ilgili konulara merak duyarlar.

Tarih boyunca, fen alanındaki yenilikler kolay kabul edilmemiştir. Joseph A. Schumpeter tarafından ifade edildiği şekilde, yenilikler bazı geleneksel üretim şekillerinin değişmesi anlamına geleceği için direnişle karşılaşır. Örneğin, elle dokuma yapıldığı dönemlerde, dokuma makinelerinin kullanılması çok sayıda insanın işsiz kalmasına neden olarak ciddi sosyal sorunlar yaratmıştır. İşsiz kalanlar tarafından bu dokuma makineleri parçalanmıştı.

Yazının insanlık tarihindeki serüveni, yenilik kavramını anlamak için çok güzel bir örnek oluşturur. Yazı ilk icat edildiğinde taş ve kil tabletler üzerine zahmetli bir şekilde kaydedilmişti. Binlerce yıl sonra kâğıt, kalem ve mürekkep ile kitap yazılması devrim yaratmıştı. Matbaanın icadı ise yazının etkinliğini artıran büyük bir sıçramaya neden olmuştur. Daktilo da bireysel yazım sürecinde devrim yaratmıştır. Daktiloların sonunu, bilgisayarların yazı amacıyla kullanılması getirmiştir. İletişim teknolojilerinde yapılan yeniliklere pek çok örnek verilebilir. Güvercin, tamtam sesleri veya duman ile yapılan ilkel iletişim, baş döndürücü bir şekilde günümüzde görüntülü cep telefonlarına, sosyal medya ve internete kadar evrilmiştir. İnsanların yenilik merakı bütün alanlarda devrimler yaratmaya devam edecek gibi gözüküyor.

Her bir yenilik aşamasında, eski yöntemlere sahip çıkanlar olmuştur. Ancak, Schumpeter tarafından yıkıcı devrim olarak tanımlanan yenilikler, er veya geç eskileri ortadan kaldıracaktır. İlkel teknolojileri kullanmak süreçlerde verimsizlik ve *entropi* yaratır. Bilginin cepte taşınabilmesine karşılık, kütüphaneler dolusu kitabın basılması için kullanılan enerji, emek, kâğıt ve mürekkepten yapılan tasarrufu kolayca tahmin edebilirsiniz.

*Yaratıcı Kimlik*'ten bahsederken, sezgi kavramına da değinmek gerektiğini düşünüyorum. Günümüzde robot ve yapay zekâ programlarındaki gelişmeler sezgi kavramını sorgulamama neden oldu. Sophia adı verilen bir robot, geçenlerde Suudi Arabistan vatandaşı oldu. Bu tip robotlara pek çok *Bilge Kimlik* unsurları yüklenebiliyor. Buna karşılık, sezgi gibi yaratıcı düşünme becerisinin yüklenmesinin kolay olmayacağını düşünüyorum. Bunun temel nedeni, sezgi sürecini anlamakta ve adım adım ifade etmekte zorlanıyor olmamız. Sosyokültürel dünyamızda, sezgi ile ilişkili olduğunu düşündüğüm; estetik ve mizah gibi kavramları tanımlamakta da zorlanıyoruz. Bu kavramları gençlere öğretmek için anlatmak yetmiyor, deneyimlerin yaşanması gerekiyor. Keşif, icat ve tasarımlarla uğraşanlar da, uygulamada öğrendiklerini söylüyorlar. Bu insanlar çalışırken görsel sembollerle düşünüyor ve kavramları gözlerinde canlandırıyorlar.

Yapılan araştırmalar görsel düşünmenin bellekte daha kalıcı izler bıraktığını gösteriyor. Waterloo Üniversitesi'nde 2017'de yaptığı doktora ile Jeffrey D. Wammes, üzerinde çalışılan konuyu çizerek resimleyenlerin, sözel olarak düşünenlere kıyasla daha iyi hatırladıklarını ortaya çıkardı.

*Görsel Düşünme*nin tasarım ve yaratıcılık konusundaki etkinliği ile birlikte bellek üzerindeki olumlu etkisi bana hiç şaşırtıcı gelmiyor.

Beyinde yüz tanıma bölgesinin (FFA), aynı zamanda otomobil modeli tanımak konusunda da devreye girdiği belirlenmişti. Satranç oynayanların rakiplerinin hamlelerini tahmin edebilmesi için de bu bölgenin etkinleştiği görülüyor. Bütün bu bulgular, *Görsel Düşünme*nin örüntü tanımaya yardımcı olduğunu da gösteriyor.

Einstein gibi bilim insanlarının ifadelerine dayanarak, sezginin büyük ölçüde görsel düşünme ile ortaya çıktığına inanıyorum. Sezgilerin, görsel ipuçları yakalayarak ve hayal gücünü kullanarak oluşturulduğunu düşünüyorum. Çoğu zaman sakin bir ortamda çalışma, uzun bir yürüyüş gibi bir kuluçka aşamasından sonra üretkenlik ortaya çıkıyor. Bu süreçlerde *Görsel Düşünme*'nin rolünü bilmediğimiz için, bence sezgi konusunu karanlıkta bırakıyoruz.

Eğer *Görsel Düşünme* konusunda ilerleme kaydedebilirsek, gençleri sezgi konusunda eğitmeyi deneyebiliriz. Kim bilir, belki gelecekte Sophia gibi bir robota sezgiyi de öğretebiliriz. O da, vatandaş olmak istediği ülkeyi belirleyebilir.

# BEŞ KİMLİK İLE YAŞAMSAL SATRANÇ OYNAMAK

Bu kitapta öne sürülen stratejik beyin modelinde; *Otonom Sistem*'e ilaveten *Sürüngen Beyni*, *Memeli Beyni*, *Sol Beyin* ve *Sağ Beyin* olmak üzere, toplam beş bölüm vardır. Bu yapılar, kuşkusuz birbirleri ile güçlü bağlantılar içerisindedir. *Yaşamsal Satranç* oyununda görevlerini icra ederken diğer beyin bölümleri ile ilişki kurarak çalışırlar. Aralarındaki sınırlar duvarlar değildir, sadece temel işlevleri öne çıkarmak amacıyla farklılaştırılarak tanımlanmışlardır. Aşağıdaki şekilde, beynin yapılaşmasında beş bölümün uzmanlaştığı alanları sembolik olarak göstermeye çalıştım.

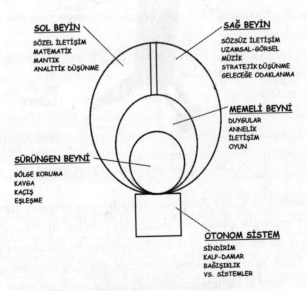

*Beynin Katmanlı Yapısı*

| GİRİŞ | 1. BEYİN | 2. STRATEJİK | 3. TARİHSEL | SONUÇ |

Beynin işlevlerini açıklarken, modül kavramından da bahsetmiştik. Leda Cosmides ve John Tooby beyni bir *İsviçre Çakısı*'na benzeterek, çok sayıda birbirinden bağımsız modüllerden oluşan bir yapı olarak tanımladılar.[11] Bu beyin bölümlerinin çoğu zaman birlikte hareket ettiklerini vurgulamakta yarar var. Örneğin, duygusal bir ilişki için, hediye seçiminde yaratıcılık söz konusu olabilir. Bu durumda, *Duygusal Kimlik* ile *Yaratıcı Kimlik*'in eşzamanlı olarak devrede olduğunu söyleyebiliriz. Aşağıda, *İsviçre Çakısı* modeline göre beş kimlikten oluşan beyin yapısını karikatürize etmeye çalıştım.

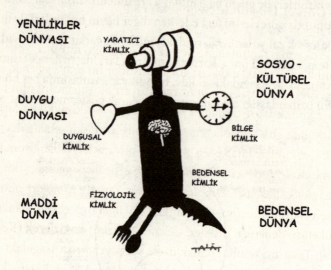

*İsviçre Çakısı Modeline Göre Beynin Yapısı*

Gardner'in *Çoklu Zekâ* modeli ile beynin bölgesel uzmanlıkları arasında paralellik olduğundan bahsetmiştim. Zekâ çeşitlerinin ve zihinsel yetkinliklerin beyindeki konumları ile ilgili kesin sınırlar çizilemez. Beyinde görülen odaklanmalar önemli olmakla birlikte beynin karmaşık yapısı içinde pek çok alan aynı anda devreye girebilir.

GİRİŞ → **1. BEYİN** → 2. STRATEJİK → 3. TARİHSEL → SONUÇ

Beyinde; sürüngenlere, memelilere ve insana özgü bölgelerin faaliyetleri birbiri ile iç içe geçer. Onları fiziksel sınırlar içinde uzmanlaşmış bölgeler olarak tanımlamak yerine, işlevsel yapılar olarak isimlendirebiliriz. Bu yapılar beyinde var olan donanımlar olarak görülebilir. Onları kullanmak için gereken yazılımlar yani eğitim ve deneyimler de beş farklı kimlik olarak tanımlanmıştı. Aslında, çoğu zekâ testleri, beyne eğitimle yüklenen yazılımı ölçümler.

### Görsel Düşünme Seçenekleri

Yukarıda tanımlanan, beş farklı stratejik ihtiyaca yönelik kimlikler ve odaklandıkları görsel unsurlar bir araya gelerek, kişiye özel bir *Görsel Düşünme* repertuvarı oluşturur. İnsanın beş tane kimlik kartı taşıdığını varsayabiliriz. Bu kimliklerle farklı dünyalara giriş yapabilen insan, her birinde farklı şekilde davranır. Her kimliğe hitap eden görsel iletişim araçları oluşmuştur. Bu kimlikleri, Maslow'un *İhtiyaç Hiyerarşisi*'ne denk gelecek şekilde, *Fizyolojik, Bedensel, Duygusal, Bilge ve Yaratıcı Kimlikler* olmak üzere tanımlamıştım. Bu kimliklerin ilgilerini çeken alanları; Tüketim, Bedenler, İlişkiler, Gelenek (Düzen) ve Gelecek (Keşif, İcat, Tasarım, Yenilik) olmak üzere özetleyebiliriz. Aşağıdaki şekilde, kimliklerden oluşan bir piramit göreceksiniz. Basamakların ilk üçündeki kimlikler ve meraklar, çoğu memeli hayvanlarda kolaylıkla görülebilir. Bu üç kimlik, kitabın başlangıcında yapılan canlılık tanımına uygun olarak bütün canlılar ile ortak hedeflere yöneliktir. Bu maksatla kullanılan bölümleri beynin altyapısı veya zihinsel altyapı olarak tanımlayabiliriz. Onları, *Biyosfer* adını verdiğim canlılar dünyasının oyuncuları olarak görebiliriz.

Aşağıdaki piramidin dördüncü seviyesinden itibaren insana özgün medeniyeti oluşturan kimliklerin olduğu alana girilmektedir. Orada, yukarıda bahsedilen, insanı farklı yapan özellikler devreye girer. *Neokorteks* ismi verilen stratejik beyin bölümünün bize kazandırdığı *Bilge ve Yaratıcı Kimlikler* insanın oluşturduğu sosyokültürel birikimin temelindedir. Bu alana *Neokorteks*'te gerçekleşen etkinliklerden dolayı *Stratosfer* adını veriyorum.

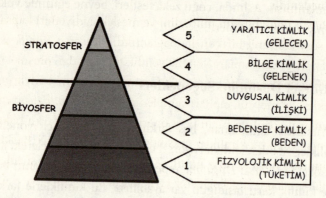

Yaşam sürecinde, bireyler çocukluktan itibaren gelişim merdiveninin basamaklarından çıkarak farklı kimlikler edinirler. Bu kimlikler, *İsviçre Çakısı* modelinde vurgulandığı şekilde gerektiğinde tek başına veya birlikte kullanılmaya hazırdır. Aynı anda, sevdiklerine karşı *Duygusal Kimlik* sergileyen insan, dış dünyaya karşı *Bilge Kimlik*'le davranabilir. Bireyin *İhtiyaç Hiyerarşisi*'ndeki önceliğine bağlı olarak, bazen kimliklerden biri daha öne çıkar. Örneğin, uyku durumunda, sadece *Fizyolojik Kimlik*'in fazla etkin olduğunu söyleyebiliriz. *Fizyolojik Kimlik* temel olarak genler tarafından tanımlanmakla birlikte yaşam süresince dinamik olarak değişir. Kan grubu ve doku uyumu yaşam boyunca sabit kalırken, bağışıklık sisteminin ve bağırsak florasının dönemsel olarak farklılaştığını görebiliriz.

Eğitim sistemlerinin hedefi, toplumların insan ideallerine uygun kimliklere sahip gençlerin yetiştirilmesidir. Bu amaçla, ilkokuldan itibaren verilen dersler ve kazandırılan deneyimler gençlerin geleceğin görevlerine hazırlanmasını sağlar. Örneğin, *Bedensel Kimlik* geliştirmek istendiğinde, sağlıklı yaşam kuralları öğretilir ve spor becerileri kazandırılır. Temel olarak *Bedensel Kimlik* cinsiyetle alakalıdır. Buna karşılık, *Duygusal Kimlik* bireyin aile içindeki konumu ile ilişkilidir. Bu konumun yaşam sürecinde, bireyin duygusal davranışının farklılaşmasının temel nedenidir.

*Bilge Kimlik* bireyin milli, dini ve mesleki aidiyetleri kapsayan sosyokültürel birikim ile bağlantılıdır. *Yaratıcı Kimlik* ise keşif, icat ve tasarımlara yönelik yenilik merakından oluşur.

*Bilge Kimlik* içinde bulunduğu ortama aidiyeti nedeniyle gelenekleri ve mevcut yapıları sahiplenir. *Yaratıcı Kimlik* ise yeni sorunların çözülmesi için yeni öneriler getirir. İki farklı bakışı temsil eden bu kimlikler arasında bir rekabet oluşur. Baskın durumdaki *Bilge Kimlik*, *Yaratıcı Kimlik* tarafından öne sürülen yeniliklere karşı engelleyici bir tavır sergiler.

*Yaratıcı Kimlik* yenilik yapabilmek için deneme-yanılma imkânı bulmak ister. Yenilikleri başarıya götüren riskli yolda sayısız başarısız deneme vardır. Bu başarısızlıklar, *Bilge Kimlik* tarafından yeniliklere karşı argüman olarak kullanılacaktır.

Toplumlar bu iki kimlik arasında yaptıkları seçim ile, geleneksel veya yenilikçi karakter ortaya koyarlar. Gelişmiş Ülkeler, deneme-yanılma kültürünü yaygınlaştırmak için Proje Destekleri, Girişim Sermayesi ve Tohum Sermayesi gibi destek sistemlerini kullanmışlardır. Silikon Vadisi gibi yenilikçi ortamlarda çalışan genç girişimciler, geleneksel engelleri aşarak, dev şirketlerin temellerini atmışlardır.

Eğer, yetenekli gençlerin *Yaratıcı Kimlik*'le yetiştirilmesi hedeflenirse, sanat ve fen alanlarında eğitim verilmesi ve yeniliklerin ödüllendirilmesi gerekir.

Bireylerin ve toplumların en önemli sorunu *Bilge Kimlik* yanında *Yaratıcı Kimlik* geliştirebilmektir. Gelişmiş toplumlarda

| GİRİŞ | 1. BEYİN | 2. STRATEJİK | 3. TARİHSEL | SONUÇ |

bile, yeterince *Yaratıcı Kimlik* oluşturmakta sorun vardır. *Yaratıcı Kimlik* ile yapılan inovasyon ve tasarımların bir ölçütü uluslararası patentlerdir. Ancak, patentlerin alınması da tek başına yaratıcılık hedefine ulaşmak için yeterli olmayabilir. Kritik aşama, inovasyonun ticarileşmesi yani yeniliklerin, insanlar tarafından ulaşılabilir hale gelerek toplumun refahına ve zenginliğine katkı yapmasıdır.

Bireyler ve toplumlar gelişmişlik düzeylerine göre, en alttan itibaren, *Fizyolojik Kimlik*'ten başlayarak *Görsel Düşünme* deneyimleri ile bu basamaklarda yükselmektedir. Bazı ilkel kabilelerde *Görsel Düşünme* sadece ilk üç basamak ile sınırlı olabilir. Yani sadece; *Fizyolojik*, *Bedensel* ve *Duygusal Kimlikler*'e ulaşılabilir. *Bilge Kimlik* ve *Yaratıcı Kimlik* eksik kalır. Başka bir deyişle, beyinler kısırlaşır. Jared Diamond tarafından anlatılan, Tasmanya yerlilerinin hikâyesi, bu konuda iyi bir örnek olmuştur. Daha önce sahip oldukları birikimlerin kaybedilmesi, toplumda geleneklere sahip çıkabilen *Bilge Kimlik*'in oluşmadığını göstermiştir.[4]

Bazı toplumlarda yenilik içeren sanat eserlerine izin verilmez. Örneğin, Hitler döneminde Naziler ve Stalin döneminde Sovyetler yenilik içeren sanat eserlerini yasaklamışlardı. Sanatçıların sadece geleneksel tarzda resim yapmalarına izin verilmişti. Bu nedenle, çağdaş sanatçıların büyük bir kısmı ülkelerini terk etmek zorunda kalmıştı.

Gelişmiş toplumlarda, klasik eserler yanında çağdaş ve deneysel eserleri içeren müzeler ve sergiler görülür. Deneysel eserleri teşvik eden kamu politikaları sonucunda, çağdaş eğitim kurumları, müzeler ve galeriler ortaya çıkar.

Hızlı gelişen toplumlar ve kurumlar yenilikleri ve deneysel çalışmaları teşvik eder. Hedef, her bir beynin mümkün olduğu kadar verimli şekilde kullanılmasıdır. Yani beyinler birer hazine olarak görülür ve eserler vermeleri beklenir. Sanat ve fen alanlarında yenilikler, önemli keşif ve icatlarla sonuçlanabilir. Böylece yüksek katma değer yaratılabilir. Bu yenilikler, gelecekte ortaya çıkabilecek sorunların çözülebileceğine yönelik umut verir. Yeniliklerin olduğu ortamlarda geleceğe dönük stratejik güç oluşur. Gelişmiş toplumlar; yeni patentler, sanat eserleri, ürünler ve çözümler ile *Stratejik Yaratıcılık* ortaya koyar.

İnsanların yaşam boyunca oluşturduğu kimlikler ve *Görsel Düşünme* becerileri, beş ayrı dünyaya bakış şekilleri olarak tanımlanabilir. Yaşamın farklı dönemlerinde ve günün farklı saatlerinde ihtiyaçlar ve öncelikler değiştikçe, insanın dış dünyaya bakışı değişir.

İnsanın fizyolojik, bedensel ve duygusal alanlara yönelik kimlikleri, insanın hayatta kalması ve mutlu olması için gerekli temel ihtiyaçların karşılanmasını sağlar. Bu kimliklerin aldığı keyif arttıkça lezzet, şehvet ve duygusallığın etkisiyle hızlı kararlar alınır. İçgüdüler tarafından yönlendirildiğimizde, Kahneman'ın tanımladığı *Hızlı Düşünme* gerçekleşir.[9] Aslında, yaşamsal risklerin varlığında, hızlı düşünmek ve hareket etmek gerekir. Daha önce de bahsedildiği şekilde hızlı düşünme sistemi, yavaş karar sisteminin 150'de biri kadar zamanda eyleme geçmeye neden olur. Bu durumdaki insan eylemden sonra, davranışı için mantıklı bir açıklama bulmaya çalışır.

Daha önce, Gardner tarafından tanımlanan zekâ çeşitleri ile MacLean tarafından tanımlanan beyin modülleri arasında paralellik olduğundan bahsetmiştim. Bu benzerlikleri netleştirmek amacıyla, Maslow'un *İhtiyaç Hiyerarşisi*, MacLean'in *Beynin Stratejik Modülleri* ve Gardner tarafından tanımlanan *Çoklu Zekâ* çeşitleri arasında kurduğum ilişkiler aşağıdaki tabloda bir araya getirilmiştir. Bu tablo ile kitabın bu aşamaya kadar içerdiği önemli noktaları özetlemeye çalıştım. Şimdi bir çay-kahve eşliğinde, bu tabloyu özetlemek için yazdığım kısa açıklamayı okumanızda yarar olduğunu düşünüyorum.

## İhtiyaçlar, Beyindeki Stratejik Yapılar, İlgili Zekâ Çeşitleri, Edinilen Kimlikler ve Düşünme Hızı

| Maslow'un İhtiyaç Hiyerarşisi (Stratejik Hedefler) | Beynin Stratejik Yapıları (Donanım) | Gardner'ın Çoklu Zekâ Çeşitleri (Yazılım) | İnsanın Edindiği Kimlikler | Merak Alanı | Kahneman Düşünme Şekilleri |
|---|---|---|---|---|---|
| Kendini Gerçekleştirme ve Yenilik İhtiyacı (Self Actualization) | Sağ Beyin, DMN | Görsel-Uzamsal Zekâ (VSQ) | Yaratıcı Kimlik (Homo sapiens innovator) | Gelecek (Keşif, İcat ve Tasarımlar) | Yavaş Düşünme |
| İtibar İhtiyacı (Esteem) | Sol Beyin | Sözel, Matematiksel, Genel Zekâ (IQ) | Bilge Kimlik (Homo sapiens sapiens) | Gelenek (Kültürel Miras, Kurulu Düzen) | Yavaş Düşünme |
| Sevgi/Aidiyet İhtiyacı (Love/Belonging) | Memeli Beyni | Duygusal Zekâ (EQ) | Duygusal Kimlik (Homo ludens) | İlişki (Sevgi, Çocuk, Aile) | Hızlı Düşünme |
| Korunma İhtiyacı (Safety) | Sürüngen Beyni | Bedensel Kinetik Zekâ (BKQ) | Bedensel Kimlik (Homo furens) | Eylem (Şehvet, Cinsellik, Spor, Şiddet Heyecan) | Hızlı Düşünme |
| Fizyolojik İhtiyaçlar (Physiological) | Otonom Sistem | Otonom Zekâ (OQ) Gardner'a İlave | Fizyolojik Kimlik (Homo economicus) | Tüketim (İştah, Beslenme, Uyku) | Hızlı Düşünme |

Yukarıdaki büyük tablonun çok kısa bir özetini yapmak gerekirse; temel ihtiyaçlarımıza yönelik olarak oluşan *Fizyolojik Kimlik* maddesel dünyaya yönelik bakışımızı belirler. *Fizyolojik*

*Kimlik*'in temelini oluşturan *Otonom Sistem*, hızlı kararlar alarak iç organlarımızın çalışmasını sağlar. Beynin bilinçli müdahalesine gerek duymayan, *Otonom Sistem*'e *İkinci Beyin* de deniyor. Günlük yaşamda, lezzet veya tiksinme gibi temel içgüdülerin kararlarımızı etkilediğini görebiliriz.

İnsanın bedensel ihtiyaçlarına yönelik olarak oluşan *Bedensel Kimlik* de bedenler dünyasına bakışımızı belirler. Özellikle cinsellik, çatışma ve spor gibi etkinliklerde hızlı kararlara gerek duyulur. Bedensel etkinlikler de içgüdülerden etkilenir. Korku ve şehvet gibi güçlü duygular mantıklı karar almayı zorlaştırır.

İnsanın özellikle aileye ve sevgiye yönelik *Duygusal Kimlik*'i, ilişkilerin yönetilmesi için öne çıkar. Duygusallığın baskın olduğu durumlarda, mantık yürütme yerine hızlı kararlar alınır.

İnsanın sosyokültürel ortamda yaşamasını sağlayan *Bilge Kimlik* toplumun kültürel miras, gelenekler ve kurulu düzen (*Status Quo*) içinde sağduyu ile hareket etmesi için gerekir. Bu alanda, sakin bir şekilde düşünerek, yani Kahneman'ın *Yavaş Düşünme* tanımına göre, kararlar alınır. *Bilge Kimlik*, bireyin sahip olduğu diğer kimliklerden bağımsız olarak, dış dünyaya tarafsız bakabilmeyi gerektirir.

Geleceğe ve yeni sorunlara çözüm bulmak için yenilikler gerektiğinde insanın *Yaratıcı Kimlik*'i önem kazanır. Bu kimliğe ulaşabilmek için özellikle *Bilge Kimlik*'e sahip olmak gerekir. Yeni sorunları çözebilmek için, sosyokültürel birikime ve bireysel deneyime sahip olmak faydalı olur. Keşif, icat ve tasarımlar gelenekten geleceğe uzanma sürecinde ortaya çıkar. Yaratıcı ve yenilikçi süreçler bilgi birikimi ve uzun süren deneme-yanılmaları gerektirir. Bu nedenle, yaratıcılık Kahneman'ın *Yavaş Düşünme* tanımına çok uygun bir etkinliktir.

Birçok ülkede eğitim sistemi tarafından, yeterince yaratıcı insanların yetiştirilemediği ve fen alanındaki araştırmalar için harcanan kaynakların hedefe ulaşmadığı görülür. Ne yazık ki, pek çok araştırma, hatta alınan patent ve faydalı modeller bile ticarileşemediği için toplumsal faydaya veya ürünlere dönüşemez. Oysa insanın ihtiyaçlarını karşılamak amacıyla başlayan *Yaşamsal Satranç* sürecini taçlandıracak olan aşama yaratıcı çözümler ortaya koymaktır. *Yaratıcı Kimlikler* çoğaldıkça ve yaratıcı eserler ortaya çıktıkça, toplumların *Stratejik Yaratıcılık* seviyesine ulaşması ihtimali artar.

Gelişmiş toplumların hedefi bireylerin bütün ihtiyaçlarının karşılanması ve onların ulaşabileceği bütün kimlikleri kazanmasını sağlamaktır. Yani, eğitilen her birey bilinçli *Tüketici Kimlik*'ten başlayarak, *Yaratıcı Kimlik*'e kadar bütün kimlikleri edinmelidir. Özellikle de yaratıcı yeteneklere sahip kişilerin, yaratıcı potansiyellerini kullanmalarını sağlayabilen eğitim sistemleri başarılı olmuş demektir.

Günümüzde gençlerin, bilgisayar ve yazılım alanlarında yaşamı kolaylaştıran ürün ve hizmetler oluşturarak yüksek katma değerli ürünler geliştirdikleri görülüyor. Artık Newton'ın elması, gençler için bilgisayar ve iletişim dünyasında sayısız inovasyonu işaret ediyor. Henüz üniversite öğrencisiyken, Facebook gibi önemli bir uygulama programları yazan gençler ortaya çıkıyor.

Beyindeki yapılardan kaynaklanan kimlikleri, öncelikli ihtiyaçları karşılayan *Stratejik Oyuncular* olarak tanımlayabiliriz. Bu kimlikler eşzamanlı yani paralel olarak da işlevlerini yerine getirebilirler. Onların ne zaman devreye gireceği, bireyin bilinçli kararları ile belirlenir. Ne zaman beslenmek, dinlenmek ve yenilik yapmak gerektiğine birey karar verebilir. Bu kararların isabetli olması durumunda bireyin ihtiyaçları karşılanır ve hedeflere ulaşılır. Bu süreç *Yaşamsal Satranç* tanımına uygun bir şekilde gerçekleşir.

Beyin yapısını oluşturan bölümleri *Yaşamsal Satranç* oyununda taşlar olarak düşünürsek, şah oyun kurucu bireyi tanımlar. *Fizyolojik Kimlik* piyon, *Bedensel Kimlik* at, *Duygusal Kimlik* fil, *Bilge Kimlik* kale, *Yaratıcı Kimlik* ise vezir olarak tahtada yerlerini alırlar. *Yaratıcı Kimlik* oluşturamayan kişilerin, Yaşamsal Satranç oyununda, vezire yani en güçlü taşa sahip olmadan oyun oynamak zorunda kalacaklarını söyleyebiliriz. Bu kişilerin beyinlerinin kısırlaştığından bahsetmiştik. Kısırlaştırılmış beyinler *Yaşamsal Satranç* oyununda başarılı olamaz.

*Yaşamsal Satranç* oyunu bireysel ölçekte olduğu gibi küresel ölçekte de oynanıyor. Uluslararası rekabet *Bilge ve Yaratıcı Kimlikler*'e sahip oyuncuların oluşturduğu takımlar arasında oynanıyor. Yeterince eğitim ve deneyimli insanlara sahip olmayan toplumlar, küresel ölçekte yaşanan olayları anlamakta zorlanıyorlar ve ciddi sorunlarla karşılaşıyorlar. Azgelişmiş Toplumlar, doğal kaynakları, yetenekli ve yetişmiş insanları yerel sorunları çözmek için kullanamıyorlar. Hatta eğitimli insanları Beyin Göçü ile kaybediyorlar.

Azgelişmiş Toplumlar için gündem *Fizyolojik*, *Bedensel* ve *Duygusal Kimlik* hedeflenerek oluşuyor. Yemek, spor, aşk ve magazin konuları medyada ön plana çıkıyor. Bu toplumlarda gündem yerel ve güncel konularla sınırlı kalıyor. Gelişmiş toplumlarda ise, keşif, icat ve gelecekle ilgili konular da medyada yer buluyor.

Başka bir deyişle, dünyada gelişmişlik seviyesine göre farklı oyunlar oynanıyor. Gelişmiş toplumlar arasında; keşif, icat ve tasarımlar üzerinden karmaşık bir *Yaşamsal Satranç* mücadelesi yapılıyor. Buna karşılık, eksik taşlarla oyun kurmakta zorlanan Azgelişmiş Toplumlar'ın ise kabaca, dama oynamaya çalıştıklarını söyleyebiliriz.

| Edinilen Kimlikler | Stratejik Satranç Oyuncuları |
|---|---|
| *Yaratıcı Kimlik* | Vezir |
| *Bilge Kimlik* | Kale |
| *Duygusal Kimlik* | Fil |
| *Bedensel Kimlik* | At |
| *Fizyolojik Kimlik* | Piyon |

İnsanlık tarihi, avcı ve toplayıcı olarak yaşayan topluluklarda keşif ve icatların sınırlı seviyede kaldığını gösteriyor. Göçebe topluluklarda insanlar, öncelikli olarak *Fizyolojik*, *Bedensel* ve *Duygusal Kimlik*'leri edinir. Kültürel birikimlerin devam ettirilmesi için yerleşik düzene geçiş gerekmiştir. Yerleşik düzen, tarımın ve hayvanların evcilleştirilmesine fırsat vermiştir. Bu şekilde büyükşehirlerin kurulması ve çeşitli mesleklerin ortaya çıkması mümkün olmuştur. Medeniyet sözcüğünün temelinde şehir (Medine) olması anlamlıdır. Şehirler aynı zamanda sosyokültürel birikimin somutlaştığı düzenleri de beraberlerinde getirmiştir. Hukuk, ticaret, altyapı ve güvenlik kavramları oluşması ile insan ilişkileri yönetilebilmiştir. Bunların yanında tarlalar ve sulama sistemleri kurulmuştur. Böylece, yerleşik düzene geçen toplumlarda *Bilge Kimlik* oluşturulmuştur. Göçebeler ile yerleşik düzendeki toplumlar arasında çatışmalardan sonra, uzun vadede onlar da yerleşik düzene geçmişlerdir.

Medeniyetlerin hedefinin, insanların gelişim merdiveninin basamaklarından yükselerek öncelikle *Bilge Kimlik* daha sonra da *Yaratıcı Kimlik* edinmesini sağlamak olduğunu düşünüyorum. Bu amaçla, özel eğitim alan ve deneyim kazanan bireyler *Bilge Kimlik*'e sahip olur. *Bilge Kimlik* aslında insanların kültürel mirası sahiplenerek cehaletten kurtulması anlamına gelir. Bu insanlardan, yetenekli olanların *Yaratıcı Kimlik* edinmesi toplumda *Stratejik Yaratıcılık* potansiyelini artırır. Bu yaratıcı potansiyelden yararlanmak için yenilikleri değerlendiren destekleyici kurumsal yapıların olması gerekir. Gelişmiş toplumlar, insanların zihinsel potansiyellerini kullanarak güçlü satranç taşları oluştururlar. Böylece, ulusal ölçekte *Yaşamsal Satranç* oyununa hazırlanırlar.

Edgerton tarafından Hasta Toplumlar olarak tanımlanan ortamlarda insanlar, sadece *Fizyolojik Kimlik*, *Bedensel Kimlikler* ve *Duygusal Kimlik* sahibi olarak görülürler. Eğitimsiz

insanlar düşük katma değer yaratan *Bedensel Kimlik*'ler veya kas gücü olarak çalışabilirler. Gençlere, *Bilge Kimlik* ve *Yaratıcı Kimlik* kazanmalarını sağlayacak eğitim ve deneyim kazandırılmaz ise yüksek katma değer üretme potansiyelleri kaybedilir. Artan nüfus, yeterince eğitim verilemediği durumlarda, sosyal sorunları birlikte getirir. Bu toplumlar, *Yaşamsal Satranç*'ı eksik taşlarla oynar ve kaybederler.

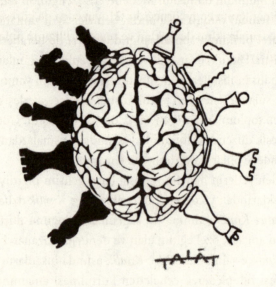

Yukarıda bahsedilen kimliklerin edinilmesi ve hedeflere ulaşmak için kullanılabilmesi, bireyin eğitim ve yaşam deneyimlerinin artışı ile adım adım gerçekleşebilir. Burada, bireyin gelişim süreci, bir merdivenin basamakları olarak tanımlanmıştır. Bu basamaklarda yükselerek topluma katma değer yaratmak mümkün olur.

Uluslararası *Yaşamsal Satranç* oyunu üzerinde biraz durmak istiyorum. Ne yazık ki, tarih boyunca bu oyun kanlı bir şekilde oynanmıştır. Özellikle de 20. yüzyıl muhtemelen en fazla kan dökülen dönem olarak tarihe geçecektir. Avrupa ülkeleri arasındaki

rekabet, başta fen ve ticaret alanlarında ciddi yarışa dönmüştü. Savaşın kendilerini üstün konuma taşımak için büyük fırsat olacağı düşüncesi ile iki dünya savaşına giren ülkeler milyonlarca insanın ölümüne neden oldular. Özellikle de, nükleer silahların kullanılması korkunç bir örnek olarak karşımızda duruyor. *Yaratıcı Kimlikler*'in eseri olan bu gelişmiş silahlar, savaşçı *Bedensel Kimlik*'in emrine girdiğinde sayısız insan hayatı sona erdi. Bu tarihi dönem, yaratıcılığın her zaman toplumların refahı için kullanılmadığının en iyi örneğidir. 21. yüzyılda da küreselleşme yarışı nedeniyle iklim değişikliği ve çevre kirliliğinin önlenemediği görülüyor.

## 2. STRATEJİK YARATICILIK

*İnsanlar uzaktan haberleşmek için duman, ıslık ve davul kullanmışlardı. 19. yüzyılın başında elektrik ile haberleşme çok uzak mesafelere ulaşma imkânı sağladı. Bu süreçte, bir ressam olan Samuel Morse'un icadını hatırlamakta yarar olacak. O telgraf ile iletişimde kullanılmak üzere, nokta ve çizgi olarak tanımlanabilecek ikili işaretlerden oluşan Mors (Morse) alfabesini icat etti. Bu alfabe yüz yıldan uzun bir süre kullanılan bir iletişim sistemini oluşturdu.*

*Mors alfabesinin ikili sistemine benzer şekilde, günümüzde bilgisayar iletişim ve hafıza kayıt sistemleri geliştirildi. Ayrıca, yaygın olarak kullanılan barkod ve karekod sistemleri, Mors alfabesinin görselleştirilmesinden doğmuştur.*

*Yaratıcılık* kavramı ile ne kastettiğimi kısaca açıklamak istiyorum. İnsanlar ilk defa karşılaştıkları sorunları çözmek için olağandışı zihinsel beceriler kullanırlar. Hatta zekâ, bu şekilde tanımlanabilir. *Yaratıcılık* sergileyen bireyler ve toplumlar rekabet gücü oluşturur ve medeniyetin gelişimini sağlarlar. *Yaratıcılık* sadece zihinlerde kalmaz, eyleme geçerek, ürün ve hizmette somutlaşır. Bir patentli ürün veya yeni bir tasarım yaratıcılık içerir.

Daha önce de bahsettiğim şekilde, yaratıcılığın evrensel yenilik içermesi ve yeni gelişmelere temel teşkil edecek şekilde oluşmasını da, *Stratejik Yaratıcılık* olarak tanımlıyorum. Tekerleğin, kâğıdın, barutun ve tarımın icat edilmeleri *Stratejik Yaratıcılık* örnekleri olarak sayılabilir. Mikroskopun icat edilmesi, hastalıklarda mikropların rolünün anlaşılmasını sağladığı için *Stratejik Yaratıcılık* örnekleri arasında gösterilebilir. *Stratejik Yaratıcılık* kısaca, yeni gelişmelere kapı açan önemli keşif, icat ve tasarım yapmaktır.

Girişte bahsedildiği şekilde, Mors alfabesi bize iki türlü yaratıcılık örneği veriyor. Elektrik hatlarından iletişim kurulabilmesi için, Samuel Morse tarafından bir kodlama sisteminin geliştirilmesi genel olarak rastlanan bir yaratıcılık örneğidir. Bu iletişim sisteminin, günümüzde yaygın olarak kullanılan barkod ve karekod sistemlerine kapı açması ise onu *Stratejik Yaratıcılık* olarak kabul etmemizi gerektiriyor.

Geçtiğimiz yüzyılda sanat ile bilim alanlarının birbirinden giderek ayrışması gündeme gelmişti. C. P. Snow *İki Kültür* isimli eserinde, edebiyat ve bilimin birbirinden uzaklaştığını öne sürerek önemli bir konuya dikkat çekti.[54] Bence, bu ikazı önemsemek ve kültürler arası işbirliğini geliştirmek gerekiyor. Son dönemde bu yönde umut verici gelişmelere şahit oluyoruz. Örneğin, fen ve görsel sanatlardan beslenen insanların çok sayıda yaratıcı eser ortaya koyduğunu görüyoruz. Özellikle de *Görsel Düşünme* ile bu kültürler arasında köprü kurulduğunu düşünüyorum. Kitabın bu bölümünde, sanat ve fen alanlarının arakesitinde gerçekleşen *Stratejik Yaratıcılık* örneklerini tartışarak, *Görsel Düşünme*'nin bu süreçlerdeki rolünü irdeleyeceğim.

İnsanı farklı yapan özellikler *Stratejik Yaratıcılık* için gereklidir ancak yeterli değildir. Sosyokültürel birikim az veya çok her insan topluluğunda ortaya çıkmakla beraber, medeniyetleri oluşturan devrimsel yeniliklere yani *Stratejik Yaratıcılık*'a yol açan gelişmelere kolay rastlanmaz. Hatta matbaanın ve dokuma makinelerinin yaygınlaşması sürecinde görüldüğü şekilde, çoğu zaman insanlar yeniliklere karşı direnç gösterir ve engellerler.

İlk çağlarda göçebe olarak yaşayan topluluklarda, geleneksel olarak erkekler avcı ve kadınlar da toplayıcı olarak uzmanlaşmışlardı. Tarımın geliştirilmesi ve hayvanların evcilleştirilmesi ile yerleşik düzene geçilmiş, bu sayede elde taşınamayacak kadar büyük aletlerin yapılması ve kullanılması mümkün olmuştu. Böylece yeni uzmanlık alanları ve meslekler ortaya çıkmış, bu gelişmelerin devamında ise ürün ve hizmetlerin alışverişi gerçekleşmişti. Özet olarak, yerleşik düzene geçiş ile sosyokültürel organizasyonların temeli atılmıştı. Bu ortam, yenilik içeren ürünler üretilerek rekabet edilmesini gerektirmişti.

### Üç Adımda Stratejik Davranış

İnsanlar, değişen ihtiyaçlarını karşılamak için, dış dünyadan sürekli olarak bilgi toplar ve stratejik kararlar alırlar. Onları uygulamak için zihinsel becerilerini kullanırlar. Bu karmaşık süreçleri daha önce, *Yaşamsal Satranç* oyunu olarak tanımlamıştım. Bu oyunda her insan kendisi için en uygun *Stratejik Davranış*'ı sergiler. Şimdi *Stratejik Davranış* ile ne kastettiğimi açıklamak istiyorum.

Aslında, insanların kurduğu organizasyonlar, bilgisayarlar ve özellikle de *Yapay Zekâ* sistemleri *Stratejik Davranış* prensiplerine göre çalışırlar. Kısaca, bilgiden eyleme doğru ilerleyen süreçte; algılama, bilgi işleme ve eylem (*Perception, Cognition, Action*) olarak tanımlanabilecek, üç temel aşama vardır. Bu aşamalar sonucunda alınan geri tepki ile çevrim tamamlanır Aşağıdaki şekilde, *Stratejik Davranış* sürecinin adımları görselleştirilmiştir.

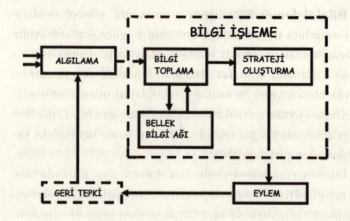

*Stratejik Davranış Süreci:*
*Algılama, Bilgi İşleme ve Eylem Çevrimi*

Şimdi yukarıdaki şekilde özetlenen aşamaları tanımlayalım:

**Algılama:** Bu aşama, iç ve dış dünyanın objektif olarak algılanmasını gerektirir. Stratejik iç algılama, öncelikle bireyin kendi güç ve zaaflarını keşfetmesini sağlar. Zaaflar ihtiyaçları işaret eder. Güçler ise ihtiyaçların karşılanması ve hedeflere ulaşılması için hangi kaynakların kullanılabileceğini gösterir.

Dış dünyanın stratejik olarak algılanması, fırsat ve tehditlerin belirlenmesini sağlar. Bu aşamadan sonra, koklama, dokunma, duyma, tat alma ve görme gibi dış dünyaya açık olan bütün algı sistemleri birlikte değerlendirmeye alınır. Dış ortam ile ilgili gözlemlerde, sıradan görüntü ile özgün olanın, önemli ile önemsizin ayırt edilmesi gerekir. Aslında insan görsel algı sürecinde nesneleri ve konumlarını belirledikten sonra, ortamda bir örüntü, yapı veya hikâye oluşturmak için ipucu arar. İnsan çevresine, ihtiyaçlarına ve kimliklerine dayanarak seçici olarak odaklanır ve gözlem aşamasında bile bireysel yorumlarını katar.

**Bilgi İşleme:** Bilgi işleme aşamasında, güncel ve alışılmış normlara uygun olduğu anlaşılan bilgiler göz ardı edilir. Olağan sınırların dışında olduğu anlaşılan gözlemler ise, bir sonraki aşamaya taşınarak, dikkatli bir şekilde değerlendirilir. Büyük ölçekte verilerin analizi gerektiği durumlarda, istatistiksel yöntemlerin ve grafiklerin kullanılması gerekir. Daha ileri uygulamalarda bilişim teknolojilerinden hatta *Yapay Zekâ* sistemlerinden yararlanılabilir.

İnsan beynindeki stratejik karar süreci, ileri düzeyde bilgi işleme gerektirir. Bellek ve önyargı, yeni gözlemlerin algılanmasındaki seçicilikte ve yeni bilgilerin eski bilgilerle ilişkilendirilmesinde kritik rol oynar. Eğitim ve deneyim ile oluşan önyargıların, Kuhn tarafından *Paradigma* olarak tanımlandığından bahsetmiştik.[45] *Paradigma* bilgi, deneyim ve önyargıları içeren bir anlayış ve düşünce sistemidir. Aslında, her zaman dış dünyaya önyargı, yani bir *Paradigma* ile bakarız. Ancak yeni gözlemler ve deneyimler, zihindeki önyargıları ve kalıpları sorgulamaya ve değiştirmeye neden olabilecek kadar güçlü ise yeni bir *Paradigma* oluşur.

Strateji oluşturma sürecinde gelecek ile ilgili beklentileri içeren senaryolar önem kazanır. Profesyonel strateji geliştirme çalışmalarında, iyimser ve kötümser beklentiler birlikte değerlendirilir. İki ihtimalde de ayakta kalabilecek bir strateji oluşturmak, başarı şansımızı artıracaktır. Bu bakışla seçenekler kıyaslandığında, geleceğe yönelik bir hazırlık yapılması mümkün olur.[55]

Algılama ve Bilgi İşleme aşamalarının başarı ile yürütülmesi sonucunda geliştirilen stratejilerin uygulanabilmesi için mümkünse bir veya birkaç *Yol Haritası* oluşturulmalıdır. Bu *Yol Harita*'ları, mümkünse *Karar Ağacı* yöntemi kullanılarak, zaman ve kaynak ihtiyaçları açılarından kıyaslanır. Aşağıda, İstanbul ile Antalya arasında yapılacak yolculuk için seçenekleri kıyaslayan bir

*Karar Ağacı* çizmeye çalıştım. Önemli kararlar için, her bir seçeneğin olumlu ve olumsuz tarafları ayrıntılı olarak kıyaslanmalıdır.

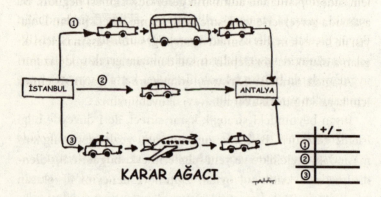

Aşağıdaki piramitte özetlendiği şekilde, Bilgi İşleme süreci ham verilerin toplanması ile başlar. İkinci aşamada, bu verilerden bilgi ediniriz. Bilgi sahibi olan insan, ortaya çıkan tabloya bireysel yorumunu katarak bir görüş oluşturur. Bu görüş de geliştirilecek strateji için temel teşkil eder. Bilgi İşleme süreci eğer eyleme dönük bir strateji yani *Yol Haritası* ile sonuçlanırsa başarılı olmuş demektir.

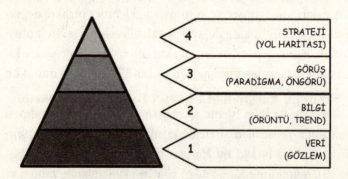

*Gözlemden Yol Haritasına Yükselen Basamaklar*

GİRİŞ → 1. BEYİN → **2. STRATEJİK** → 3. TARİHSEL → SONUÇ

**Eylem:** Bir *Yol Haritası*'nın gerçekleştirilmesi için, kaynakların kullanılması ile fırsatların değerlendirilmesi gerekir. Eylem sadece planlanan adımların gerçekleştirilmesi değildir. Bu aşamada gerçeklerle yüzleşme ve öğrenme süreci başlar. Dolayısı ile her eylem, bir sonraki *Stratejik Davranış* aşaması için algılama olarak da görülebilir. İnsan deneyimleri ile güç kazanır.

Aşağıda *Stratejik Davranış* adımlarını karikatürize etmek için karaladığım kısa bir hikâyeyi okuyabilirsiniz.

> *Turistik bir bölgedeki marketin sahibi Ali, yaz aylarında dükkânına gelen Arap müşterilerde bir artış olduğunu gözlemler. Arapça bilmediği için bu fırsatı iyi değerlendiremediğini düşünür. Üniversite öğrencisi olan kızından onları takip etmek için yardım ister. Kızı bir ay boyunca, günlük müşteri sayısını ve aldıkları ürünleri bir tablo halinde kaydeder. Arap müşterilerin genel olarak sabah saatlerinde alışveriş yaptıkları ve her hafta satışların arttığı ortaya çıkar.*
>
> *Ali, geçmiş dönemlerde buna benzer durumun Rus müşteriler ile yaşandığını anımsar. Bu fırsattan faydalanmak için Rusça bilen tezgâhtar işe almıştır. Ancak, Rusya ile uçak krizi nedeniyle turistler gelmeyince, Rus çalışanın işten çıkarılması sorun olmuştur. Ali sadece sabahları çalışmak üzere bir Arap öğrenciyi işe alır.*

### Stratejik Yaratıcılıkta Görsel Düşünmenin Önemi

> *Geometri bilmeyen girmesin!*
> Platon

*İstanbul Teknik Üniversitesi kimya mühendisliği eğitimi sırasında çoğunlukla, temel bilim ve teorik mühendislik* dersleri almıştık. Derslerin sözel ağırlıklı olması da, muhtemelen hocaların mühendislik deneyimi olmaksızın akademisyen olmalarından kaynaklanıyordu. Yeterli havalandırma olmayan pis kokulu kimya laboratuvarları pek hoş değildi. Uzaktan çürük yumurta kokusunu takip edip laboratuvarı bulabilirdiniz. Buna karşılık, staj sırasında; kaynak, döküm, torna ve tesviye atölyelerinde çalışmak ise çok daha keyifliydi.

İTÜ'de teknik resim ve tasarım derslerinde üç boyut ve perspektif kavramlarını görmek de ilgimi çekmişti. Her şeyin üç farklı yönden resmini çizmek hoşuma gitmişti. Meslek hayatımda, teknik resim çizebilmek çok işime yaradı.

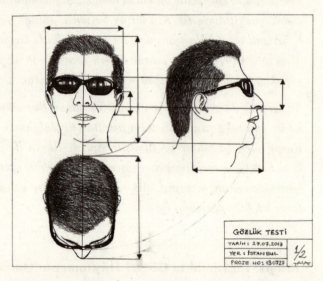

İTÜ'deki hocalarımızın, kürsü adı verilen beylikleri vardı. Bazı hocaların bölüm kitaplıklarını kilitledikleri ve kimseye kullandırmadıkları söylenirdi. Kürsü sistemi açılacak bir konuma tayin olabilmek üzere kurgulanmıştı. Yani köşe kapmaca oyunu oynanıyordu.

Eğitimime Amerika'da devam ederken dikkatimi çeken birkaç farklı uygulama oldu. Hocalar görsel modellerle düşünüyor ve tasarladıklarını hemen uygulamaya çalışıyorlardı. Merkezi kütüphane herkese her kitabı kullanma imkânı veriyordu. Hocalar idari görevlerden uzak durmaya çalışarak; derslere ve araştırmalara zaman ayırmayı tercih ediyorlardı. Hocaların hedefi yayınlar yaparak ve patentler alarak başarılı akademisyenler olmaktı. Bu maksatla başkaları ile işbirliği yapmak tercih ediliyordu. Örneğin benim doktora projemde, farklı alanlarda uzmanlaşmış iki danışmanla birlikte yayın yapmıştık.

Amerikalı öğrenciler lise çağlarından itibaren laboratuvar ve atölye deneyimi kazandıkları için öğrendiklerini hemen uygulamaya başlıyorlardı. Geniş imkânlar ve eğitim yaklaşımı öğrencilerin kırıp dökerek öğrenmesine fırsat veriyordu.

Türkiye ile Amerika arasındaki önemli bir fark da evlerin garajlarıydı. Çoğu evin garajı aslında küçük bir atölye olarak tasarlanmıştı. Burada en azından el aletleri ile küçük bir tezgâh vardır. İnsanlar garajlarında çeşitli tamir bakım işleri yanında hobi niteliğinde elektronik veya ahşap malzemelerle uğraşıyorlardı. Lise çağındaki gençler, komşuların çimini biçerek kazandıkları paralarla aldıkları hurda arabaları orada tamir ediyorlardı. Ehliyet alacakları zamana kadar, çalışan bir araba ortaya çıkıyordu. Bazı liselerde otomobil bakım ve tamir dersleri verilen atölyeler de vardı. Oralarda el aletlerini kullanmayı öğrenen çocuklar pratik işler yapmak için kendilerine güven kazanıyorlardı. Üniversite çağına gelen öğrenciler laboratuvarlarda ve atölyelerde çalışmaya hazır oluyordu. Ayrıca, etrafta buldukları küçük işlerde çalışarak eğitim masraflarını kısmen de olsa karşılıyorlardı. Kısaca, Amerikan kültürü elle iş yapmayı özendiriyordu.

Amerika'da tanıştığım pek çok kişi mesleği dışında ciddi şekilde bir hobi, spor veya sanat ile uğraşıyordu. Tanıdığım üst düzey yöneticiler arasında hobi olarak, marangozluk, araba tamiri ve eski ev yenileme yapanlar vardı. Elleriyle bir şeyler yapmak çok takdir ediliyordu. Oysa Türkiye'deki eğitimli insanlar elle iş yapmayı küçümsüyorlardı.

2000'li yıllarda bazı seçkin üniversitelerde, mühendislik fakültesi birinci sınıf öğrencilerinden laboratuvarlardaki aletlerle birer küçük proje yapmaları istenmişti. Bu projeleri yapan öğrencilerin daha sonra aldıkları derslerde meraklı ve başarılı oldukları görüldü. Müfredatta değişiklik yaparak bütün mühendislik öğrencilerinin bu projeleri yapması sağlandı. Beklenmedik bir şekilde, bütün öğrencilerin derslerde işlenen konulara ilgilerinin arttığı ve başarılı oldukları görüldü. Projelerde fiilen çalışarak deneyim kazanan öğrenciler, derslerde öğretilenlerin nerede kullanıldığını fark etmişti.

Bilim dünyasında iz bırakan Galileo, Pasteur, Koch ve Fleming gibi pek çok insanın görsel sanatlara ciddi ilgi gösterdikleri biliniyor. Anatomi uzmanı Vesalius ilkönce resim eğitimi almıştı. Daha sonra tıp eğitimi alarak bir anatomi klasiği haline gelen kitabını yazmıştı. Einstein, Kekule ve Mendelyef tarafından *Görsel Düşünme* tekniklerinin kullanıldığı biliniyor. S. Ramon y Cajal, Emilio Golgi, R. Guillemin, Desmond Morris ve Roger Penrose gibi bilim insanları ressam olarak da isim yapmışlardır. Meslek olarak ressamlığı seçen Samuel Morse, Abbott Thayer ve Robert Fulton da teknik alanlarda başarılı çalışmaları ile tanınmışlardır.

Newton tarafından ışık ve renk kavramlarının aydınlatılması, Goethe ve Seurat gibi sanatçıların fen alanına ilgi göstermelerine neden olmuştu. Seurat'ya *Puantilizm* için ilham veren bu çalışmalar, daha sonra da elektronik görsel aletlere temel teşkil etmişti. Bu örnekler bize, kültürler ve disiplinler arası başarılı işbirliğinin önemini gösteriyor.

Araştırmalar *Görsel-Uzamsal Zekâ* (VSQ) testinin *Görsel Düşünme* yeteneğine sahip olan bireylerin belirlenmesinde faydalı olduğunu göstermiştir. Vanderbilt Üniversitesi tarafından yapılan uzun dönemli çalışmalarda, *Görsel-Uzamsal Zekâ*'ya sahip olan bireylerin mesleklerinde inovasyon yaparak patent aldıkları ortaya çıkmıştır.[51]

Root-Bernstein ve çalışma arkadaşları, başarılı bilim insanlarının büyük bir kısmının hobi ve sanata merakını ortaya çıkardı. Özellikle de, Nobel Ödülü alanların, genel nüfusa kıyasla üç katı daha fazla sanat ve elişi tarzında hobi faaliyeti yaptığı bulundu.[56] Aslında, Fuat Sezgin de, fen alanında isim yapmış pek çok Müslüman şahsiyetin marangoz, terzi, demirci ve saatçi gibi mesleklerde deneyimleri olduğunu işaret etmişti.[1] Nobel almış bilim insanları ile meşhur Müslüman fen insanlarının arasındaki benzerliğin, elleriyle iş yapmak yani uygulama olması çok anlamlı. Önemli keşif, icat ve tasarımlar ile tanınanların, elleriyle iş yapan, insanlar oldukları görülüyor. Mimar Sinan'ın da bir nacar (marangoz) olduğunu hatırlatmakta yarar var.

El Cezeri, Mimar Sinan, Leonardo, Raffaello gibi pek çok dehanın sanat ve fen alanlarının arakesitinde yani *Görsel Arakesit*'te çalıştığını daha önce de vurgulamıştım. Günümüzde, Theo Jansen, Harold Cohen ve Arthur Ganson gibi pek çok sanatçı da fendeki gelişmelerden yararlanarak *Görsel Arakesit*'te özgün sanat eserleri üretiyor. *Sanal Gerçeklik* gibi yeni alanlarda çalışanlar birden fazla disiplinde uzmanlaşmak, yani *Görsel Arakesit*'te çalışmak zorunda kalıyor. Geleceğin dünyasında bu

arakesit alanda çok daha fazla başarılı çalışmaların yapılması beklenmektedir. Örneğin, günümüzde, bilgisayar sistemlerini içeren beden dışı zekâ destekleri ile yeni bir *Görsel Arakesit* daha oluşmaktadır. Sonuç olarak, sanat ve fennin arakesitinde görsellik, yaratıcılık açısından verimli bir fırsat penceresi oluşturuyor. Bu nedenle *Görsel Arakesit*'te çalışan insanları, sadece bir meslek alanı ile tanımlamak zorlaşıyor.

Gelecek bölümlerde, *Görsel Düşünme* perspektifinden sanat ve fen alanlarından birkaç *Stratejik Yaratıcılık* örneğini tartışmak istiyorum. Okumaya başlamadan önce, size bir sorum olacak. Sizce insanlık tarihinde en önemli keşif, icat ve sanat eserleri nelerdir? Birkaç tanesini aşağıya yazabilir misiniz?

..................................................................................................

..................................................................................................

..................................................................................................

..................................................................................................

..................................................................................................

..................................................................................................

..................................................................................................

..................................................................................................

..................................................................................................

..................................................................................................

## Cam ve Stratejik Yaratıcılık

Cam, her yerde karşımıza çıkan çok ilginç bir malzemedir. Kum ve soda içeren pek çok farklı reçete kullanılarak yapılabilmektedir. Katı olarak tanımlanmasına rağmen, uzun zaman içerisinde sıvı gibi hareket ettiği görülmüştür.

Ortadoğu'da ve Doğu Akdeniz bölgesinde camın keşfi ile ilgili birçok rivayet vardır. Mısırlılar tarafından MÖ 1600 yıllarında cam teknolojisinin icat edildiği düşünülüyor.[2] Cam ilk dönemlerde süslenmek amacıyla boncuk yapmak için kullanılmıştır. Cama şekil vererek çeşitli eşyaların yapılmaya başlanmasından sonra, özellikle cam şişe ve mutfak eşyalarının kullanımının hızla yayıldığı görülmüştür. Roma İmparatorluğu döneminde pencerelerde cam kullanıldığı biliniyor. Ayrıca, pek çok ülkede mercekler ve aynalar ateş yakmak için de kullanılmıştır.

Optik konusunda, El Kindi ve İbn El Heysem tarafından yapılan çalışmalar, Avrupa'daki gelişmelere temel olmuştur.[57] Batı'da kısaca El Hazen olarak bilinen El Hasan İbn El Heysem özellikle mercekler, gözün yapısı ve karanlık oda çalışmaları ile tanınmıştır. İbn El Heysem ışığın gözden çıktığı iddiasına karşı, ışığın kaynağından göze geldiğini öne sürmüştür. Yazdığı *Kitabül Menazir* isimli eserin, Rönesans öncesi dönemde, Latinceye *Perspektif (Perspectiva)* adıyla tercüme edilmiş olması tesadüf değildir. Hans Belting, İbn El Heysem'in Brunelleschi tarafından geliştirilen bilimsel, (doğrusal) perspektif tekniğine yol gösterdiğine inanıyor. İbn El Heysem, gözün yapısı ve görme alanında yaptığı çalışmalar ile bilimsel araştırma yönteminin oluşturulmasına da önemli katkı sağlamıştır.[58]

Başta Çin olmak üzere pek çok ülkede cam büyüteç olarak kullanılmıştı. Büyüteçten gözlüğe geçiş ile ilgili pek çok rivayet olmakla birlikte, ilk gözlüğün nerede yapıldığı bilinmiyor. Ancak,

13. yüzyıldan itibaren Kuzey İtalya'da ve özellikle Venedik'te gözlükler yaygın bir şekilde üretilmiştir.[57]

Matbaanın icadı ile birlikte kitaplar ucuzlayınca gözlüğe talep artmış, Avrupa'nın pek çok ülkesinde cam ve mercek işçiliği yaygınlaşmıştır. Bu süreçte mercek kullanılarak yapılan teleskop ve mikroskoplar, insanın çıplak gözle görmekte zorlandığı gökcisimlerinin ve mikroorganizmaların keşfi için kullanılmıştır.

Merceklerin; gözlük, dürbün, teleskop ve mikroskop için kullanılması; astronomi, tıp, mikrobiyoloji, gemicilik alanlarında devrim niteliğinde gelişmelere neden oldu. İtalyanlar 15. yüzyılda İstanbul üzerinden Asya'ya gözlük ihraç ediyordu. Portekizliler de Floransa'da yapılan gözlükleri denizyoluyla Hindistan'a götürüyordu.[59]

13. yüzyıldan itibaren Venedik'te ve diğer Avrupa şehirlerinde mercek ve gözlük kullanımının yaygınlaştığından bahsetmiştim. 1403 tarihli bir resimde bir rahibin gözlük kullanarak kitap okuduğu görülüyor.

15. yüzyılda gözlük ticaretinin yaygınlaştığı ve İstanbul üzerinden Uzakdoğu'ya kadar ulaştığı bilinmektedir.[59] 16. yüzyılda Hindistan'da yaşayan Mir Musavvir isimli ressam gözlükle okurken tasvir edilmiştir.

# SANATTA STRATEJİK YARATICILIK

*19. yüzyılda boya kimyasındaki gelişmeler, yağlıboyaların hazırlanmış olarak satılmasını sağlamıştı. Daha önce ressamlar, resim yapmadan önce kendi boyalarını hazırlıyordu. Hazır boyaları kullanan ressamlar doğada resim yapmaya başladılar. Monet, Cezanne ve Van Gogh gibi sanatçılar doğal ortamlarda ışık, gölge ve renklerin çarpıcı görüntülerini tuvallere aktardılar.*

*Böylece, boya kimyasındaki gelişme İzlenimcilik (Empresyonizm) gibi önemli bir sanat akımının oluşmasına katkı yapmıştı.*

Isaac Newton mezun olduğu Trinity Koleji'nde yirmi altı yaşında profesör olmuştu. Newton 1666 yılında, bir üçgen prizmadan geçirdiği ışığın renklere ayrılmasını sağlayarak bilim dünyasında bir çığır açmış, bu şekilde ayrılan renkli ışıklar, tekrar bir prizmadan geçirildiğinde başka renklere ayrılmadığı görülmüştü.[57] Aşağıdaki şekilde bir prizmadan geçen ışığın renk ayrımı gösterilmektedir.

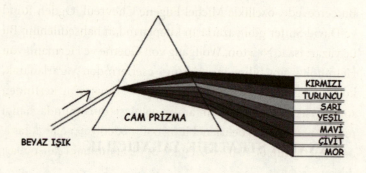

*(Not: Bu resmin renkli görünüşünü kitabın sonundaki renkli sayfalarda bulabilirsiniz.)*

Bu keşiften sonra, ışığı oluşturan temel renklerin birbirleri ile karıştırılması sonucunda farklı renkler oluşturulduğu görülmüştür. Böylece sanatçılar için renk çemberleri hazırlanmıştır. Renkler konusundaki bilgi birikimi, görsel sanatlar açısından önemli gelişmelere neden olmuştur. Bu çerçevede, Seurat'nın geliştirdiği *Puantilizm* tekniğinden bahsetmek istiyorum.

### Seurat'nın Renk Kuramı ve Puantilizm

Paris'te doğan Georges Seurat, kısa yaşamına rağmen sanat tarihinde önemli izler bırakmayı başarmış bir Geç-İzlenimci (Post-Empresyonist) sanatçıydı. İlk sanat eğitimini Paris'te *Ecole Municipale de Sculpture et Dessin*'de aldıktan sonra 1878'de *Ecole des Beaux Arts*'a devam etmişti. Ancak, bu eğitimi yarıda bırakarak 1879'da askere gitmişti.[60] Askerlikten sonra Paris'e dönerek, sanatçı arkadaşı Edmund Aman-Jean ile birlikte kurdukları stüdyoda çalışmaya başladı.[61]

Seurat, optik ve renk kuramı konularına ilgi duymaya başladığında, o dönemde ulaşabildiği bilimsel kitapları okumuştu.

Bu çerçevede, özellikle Michel Eugene Chevreul, Ogden Rood ve David Sutter gibi yazarların kitaplarından bahsedilebilir. Bu üç yazar; Isaac Newton, Wolfgang von Goethe ve Hermann von Helmholtz gibi bilim insanlarının eserlerinden yararlanarak, kolay anlaşılabilen kitaplar yazmıştı.[60-61] Newton'ın keşfinden sonra, ışık renklerinin bir araya gelmesi durumunda hangi renklerin oluşacağı belirlenebilmişti. Bir edebiyatçı olarak tanınan Goethe'nin de fizik ve özellikle optik alanındaki çalışmaları dikkat çekicidir.

Seurat 1879'da Rood'un *Modern Chromatics* kitabını okumuş ve onun fikirlerinden etkilenmişti.[60] Halı tamiri ile uğraşan bir kimyager olan Chevreul, optik ve renk konusunda önemli bir kitap yazmıştı.[62] Halı dokuma tekniğine ilgi gösteren Seurat'nın, 1884'te Paul Signac ile birlikte Chevreul'u ziyaret ettiği bilinmektedir.[63]

Özet olarak, Seurat o dönemde optik alanındaki gelişmelere ilgi göstermişti. Özellikle de renk kuramı konusunda yazılanları dikkatle incelemiş ve buradan *Peinture Optique* adını verdiği, resim için optik sistemini oluşturmayı hedeflemişti. Bu sisteme göre, mutluluk duygusunun verilebilmesi için sıcak renkler ve dikey çizgilerden yararlanılmalıydı. Sakin görünüm verilebilmesi için ise, ışık ve gölge dengesini sağlamak ve yatay çizgiler kullanmak gerekiyordu. Hüzünlü bir atmosfer oluşturulması için ise koyu ve soğuk renklerden yararlanılabilirdi.[63]

Seurat boyaların noktalar olarak uygulanması için geliştirdiği tekniğe *Divisionizm* adını vermişti, ancak onun kullandığı bu yöntem daha sonra, *Puantilizm* olarak tanındı.[64] Yan yana getirdiği boyalar, tuval üzerinde karışmamalarına rağmen, göz tarafından birlikte algılanıyordu.

Aslında Seurat'dan önce de, *Puantilizm* tekniğine benzer yaklaşımlar görsel eserlere uygulanmıştı. Örneğin, geleneksel mozaik ve tekstil dokuma için, temel renkler karıştırılmaktaydı.

Ayrıca, Avustralya'daki Aborjinlerin yapmakta olduğu geleneksel resimlerde de benzer bir teknik kullanılmıştır.

Seurat'nın geliştirdiği *Puantilizm* tekniğini uygulaması açısından öncelikle, *Asnières'de Yıkananlar* resminden ve yapılış sürecinden kısaca bahsetmek gerekir. Sanatçı 1883-1884 yıllarında ilk büyük boyutlu eseri olan *Asnières'de Yıkananlar*'ı tamamlamıştır. Nehrin iki yakasını oluşturan Asnières ve Jatte'de yapılan bu iki resim, içerik olarak birbirini tamamlar.

*La Grande Jatte Adasında Bir Pazar 1884, tuval üstüne yağlıboya, 207,5 x 308 cm, Art Institute of Chicago, ABD[65]*

*(Not: Bu resmin renkli görünüşünü kitabın sonundaki renkli sayfalarda bulabilirsiniz.)*

*La Grande Jatte* resminde görüntülenen kişiler, o dönemde oluşan yeni burjuva sınıfının çeşitli temsilcileriydi.[66] Bu resim son sahibi tarafından, 1926'da Chicago Art Institute'e hibe edildi.[65]

## Puantilizm Sonrası Gelişmeler ve Piksel Dünyası

> *Resim sanatı bir bilimdir ve doğa kanunlarını araştırmak için kullanılmalıdır.*
> John Constable

Semir Zeki, doğabilimleri alanlarındaki araştırmalar ile sanatsal çalışmalar arasında bir paralellik olduğunu *"Sanatçı aynı zamanda bir nörobilimcidir"* sözleri ile ifade etmiş ve Ressam Constable'ın yukarıdaki sözünü hatırlatmıştır.[25]

Tarih boyunca, sanatçıların fen alanındaki gelişmelerden yararlandığı biliniyor. Ancak, sanatçıların, fen alanındaki katkıları yeterince incelenmemiştir. Oysa sanatçılar ve sanat eserleri, insanların hayal gücünü zorlamış ve yeni ufuklar açmıştır.

James C. Maxwell 1861'de İngiltere'de, kırmızı, yeşil ve mavi filtre kullanarak renkli fotoğrafı geliştirmişti. Akabinde Fransa'da 1869'da Louis Ducos du Haron ile Charles Cros tarafından yapılan çalışmalarda; yeşil, mor ve turuncu filtreler kullanılmıştı. Daha sonra, kırmızı, sarı ve mavi boya ile başarılı bir şekilde renkli fotoğraf baskısı yapılmıştı.[63]

Renkli boya baskıları için günümüzde, Mavi-Yeşil, Kırmızı-Mor, Sarı ve Siyah (Cyan, Magenta, Yellow and Black, kısaca CMYB) renklerden oluşan bir sistem kullanılır. Boya kullanarak yapılan baskı ile *Puantilizm* arasında bazı farklılıklar söz konusudur. Renkli boya baskısında renkler seçilemeyecek kadar küçük birimlerden oluşur. Oysa *Puantilizm*'in resimdeki uygulamasında, yakından bakıldığında her bir renk noktası ayrı ayrı seçilebilir. Geleneksel resimlerde ise her renk bir blok olarak görülebilir. Seurat'nın resmindeki noktalar bariz bir şekilde seçilebilir, oysa renkli baskıda büyüteç kullanmadan renkleri fark etmek mümkün değildir.[67]

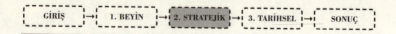

Günümüzde yaygınlaşan elektronik fotoğrafçılıkta, milyonlarca piksel ile bir resim oluşturuluyor. Megapiksel (MP) olarak belirtilen birim ile yaklaşık bir milyon ışık noktası ifade ediliyor. (Not: MP sayı olarak 1.048.576 yani kabaca bir milyondur.) Günümüzde fotoğraf makineleri ve cep telefonlarındaki kameralar bile, bir resim oluşturulmak için MP seviyesinde ayrıntı içerirler.

Renkli televizyon, cep telefonu ve bilgisayar ekranlarında ışık renkleri için Kırmızı-Yeşil-Mavi (Red-Green-Blue, kısaca RGB) ışık karışımı kullanılır. İlk bilgisayarlarda kullanılan 320 x 200 piksel ekranların yerini, günümüzde 3840 x 2160 piksel (4K UHD) ekranlar almıştır. Bu renkleri oluşturan noktacıklar, çok kısa bir süre ışıldamak suretiyle, izleyicinin gerçekçi bir görüntü algılamasını sağlar.

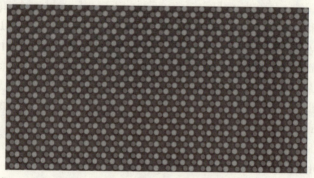

*(Not: Piksellerin renkli görünüşü kitabın sonundaki renkli sayfalarda bulabilirsiniz.)*

Televizyon ekranındaki renkleri oluşturan renkli ışık kaynakları, ekran üzerinde saniyede otuz kere bütün ekranı satır satır kat ederler. Her bir satırda yan yana dizilmiş şekilde üç renk art arda hareket etmektedir. Her bir ışık huzmesi herhangi bir pikselde sadece 125 nano saniye yani kabaca saniyenin on milyonda biri kadar kısa süre kalır. Basit bir televizyonda, 525 sıranın her birinde 427 adet üç renkli noktacık bulunur.[67]

Günümüzde, bilgisayar teknolojileri kullanarak sanat eserlerinin oluşturulması suretiyle gelişmekte olan *Sayısal Sanat*'tan (*Digital Art*) da bahsetmek gerekir. *Sayısal Sanat* çerçevesinde, renk karışımları elde etmek amacıyla, *Puantilist* kabul edilebilecek çalışmalar yapılıyor ve bu maksatla lazer ve jet basım teknolojileri yaygın olarak kullanılıyor.[65]

Fotoğrafın icat edilmesi görsel sanatlar için bir krize neden olmuştu. Gerçekçi resmin önemi sorgulanmaya başlanmıştı. Seurat, 19. yüzyılın ikinci yarısında ortaya çıkan yeni bir sanat arayışı sürecinde, yüzünü bilime dönerek önemli bir kapı açmıştır. Sanatında estetikten taviz vermeden, bilimsel temelleri olan bir tarz geliştirmiştir. Sanat ve fen alanlarının arakesitinde çalışan Seurat, kısa yaşamında başarılı çalışmalarından dolayı *Stratejik Yaratıcılık* için örnek olmuştur.

## Seurat ve Puantilizm'den Etkilenen Sanatçılar

Goerges Seurat ile Paul Signac *Puantilizm*'in oluşması sürecinde birlikte hareket etmişlerdir. Signac, Seurat'ya kıyasla daha büyük boya noktaları ve fırça darbelerini kullanarak, özellikle 1890'larda çok başarılı çalışmalar yapmıştır.

Matisse'in *Luxe, Calme et Volupte* (1904-1905) isimli resminde *Puantilizm*'den etkilenme hissedilebilir. Matisse'in bu eserinin de, daha sonra *Fovizm* için ilham kaynağı olduğu söylenebilir.

Seurat'nın ve *Puantilizm*'in etkisinde kalan sanatçılar arasında, Theo van Rysselberghe, Camille Pissarro ve Piet Mondrian da sayılabilir. Mondrian tarafından yapılan, *Broadway Boogie Woogie* isimli resimdeki *Puantilizm* yorumu özellikle dikkate değerdir. Mondrian bu eseri ile *Puantilizm* ile *De Stijl* olarak adlandırılan soyut resim tarzı arasında ilginç bir köprü kurmuştur.

Piet Mondrian, Broadway Boogie Woogie
1942-1943, tuval üstüne yağlıboya, 127 x 127 cm, Museum of
Modern Art, New York,[68]

(Not: Bu resim kitabın sonundaki
Renkli Resimler kısmında görülebilir.)

### Günümüzde Işık ile Sanat

Günümüzde, ışık ve aydınlatma teknolojilerinin sanat eserlerinde çeşitli şekillerde kullanıldığı görülüyor. Örneğin, Heinz Mack ışık ve renklerden yararlanarak çeşitli eserler yapmakta ve sergiler düzenlemektedir. Işık kullanarak sanat eserleri yapan ve bunları geniş alanlara uygulayan Britanyalı sanatçı Bruce Monro'dan bahsetmeden geçmeyelim. Monro, Avustralya'da yerel olarak kutsal kabul edilen Uluru Tepesi etrafında, on beş ton ağırlığındaki lamba düzeneğinden oluşan bir ağ kullanarak büyük bir sergi hazırlamıştır.

*Görsel Düşünme* açısından önemli yenilikler getiren video, bilgisayar ve *Yapay Zekâ* teknolojileri, günümüzde sanatçılar tarafından görsel sanatlar için yoğun olarak kullanılıyor. AARON *Yapay Zekâ* programı da bu alanda oluşan sayısız örnek arasında dikkati çekiyor. Bir süre önce kaybedilen, ressam Harold Cohen, uzun yıllar boyunca LISP diliyle yazdığı AARON'u geliştirmiştir. AARON tarafından yapılan resimler, özellikle canlı renklerin uygulanması ile dikkati çekmiştir. Bu uygulama için özel boyalar geliştirilmiştir. AARON programı tarafından yapılan soyut tarzdaki resimler pek çok kere sergilenmiş ve müzelerde yerini almıştır.

Ian Goodfellow tarafından yazılan bir program (Generative Adversarial Network, GAN), Edmond Bellamy'nin çok sayıda resminden yararlanarak bir portresini yaptı. Bu resim, Christie's Müzayede Evi tarafından 2018'de 400 bin doların üstünde bir rakama satıldı. Aslında bu portre duvara asmak isteyeceğiniz kadar güzel veya ilginç değildi. Bence, fotoğraftan karikatür portre çizen programlar, GAN'ın portre çalışmasından çok daha fazla ilginizi çekebilir.

*Yapay Zekâ* programları ile yapılan sanat eserleri, sanat eleştirmenleri tarafından henüz ciddiye alınmamaktadır. Bunun nedeni programların ne kadar yazarından bağımsız hareket ettiğinin belirlenememesinden kaynaklanıyor.

21. yüzyılın başında *Sanal Gerçeklik*, bilgisayar oyunlarından mimari tasarıma kadar çeşitli alanlara girmiştir. İzleyici tarafından kullanılan özel gözlükler, üçboyutlu uzayda hareketli görüntülerin interaktif olarak kullanılmasını sağlar. Bu teknolojilerin en yaygın uygulamaları bilgisayar oyunları alanında gerçekleşmiştir. Ayrıca, spor ve fizik tedavi için eğitim videoları da ilk *Sanal Gerçeklik* uygulamalarının görüldüğü alanlardır.

Bu teknolojinin pek çok alanda, yüksek uygulama potansiyelinin olduğunu düşünüyorum.

Güncel *Sanal Gerçeklik* uygulamalarına bir örnek olarak, köpekbalıkları arasında yüzme oyunu verilebilir. Bu oyun o kadar gerçekçi düzeye gelmiştir ki, bazı kullanıcılar görüntülerden ürkerek gözlüklerini çıkartmak zorunda kalmıştır.

Bu teknolojinin, görsel sanatlar için sağladığı imkânlar kullanılarak, örneğin, *Google Tilt Brush* gibi teknolojilerle üçboyutlu eserler üretilebilmektedir. Bu uygulama resim ile heykel arasında yeni bir kavram oluşturmuştur. *Destekli* veya *Artırılmış Gerçeklik (Augmented Reality)* teknolojisi ile olağanüstü sanat eserlerinin yapılması mümkündür. Örneğin, üçboyutlu olarak yeniden tasarlanan, Van Gogh'un *Yıldızlı Gece* resminin içinde dolaşmak mümkündür.

İnsanın, sanat eserlerinin içinde olduğunu hissettiren bu teknolojiler ile *Görsel Düşünme* için bir devrim gerçekleşiyor. Sanat ve fen alanlarının arakesitinde *Stratejik Yaratıcılık* için yeni kapılar açılıyor.

# FEN ALANINDA STRATEJİK YARATICILIK

## Teleskopun İcat Edilmesi

Hollanda'nın altın çağı olarak tanımlanan 17. yüzyılın başında, Hans Lippershey ve Zacharias Jensen, muhtemelen eşzamanlı olarak ilk teleskopları yaptılar.[57] Lippershey'in teleskopu askeri amaçlı kullanım için üretilmiş ve 1609 yılında Frankfurt Fuarı sırasında sergilenmişti.[57] O tarihte, Almanya'da böyle bir fuarın yapıldığına dikkatinizi çekmek istiyorum.

Galileo Galilei ressam olmak istiyordu. Ancak ailesinin baskısı ile bilim eğitimi aldı. 1610 yılında teleskopların yapıldığından haberdar olunca kendi tasarımı olan teleskopları yapmaya ve satmaya başladı. Bu teleskoplar ilkin, Venedik'te limana yaklaşan gemileri görebilmek için kullanıldı. Bu dönemden itibaren, askeri amaçlı olarak, karada ve denizde teleskop kullanımı yaygınlaşmıştır.

Teleskopların en tartışmalı uygulama alanı ise gökyüzünün incelenmesi olacaktı. Teleskoplarını gökyüzüne çeviren Galileo tarafından bazı gökcisimleri ve onların hareket şekilleri keşfedilmişti. Galileo ilkin Ay'ın yüzeyindeki kraterleri ve tepeleri fark etmiş ve resimlemişti. Bu dönemden önce Ay'ın yüzeyinin pürüzsüz olduğu düşünülüyordu.

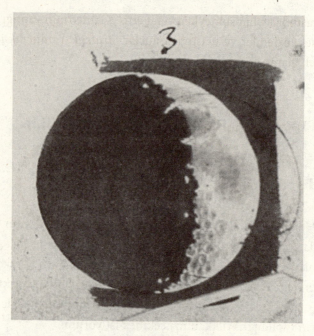

*Galileo tarafından 1610 yılında çizilen Ay resmi*[59]

Galileo'nun Jüpiter ve Satürn ile ilgili gözlemleri tartışma yaratmıştı. Jüpiter'in uydularını ve Satürn'ün etrafındaki halkaları da ilk o fark etmişti. Galileo 1610'da yıldızları gözlemlediğini duyurdu. Bu gözlemlerine dayanarak Dünya merkezli gezegen modeline karşı çıktı. Daha önce Kopernik (Nicolas Copernicus) tarafından öne sürüldüğü şekilde, Dünya'nın Güneş'in etrafında döndüğünü iddia etti. Başlangıçta bu keşifleri nedeniyle meşhur oldu ve önemli konumlara atandı. Ancak, ne yazık ki, Güneş merkezli gezegen sistemi ile ilgili görüşlerinden dolayı Kilise'nin dikkatini üzerine çekti. 1633'te Engizisyon mahkemesi tarafından yargılanması sonucunda keşiflerini inkâra zorlandı ve ev hapsine mahkûm edildi. Hayatının son yıllarını kör olarak geçiren Galileo, 1642 yılında

78 yaşında ev hapsindeyken vefat etti.[57] Galileo'nun yaptığı bilimsel gözlemler ve ulaştığı sonuçlar *Stratejik Yaratıcılık* için örnek olarak gösterilebilir.

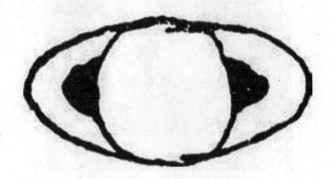

*Satürn'ün etrafındaki halkaların
1616'da Galileo tarafından çizimi*[59]

Galileo'dan sonra, onun açtığı yolda yürüyen araştırmacılar, Güneş sisteminin ve kâinatın sırlarını çözmeye devam etmişlerdir. Örneğin Christiaan Huygens 1656'da yaptığı gözlemler ile Satürn'ün etrafındaki halkaların, Güneş etrafındaki yörüngede dönerken nasıl şekil değiştirdiğini göstermiştir.[59] Galileo'nun yaptığı teleskopu kullananlar arasında Johannes Kepler de vardı. Onun gibi pek çok gökbilimcinin gözlemleri sonucunda astronomi gelişmeye devam etti.

Günümüzde yeryüzünde pek çok rasathanede dev teleskoplar kullanılıyor. Hatta Hubble Teleskopu 1990'da uzay mekiği ile dünyanın yörüngesine yerleştirilmiştir. Yaklaşık 10 ton ağırlığında olan bu teleskop ile atmosfer dışından uzayın derinlikleri inceleniyor. Bu gözlemlere dayanarak, evrenin oluşumuna dair önemli bulgulara erişiliyor.

## Mercekler ve Mikroplar

### Han Duvarları ve Verem

Kervanlarla birlikte sadece yolcular ve tüccarlar değil; âlimler ve ustalar da seyahat ederdi. Bu kervanlar aynı zamanda bulaşıcı hastalıkları da ülkeden ülkeye götürürdü. Hanlar ve kervansaraylarda bir araya gelen insanlar ticaret yaparken, verem gibi bulaşıcı hastalıklarla da karşılaşırdı. Tarih boyunca insandan insana veya hayvandan insana bulaşan veba, şarbon, verem, çiçek, kızamık ve grip hastalıkları büyük ölçüde ölümlere neden oldular.

Verem bana, Faruk Nafız Çamlıbel'in "Han Duvarları" şiirini anımsatır. Bu şiir, bir yolcunun Anadolu bozkırında yolculuğu sırasında hanlar ve kervansaraylarda geçen hikâyesini anlatır. İki satırını iyi hatırlarım:

| GİRİŞ | 1. BEYİN | **2. STRATEJİK** | 3. TARİHSEL | SONUÇ |

*"Hastayım derdime verem diyorlar.
Maraşlı Şeyhoğlu Satılmış'ım ben."*

Sonunda, Maraşlı Şeyhoğlu Satılmış verem ile mücadelesini kaybeder. Ailemde de birçok kişi bu hastalığa yakalanmış ve hayatlarını kaybetmişlerdi. Sevgili dayımın yıllar içerisinde eriyip öldüğüne bizzat tanık oldum.

O dönemlerde, gurbete giden öğrencilerin ve askerlerin verem olduğunu anlatırlardı. Babam da 2. Dünya Savaşı çıktığında gönüllü olarak askere gitmiş. O dönemde, Alman saldırısı beklendiği için Trakya cephesine gönderilmiş. Soğuk ve yetersiz beslenme nedeniyle zayıf düşüp vereme yakalanmış. Buğday ekmeği bile bulamadıklarını fasulye unuyla yapılan ekmeği yediğini anlatırdı. Fasulye ekmeği için, fırından çıkınca yemezsen, soğuyunca dişini kırar derdi.

O dönemde hastanelerde yattığını, özellikle de Yakacık Sanatoryumu'nda şair Nâzım Hikmet ile birlikte tedavi gördüğünü kendisinden dinlemiştim. Hasta şaire çok kaba davranıldığını, içi burkularak anlatırdı.

Babamın hastalığı dönem dönem ciddileşerek uzun süre devam etmiş, sonunda iyileşebilmiş ve annemle evlenmişti. Onun anlattıklarından, 1940'ların sonunda Amerika'dan ithal edilmeye başlanan streptomisin isimli antibiyotik ile tedavi görerek iyileştiğini sanıyorum.

Bu hikâyeyi anlatmamın nedeni, pek çok antibiyotiği keşfeden ve üreten kişilerle, belki de babamın hayatını kurtaran insanlarla, yıllar sonra tanışmış olmamdır. Streptomisini keşfeden Waksman adına kurulan merkezde onun gibi antibiyotik tarihini yazmış bilim insanları olan L. E. McDaniel, C. P. Schaffner, H. Lechevalier ve G. Luedemann gibi efsane şahsiyetlerle birlikte çalışmıştım.

Bulaşıcı hastalıkların çoğu insanlara evcil hayvanlar tarafından bulaştırılmıştı. Evcil hayvanların yaygın olduğu ülkelerde bazı bulaşıcı hastalıklara karşı bağışıklık oluşmuştu. Ancak, bu insanlar taşıyıcı olarak bu hastalıkları seyahat ettikleri ülkelere götürdü. Jared Diamond özellikle de Avrasya'nın bulaşıcı hastalıklar bakımından zengin olduğunu belirtmiştir. Bunun nedeni olarak da çok sayıda hayvanın evcilleştirilmiş olmasını göstermiştir.[4] Tarım ile başlayan *Birinci Biyoekonomi Dönemi*nin bir sonucu olarak Avrasya kıtasında yaşayan insanlar, evcilleştirilen hayvanlardan yüzlerce hastalık kapmıştı.

Aşağıda, verem tedavisi için geliştirilen streptomisinin ilginç hikâyesini anlatacağım. Orada, *Görsel Düşünme* yöntemleri kullanan kişiler tarafından sergilenen bilimsel yaratıcılık örnekleri göreceksiniz. En başından, mikropların hastalıklara neden olduğunu ortaya çıkaran unutulmaz bilim insanlarını anarak başlayalım.

Daha önce Galileo'nun teleskop ile ilgili ilginç hikâyesini anlatmıştık. Galileo teleskopu büyüteç olarak da kullanmış ve 1614'te sineği bir kuzu kadar büyük görebildiğini yazmıştı. 1665'te Robert Hooke da teleskopu büyüteç olarak kullanarak sinek gözünün ve arı iğnesinin resimlerini çizmişti. Marcello Malpighi de anatomi alanında mikroskopu kullanmış ve kılcal damarları keşfetmişti.[57] Athanasius Kircher ise 1656 yılında mikroskop ile yaptığı incelemelerde küçük solucanlar gördüğünü bildirmişti.[69] Ancak, mikroorganizmaları ilk defa net bir şekilde tanımlayarak *Görsel Düşünme*'nin mikro-kozmosa uzanmasını sağlayan kişi Hollandalı bir kumaş tüccarı olacaktı.

Antonie van Leeuwenhoek 1632'de Hollanda'nın Delft şehrinde doğmuştu. Uğraştığı çeşitli işler yanında, hobi olarak yüzlerce mercek yapmıştı. Bunlar, mikroskop denilebilecek kadar kaliteli ve güçlü merceklerdi. Bu merceklerle kumaşların dokularını inceliyordu. Onları, aşağıda görülen aletin içine yerleştirerek, çok küçük nesneleri sabitlemeyi ve hareket ettirmeden görüntülemeyi başarmıştı. Yaptığı bazı mercekler ile 250-500 kat arasında büyütme sağladığı düşünülüyor.[59]

*Leeuwenhoek tarafından kullanılan mikroskoplara bir örnek[70]*

Meraklı Leeuwenhoek her şeyi büyütecinin altına koyup küçük dünyayı tanımaya çalışıyordu. Bu süreçte hareket eden küçük hayvancıklarla karşılaştı. Onlar her yerde vardı. Kirli sularda yüzüyorlardı. Mikropların bir besi ortamında çoğaltılabildiklerini de keşfetti.[71] Bu mikropların net bir şekilde görülebildiği mikroskopu icat ederek bir çığır açtı.[57]

Leeuwenhoek, 1670 yılından itibaren Londra'daki Royal Society'ye yazdığı mektuplarda keşfettiği mikropları tanımlamış, bu mektuplarla birlikte, gözlemlerine dayanarak yaptığı çizimleri de göndermişti. Leeuwenhoek sıcak suda mikropların öldüğünü de keşfetti. Bu bulgu, daha sonra Lazzaro Spallanzani tarafından da teyit edildi.[71]

Leeuwenhoek tarafından yazılan raporlardaki bilgilerin önemi nedeniyle Royal Society bu gözlemlerin ve deneylerin tekrar edilmesi görevini Robert Hooke'a verdi. Hooke tarafından, bütün bulgular 1677'de teyit edildi. Bu sürecin sonunda Leeuwenhoek 1680'de Royal Society üyesi seçildi. Leeuwenhoek'in uzun yıllar devam eden gözlemlerini içeren raporları Royal Society tarafından merakla takip edildi. Hatta bu buluşa ilgi duyan Britanya Kraliçesi Anne ve Rus Çarı Petro, onu şahsen ziyaret ederek, kendi gözleri ile mikropları gördüler.[71]

Mikroskop kullanılması, mikro-evrende *Görsel Düşünme* yetkinliğinin oluşmasını ve mikrobiyolojinin temellerinin atılmasını sağlamıştır. Leeuwenhoek tarafından başlatılan *Stratejik Yaratıcılık* süreci, insanlık tarihinde önemli keşiflerin ve icatların kapısını aralamıştır. Bu araştırmalar mikropların keşfedilmesi ile sınırlı kalmamış, bulaşıcı hastalıkların nedenlerinin mikroplar olduğu da anlaşılmıştır. Mikroskop ayrıca, antibiyotiklerin keşfedilmesinde önemli bir araç olarak kullanılmıştır.

### Mikroplar ve Bulaşıcı Hastalıklar

Leeuwenhoek'un mikropları keşfetmesinden sonra mikrobiyoloji çalışmaları yaygınlaşmıştır. O dönemde, Lazzaro Spallanzani de mikroorganizmaların daha önce sanıldığı gibi, inorganik maddelerden ortaya çıkmadığını ve üreme yoluyla çoğaldığını ispat etmiştir.[71]

Fransız bilim insanı Louis Pasteur çizim yapmaya meraklı bir kimyagerdi.[69] Pasteur, şarap ve ipek üreticilerinin şikâyetleri nedeniyle bu sektörlerdeki sorunları incelemeye başladı. Önce şarabın bozulmasında rol oynayan bakterileri belirledi. Benzer şekilde, ipekböceklerinin hastalanmasına mikropların neden olduğunu ispat etti. Kalabalık bir şehrin havasında çok miktarda mikroorganizmanın bulunduğunu ve bu yolla hastalık bulaşmasının mümkün olduğunu gösterdi.[71] 19. yüzyıl sonunda Anadolu'da da ipekböceklerinin hastalandığı görülmüştü. Bu sorunu çözmek için Pasteur'den yardım almak için ziyaretine gidildiği biliniyor.

Kendisi de bir doktor olan Ignaz Semmelweis, doktorların ameliyatlara girerken hijyen kurallarına uymalarını önerince, söyledikleri hakaret kabul edilmiş, 1860'larda meslekten atılmıştı. Tam da bu dönemde, Pasteur tarafından, bulaşıcı hastalıklarda mikropların rolünün ortaya çıkarılması, garip bir tesadüftür. Ayrıca Pasteur, yüksek sıcaklıklarda mikroorganizmaların yok edilmesini sağlayan, besinler için *Pastörizasyon* yöntemine de ismini vermişti.

Joseph Lister de, 1865 yılında ameliyatlar sırasında, ortamdaki kirliliklerin enfeksiyonlara neden olduğunu ispat etti. Bu aşamadan sonra, temizlik ve dezenfektan kullanımı ile hastanelerdeki enfeksiyonları azaltmak konusunda büyük başarı sağlandı.[72]

Ne yazık ki, Semmelweis bu gelişmeleri göremedi. Meslektaşları tarafından dışlandıktan sonra, konulduğu bir akıl hastanesinde dövülerek öldürüldü. Onun hikâyesi bilim tarihindeki kara lekeler arasında yerini aldı.

### Vereme Neden Olan Mikrobun Keşfedilmesi

Göttingen Üniversitesi'nden 1866'da tıp doktoru olarak mezun olan Robert Koch fotoğrafçılığa meraklı bir Alman bilim insanıydı.[69] Koch önce hayvanlarda şarbon hastalığına neden olan mikrobu (*Bacillus anthracis*) keşfetti. Ayrıca, hücre boyama (*Staining*) tekniği kullanarak hasta dokularda yaygın bir şekilde bu mikrobun bulunduğunu gösterdi.[73] Koch tarafından geliştirilen boyama tekniği ile mikroplar hasta hayvanların dokularında mikroskopla kolayca görüntülendi ve fotoğrafları çekildi.[72] Bu şekilde, mikrobiyal dünyanın görselleşmesinde yeni bir kapı açılmış oldu.

Koch bu araştırmaları sırasında bakterileri patates üzerinde ve özel olarak hazırlanmış besi ortamlarında çoğaltmayı da başardı. Yardımcısı Richard Petri tarafından geliştirilen, jel içeren besi ortamını kullanarak, çeşitli mikroorganizmaları ayrı ayrı çoğalttı.[73] Bu çalışmaları sonucunda bulaşıcı hastalıkların kaynağının mikroplar olduğunu ve temizliğin önemini deneysel olarak ispat etti.[72] Bu çalışmalardan sonra, su ve çevre temizliğinin halk sağlığı için önemi anlaşılmış ve Avrupa'da pek çok şehirde kanalizasyon sistemleri yapılmıştır. İstatistikler, 19. yüzyılda İngiltere'de kanalizasyon sistemleri yapıldıktan sonra ortalama yaşamın uzadığını göstermiştir.

Verem, yakın tarihe kadar dünyada en çok ölümle sonuçlanan bulaşıcı hastalıklardan biri olmuştu. Koch, veremden ölen hastalar üzerinde yaptığı çalışmalarda, tüberküloza neden olan mikrobu (*Mycobacterium tuberculosis*) buldu. Özellikle de geliştirmiş olduğu boyama tekniği ile görselleştirilen verem mikrobunun, kolayca ayırt edilmesini sağladı. Bu şekilde, hastalığa neden olan mikroorganizmalar hasta doku içinde görülebildi. Koch bu gözlemlerle yetinmeyerek, izole ettiği mikroorganizmaları kullanarak denek hayvanlarda hastalık başlatabileceğini de gösterdi. Ayrıca, veremin hava yolu ile bulaşabileceğini de deneysel olarak ispat etti.[71]

Veremin nedeninin ortaya çıkarılması kadar, Koch tarafından geliştirilen boyama (*Staining*) tekniğinin mikrobiyolojide *Görsel Düşünme* için önemi büyüktür. Koch bu başarılı çalışmalarından dolayı 1905 yılında Nobel Ödülü almıştır.

Leeuwenhoek, Pasteur ve Koch, yaptıkları keşif ve icatlarla, bulaşıcı hastalıklar için tıp dünyasında *Stratejik Yaratıcılık* sürecini başlattılar.

## Antibiyotiklerin Keşfi

Britanyalı Alexander Fleming aynı zamanda resim de yapan bir bilim insanıydı.[69] Koch'un yardımcısı Petri tarafından geliştirilen besi ortamlarını kullanarak mikroorganizmalar ile ilgili çalışmalar yapıyordu.

*Fleming'in besi ortamında büyüttüğü mikroorganizmalar*[74]

Fleming besi yerlerinde, farklı renkteki mikroorganizmaları kullanarak resimler de çiziyordu. Aşağıda, Fleming tarafından yapılan ilginç resimlerden biri görülebilir. Mikroorganizmaların renklerini kullanarak yaptığı bu resimleri 1933'te Londra'da sergilemişti.

*Fleming tarafından renkli mikroplarla yapılan bir resim*[75]

(Not: Bu resim renkli olarak
Renkli Resimler bölümünde görülebilir.)

Fleming 1928 yılında, bir besi ortamının küf büyüyen bölgesinde bakterilerin çoğalamadığını fark etti. Bu küften çevreye yayılan bir maddenin bakterilerin büyümesini engellediğini belirledi. Bu küfün bulunduğu bölgeden uzaklaştıkça bakterileri engelleyen etkinin azaldığı görülebiliyordu. Antibiyotikler, mikroorganizmaların besin maddelerine başkalarının yaklaşmasını engellemek üzere ürettikleri koruyucu maddelerdir. Yani, antibiyotikleri üreten mikroplar, besin maddelerini diğer mikroplara karşı koruma altına alırlar.

İtalya'da bir doktor olan Vincenzo Tiberio'nun da benzer bir etken maddeyi daha önce keşfettiği biliniyor. Ancak, genç yaşta ölen Tiberio'nun bu alandaki çalışmaları bir ilaç geliştirmek için yeterli olmamıştı.

Fleming bu antibiyotiğe, onu üreten *Penicillium* küfünden dolayı penisilin adını verdi. Penisilini tanımlayan makalesi uzun yıllar ilgi görmedi. Bakterilere karşı etken kimyasalları araştıran Howard Florey ve Ernest Chain bu yayından haberdar olduktan sonra konuya ilgi oluştu. Penisilinin üretilmesi ve saflaştırılması üzerinde çalışmalar yoğunlaştı. 1938'de penisilin saf olarak elde edilebildi. Yapılan ilk denemelerde penisilinin bulaşıcı hastalıkların ve açık yaraların tedavisinde faydalı olacağı görüldü.

### Penisilin ile Yanıkların Tedavisi

İkinci Dünya Savaşı'nın başlaması, penisilin gibi geniş uygulama alanı olan bir antibiyotik için gereksinimin artacağını gösteriyordu. Savaştan dolayı, Britanya'da bu projede yeterince hızlı ilerleme kaydedilemeyeceği belli olunca, Amerika Birleşik Devletleri'ndeki bazı ilaç şirketlerinden bu projenin geliştirilmesi için yardım talep edildi. O sırada, Merck şirketinde çalışan mikrobiyolog Lloyd E. McDaniel 1941'den itibaren penisilin üretiminde görevlendirildi. McDaniel Wisconsin Üniversitesi'nden mikrobiyoloji doktorası almış genç bir araştırmacıydı. McDaniel tarafından geliştirilen patentli teknolojiler ile ticari ölçekte üretim gerçekleştirildi. Böylece, büyük ölçekte antibiyotik tedavileri yapılabildi.

> *Rutgers Üniversitesi'nde hocam olan Prof. Lloyd E. McDaniel bana 1942'de Boston'da gerçekleşen büyük bir yangında yüzlerce insanın öldüğünü anlatmıştı. Yaralananların da vücutlarında büyük yanıklar oluşmuştu. Yanık yaraları, mikropların kolayca çoğaldığı bir ortama dönüşür.*

> Yanık nedeniyle ölmeyenler, ciddi enfeksiyonlar ile karşı karşıya kalırlar. McDaniel yaralara doğrudan uygulamak üzere, yeni üretmeye başladığı penisilin fermantasyon çözeltisini hazırlayıp gönderdiğini anlatmıştı. Penisilini saflaştırmak için bile vakit olmadığını, çözeltileri bidonlara doldurup tesisin kapısında bekleyen polis arabalarına yüklediklerini söylemişti. Bidonlarla yüklü polis arabaları Rahway'den Boston'a doğru saatler sürecek yolculuklarına koyulmuşlardı. Boston'daki hastalara uygulanan penisilin, yaraların mikroplardan korunmasını sağlamış, o dönemdeki gazeteler bu mucize ilacın yaralıları kurtardığını yazmıştı.

İkinci Dünya Savaşı sırasında askerler ve siviller için yaygın kullanımı sonucunda, penisilinin pek çok mikrobiyal enfeksiyona karşı etkili olduğu görüldü. Fleming, Florey ve Chain penisilinin keşfinden dolayı 1945'te Nobel Ödülü aldılar.

### Vereme Karşı Antibiyotik Bulunması

Selman Waksman, Rutgers Üniversitesi bünyesindeki çalışmaları sonucunda aktinomisin ve streptotrisin isimli antibiyotikleri keşfetmişti. Toprak numuneleri kullanılarak yapılan antibiyotik araştırmaları konusunda çok deneyimli bir mikrobiyolog olan Waksman, keşfedilen antimikrobiyal etken maddelere "antibiyotik" ismini veren kişiydi.

Penisilin üretim projesinin başarıyla sonuçlanmasından sonra, Merck şirketi Waksman'dan, vereme karşı benzer şekilde etkili olabilecek bir antibiyotiğin araştırılmasını talep etti. Waksman ve çalışma arkadaşları, 1944'te *Streptomyces* tarafından üretilen bir antibiyotiğin vereme neden olan mikroba (*Mycobacterium tuberculosis*) karşı etkili olduğunu keşfetti. Bu antibiyotiğe streptomisin ismi verildi.

*Selman A. Waksman ile Alexander Fleming*[77]

Merck şirketi streptomisinin üretimi için de, daha önce penisilin üretimini başarı ile gerçekleştiren Lloyd E. McDaniel'i görevlendirdi. McDaniel tarafından 1947'de geliştirilen patentli teknoloji ile streptomisinin büyük ölçekte üretimi gerçekleştirildi. 1950'den itibaren büyük bir ticari ürüne dönüşen streptomisinin yaygın kullanımı ile birlikte, verem ile mücadelede büyük başarı sağlandı ve milyonlarca insan ölümden kurtuldu. Selman Waksman 1952'de Nobel Ödülü aldı.

Rutgers Üniversitesi'nde 1954 yılında antibiyotik araştırmaları için kurulan merkeze daha sonra Waksman'ın adı verildi. Waksman Institute of Microbiology'de yıllar içinde 20 civarında önemli antibiyotik keşfedildi. Merck firmasında penisilin ve streptomisinin üretimini gerçekleştiren McDaniel de 1961'den itibaren bu araştırma merkezinde akademisyen olarak görev yaptı. Bu konumda, yeni antibiyotiklerle ilgili projelerde çalıştı ve eğitimler verdi. McDaniel, ilk keşfedilen antibiyotiklerin büyük ölçekte üretilmesini sağlayan yöntemleri geliştirerek biyoteknoloji tarihinde yerini aldı.

> *Prof. McDaniel doktora jürimde üyelerden biri olmuştu. Daha sonra, ben de Waksman Institute of Microbiology'de onun yanında postdoktora araştırmacı olarak antibiyotikler konusunda çalışmıştım. Ondan öğrendiklerimden ABD ve Türkiye'deki meslek hayatımda çok yararlandım.*

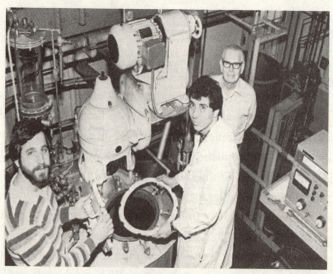

Waksman Enstitüsü'nde
K. Callanan, T. Çiftçi ve Prof. L. E. McDaniel (en sağda)

> *Fleming ve Waksman antibiyotiklerin keşfedilmesi, McDaniel de onların üretilmesi için geliştirdiği yöntemler ile Stratejik Yaratıcılık için örnek olmuşlardır.*
>
> *Eğitim ve deneyimlerim ışığında Stratejik Yaratıcılık'ın nasıl ortaya çıktığı konusuna çok ilgi duydum. Bu alanda başarı örneklerini incelemeye ve onların ortak temelini anlamaya ve bir model oluşturmaya çalıştım. Aşağıda benim bu konudaki yorumumu bulacaksınız. Bu yorumu en azından bu önemli konuda tartışma için bir başlangıç noktası olarak görüyorum. Umarım bu konu pek çok insan tarafından tartışılır ve daha iyi modeller ortaya çıkar.*

## Stratejik Yaratıcılık Merdiveni

*Göttingen Üniversitesi'nde çalışan akademisyenlerden birçoğu hafta sonlarını geçirmek üzere Berlin'e seyahat ediyorlardı. Tren yolculuklarında, farklı alanlarda çalışan hocaların tesadüfen yan yana oturmaları sırasında, disiplinler arası işbirlikleri ve önemli projelerin başladığı anlatılır. Bir matematikçi ile biyoloğun saatler süren bir yolculuk sırasında birbirlerinin görüşlerini merakla dinlediklerini ve sorular sorduklarını düşünebiliriz. Bir başka vagonda bir tarihçi ile bir fizikçinin tartıştığını tahmin edebiliriz.*

*Bu tren yolculuklarında, beklenmedik şekilde yan yana gelen bilim insanlarının görüşlerini paylaştıklarını anlıyoruz. Göttingen treni, disiplinler arası işbirlikleri için bir örneğe dönüştü. Göttingen Üniversitesi hoca ve öğrencileri* arasından kırk civarında Nobel almış bilim insanı çıktığı biliniyor. Bu başarının disiplinler arası çalışmalardan kaynaklandığı söylenir.

Hitler 1930'larda bilim dünyasında da fırtınalar estirdiğinde, üniversiteyi terk eden akademisyenler de Göttingen trenini kullandılar. Onların büyük bir kısmı Almanya'dan çeşitli ülkeler göç ettiler. O dönemde Türkiye'ye gelen Alman akademisyenlerin, üniversitelerimizde bazı bölümleri kurduğunu biliyoruz.

Elliot Hutchinson'un *"Yaratıcı insanlar için bilimsel disiplinlerin sınırları ortadan kalkar"* ifadesi, bilimsel alanların arakesitinde çalışan insanların konumunu tanımlar. Pek çok önemli keşif ve icat, sanat ve fen alanlarının arakesitinde çalışan kişiler tarafından yapılmıştır. Yani, bir tarafta sanata meraklı fen insanları, diğer tarafta da fenne meraklı sanatçılar çok önemli gelişmelere önayak olmuşlardır.

Sanat ve fen alanlarında yapılan pek çok çalışmada *Görsel Düşünme*'nin önemli bir rol oynadığından bahsedilmişti. Bu alanların arakesiti, yaratıcılık açısından verimli bir fırsat penceresi oluşturmaya devam ediyor. *Görsel Arakesit* olarak tanımlanabilen bu alanda disiplinler arası işbirlikleri öne çıkar. Yukarıda bahsedilen Göttingen treni yolcuları, *Görsel Arakesit*'te birbirleri ile bilgi alışverişi yapan insanlardı.

*Görsel Arakesit*, mimarlıktan endüstriyel tasarıma, işaret dilinden görsel sanatlara, otomobil tasarımından giyim modasına kadar günlük yaşamın her alanında karşımıza çıkıyor. Hiyeroglif ve Çin alfabesinden itibaren yaygınlaşan görsel semboller artık sosyal medyada emojilere dönüşüyor. Günümüzde Nörobilim temelli, Nöroestetik, Nöropazarlama ve Nöroergonomi alanları Görsel Arakesit'i mercek altına alıyor.

Mühendislik uygulamaları, bilimden ve sanattan yararlanıldığı zaman kullanışlı görsel ürünlere dönüşüyor. Darwin türleri incelerken benzerlik ve farkları belirledi. Mendelyef elementlerin özelliklerini yazdığı kartları yan yana sıraladığında onların periyodik bir sistem üzerinde yerleştiğini fark etti. Ressam-mikrobiyolog Fleming mikropların görüntülerinden antibiyotik üretildiğini anladı. Bu gibi örneklere bakarak sanat ve fen alanları arasındaki *Görsel Arakesit*'te yapılan çalışmalarda başarılı sonuçlar alınmasına, *Görsel Düşünme*'nin neden olduğunu düşünüyorum. *Görsel Düşünme* ve alanlar arası arakesit çalışmalarının ihmal edilmiş olmasını, gelecekte yapılacak çalışmalar için bir fırsat olarak görüyorum.

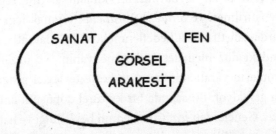

*Görsel Arakesit*'te çalışmanın, yaratıcı gelişmelere neden olduğu çeşitli örneklerle tartışıldı. Bu arakesit *Stratejik Yaratıcılık* için bir fırsat penceresi vazifesini görüyor. Buna karşılık, eğitim sistemlerinde henüz bu alanlardaki uzmanların birlikte çalışması için yeterli gayret gösterilmiyor. Gençler bu arakesitte çalışabilecek şekilde yetiştirilmiyor. Aksine, Snow tarafından gündeme getirilen kültürel uzaklaşma, bu alanların arasında duvarlar oluşmasına neden oluyor. Kurulu yapıların birikimleri ile oluşan kültür farkı, disiplinler arası dil farkını yaratıyor, iletişimi zorlaştırıyor. Oysa *Görsel Düşünme* ortak bir dilin oluşmasını sağlayabilir.

| GİRİŞ | 1. BEYİN | **2. STRATEJİK** | 3. TARİHSEL | SONUÇ |

*Görsel Arakesit*'te bir fırsat penceresinin olduğuna inanan biri olarak, bu fırsat penceresinden yararlanmak için neler yapılabileceğini tartışmak istiyorum. İlkin bu alanda halen yapılmakta olan çalışmaları anlayarak ve destekleyerek işe başlayabiliriz. Örneğin, tıpta ve mühendislikte görselleştirme her geçen gün yeni olanaklar sağlıyor.

Gençler için el becerileri gerektiren hobi faaliyetlerinin, ciddi bir eğitim şekli olduğu göz önüne alınarak desteklenmesi gerekiyor. Bu maksatla uygulamalı fen yanında görsel sanat derslerine de ağırlık verilmelidir. Ayrıca, hobiler ve spor etkinlikleri el ve göz koordinasyonu sağlamak suretiyle, *Görsel Uzamsal* becerilerin gelişmesine destek olabilir.

Gençlerin *Stratejik Beyin*lerini kullanmalarını sağlamak üzere yetiştirilmesi ve *Stratejik Yaratıcılık* yapmak için uygun ortamlarda çalıştırılması hedeflenmelidir. Bu maksatla, eğitim sistemindeki düzenlemeler kadar medyanın ve özellikle de televizyonların yaratıcılık konusunda destekleyici programlar yapması gerekiyor. Bu aslında bir kültürel dönüşüm anlamına gelecektir. Gençlerden *İcat Çıkarma*nın beklendiği ve hata yapmanın hoş görüldüğü vurgulanmalıdır.

Akademik sanat programlarında fen derslerine, buna karşılık fen programlarında da sanat derslerine yer verilmesi arakesitte çalışacak insanların yetiştirilmesi için faydalı olacaktır.

*Görsel Uzamsal Zekâ*'ya sahip olarak doğan insanların belirlenmesi yaratıcılık eğitimi için uygun adayları ortaya çıkarabilir. Örneğin, *Torrance Testi*'nin bu konuda faydalı olduğu biliniyor. Bu şekilde seçilen çocuklar, gelişme sürecinde uygun eğitim ve deneyim alabildikleri takdirde *Görsel Düşünme* becerilerini geliştirebilirler. Bu becerilerle yetişen gençler, uygun ortamda çalışmaları ve yeni sorunlara odaklanmaları durumunda yaratıcı çözümlere ulaşabilirler.

Yukarıda bahsedilen, uygun gençlerin seçilmesi ve yetiştirilmesinden *Stratejik Yaratıcılık* aşamasına kadar olan temel basamaklar, aşağıda *Stratejik Yaratıcılık Merdiveni* olarak özetlenmiştir.

*Stratejik Yaratıcılık Merdiveni*

Tarih boyunca, toplumlarda *Görsel Düşünme* yetkinliği geliştikçe; keşif, icat ve tasarımda yeni ufuklar açılmıştır. Örneğin, pusula kullanarak okyanusun ortasında yönünü belirleyebilmek yeni kıtaların keşfedilmesini sağlamıştır. Bu keşif ve icatları yapabilen toplumlar, ekonomik rekabet gücü oluşturmuşlardır.

Gelişmiş toplumlar yaratıcı eğitim vererek ve yaratıcı ortamları oluşturarak rekabet güçlerinin devamını sağlarlar. Yaratıcılığın kurumsallaşması için akademik yapılar içinde sanat ve fen alanlarına önem verilmesi gerekir. Bu etkinliklerin yaygınlaşabilmesi için gerekli kamu politikaları geliştirilerek toplumda yaratıcılık kültürü oluşturulmalıdır.

Yukarıda insanlık tarihinde iz bırakan bazı *Stratejik Yaratıcılık* örnekleri vermeye ve onlara dayanarak bir model oluşturmaya çalıştım. Şimdi de tarihte bu açıdan çok önemli bir dönüm noktası olan, *Stratejik Yaratıcılık*'ın Doğu'dan Batı'ya geçiş hikâyesini irdeleyeceğim. Prof. Dr. Fuat Sezgin, uzun ve verimli kariyerinde İslam dünyasındaki önemli keşif ve icatları ortaya çıkarmış ve örneklerini sergilemişti. Ayrıca, o eserlerin Batı medeniyeti üzerindeki etkilerini göstermişti.

Okumaya başlamadan önce, size bir soru yöneltmek isterim. Sizce İslam dünyasının, Batı medeniyetine en önemli katkıları nelerdir? Birkaç tanesini aşağıya yazabilir misiniz?

..................................................................................

..................................................................................

..................................................................................

..................................................................................

..................................................................................

# 3. TARİHSEL SÜREÇTE STRATEJİK YARATICILIK

## DOĞU'NUN STRATEJİK YARATICILIK MİRASI

### Kervan

*Efsane caz bateristi Philly Joe Jones orkestrası ile birlikte, 1980'lerin başında, Rutgers Üniversitesi'nde bir konser vermişti. O dönemde, büyük ustalar konserden sonra caz bölümü öğrencilerine ustalık dersi (Master Class) verirdi. O dersi ben de seyirci olarak izlemiştim. Büyük usta, Kervan (Caravan) isimli parçayı uzun uzun çalarak yorumlamıştı. Muhteşem bir doğaçlamaydı. Daha sonra bu parçayı Duke Ellington'un kaydından da dinledim. O da farklı bir şekilde güzeldi. Son yıllarda gördüğüm ilginç bir filmde (Whiplash) de bu parça çalındı. O da hiç fena değildi.*

| GİRİŞ | 1. BEYİN | 2. STRATEJİK | **3. TARİHSEL** | SONUÇ |

*Kervanlar eski dünyanın treni ve internet bağlantısıydı. Uzakdoğu ile Ortadoğu arasında küresel ticaretin atardamarı onlardı. Hacca gidenler aylar önceden yola çıkar, kervanlarla ülkeden ülkeye geçerek Kâbe'ye ulaşırdı. Devletler kervan yollarının güvenliğinden sorumluydu. Haramiler de siperlerde onların yollarını gözlerdi. Kervancılık zor işti.*

*Müslüman tüccarlar yüzlerce yıl boyunca kervan ticaretini elinde tuttu. Avrupa ile ticaret için Akdeniz'de Venediklilerle işbirliği yapıldı. Asya'dan yola çıkan malların değeri, Avrupa pazarlarına ulaşana kadar birkaç katına çıkıyordu. Tekerlek icat edilmiş ve arabalar kullanılıyor olmasına rağmen yolların uygun olmaması nedeniyle kervanlar en verimli taşıma sistemi olarak yaygınlaştılar.*[78]

*Portekizli gemiciler Afrika'nın güneyinden Hindistan'a giderek Avrupa'ya baharat getirdiklerinde, fiyatlar Venedik'tekinin beşte birine indi. İstanbul'a bile artık, ipek, baharat ve Çin porselenleri Avrupa'dan gelmeye başladı. Kervan ile sevkıyat tehlikeli ve pahalıydı. Denizyolu tercih edilmeye başlandı. Sonunda, İpek ve Baharat Yolları sessizleşti. Kervanlar daha kısa mesafeler için kullanılmaya devam etti, ama eski günlere dönülemedi.*

*Siz hiç kervan gördünüz mü? Ben pek çok kervan gördüm. Hem de benim kervanlarım, renkli sinemaskop filmlerdeki kervanlara çok benziyordu. Özellikle de develer yükleriyle daha da heybetli bir şekilde bambaşka ve güçlü görünürlerdi. Peki, nasıl oldu da ben kervanları görebildim?*

*Çocukluğumda bahar geldiğinde bazı sabahlar çıngırak sesleriyle uyanırdık. Kervanlar evimizin bulunduğu meydana gelmeden önce, uzaktan o güzel çıngırak orkestrasını duymaya başlardık. Yörük göçebeler Çukurova'daki kışlıklarından,*

GİRİŞ → 1. BEYİN → 2. STRATEJİK → **3. TARİHSEL** → SONUÇ

*Toros Dağları'nın yücelerine göçerken evimizin önünden geçerlerdi. Oralara Binboğa Yaylaları denirdi. Develer kara çadırlara ve rengârenk kilimlere sarılmış yükleri ile muhteşem bir görüntü verirlerdi. İri çoban köpekleri koyun ve keçilerin yoldan çıkmalarını engellerdi. At ve eşeklerin üzerinde kadın ve çocuklar, yanlarında yürüyen erkekleri görürdünüz. Hayvanların çıngıraklarından ve ayak seslerinden başka bir şey duyulmazdı. Evimizin damından onları seyretmek geniş ekranda sinemaskop bir film izlemek gibiydi. Kervanın bu resmigeçidinin sona ermesini istemezdim. Onlarla birlikte, efsanevi Binboğa Yaylaları'na gitmeyi hayal ederdim. Sonunda kervan gözden kaybolur, sesler söner, şehrin boğucu sessizliği tekrar ortaya çıkardı.*

*Philly Joe Jones beni, çocukluğumdaki kervanların verdiği caz konserine götürmüştü. Önce kervanın uzaktan gelişinin müjdesini veren belli belirsiz çan sesleri duyuldu. Sonra kervan evimizin önünden geçerken yükselen onlarca farklı çıngıraktan oluşan orkestra dinlendi. En sonunda, yavaş yavaş kervanın uzaklaştığını hissettiren düzensiz seslerle büyük usta gösteriyi bitirmişti.*

Göbeklitepe'de yerleşik medeniyetin temelini atan insanlar, Ortadoğu'da başlayan tarım devrimini etrafa yayarak köylerin ve kentlerin kurulmasını sağladılar.

Evcilleştirilen hayvanlar ile birlikte tarımın, *Birinci Biyoekonomi Dönemi*ni başlattığını söyleyebiliriz. Bu dönemde, özellikle Avrasya'da avcı toplayıcıların bulunduğu bölgelerin çiftçiler tarafından işgal edildiği görüldü. Kitabın ilerleyen bölümlerinde *İkinci ve Üçüncü Biyoekonomi Dönemleri*nden bahsedeceğim.

Avrasya'da giderek artan kültürel alışveriş büyük medeniyetlerin ortaya çıkmasını sağladı. Asya'daki Çin, İndus Vadisi,

| GİRİŞ | → | 1. BEYİN | → | 2. STRATEJİK | → | 3. TARİHSEL | → | SONUÇ |

Mezopotamya ile Balkanlar ve Mısır'da ortaya çıkan medeniyetlerin ilişkili olduklarını biliyoruz. Tarih boyunca göçler ve ticaret bu medeniyetlerin birbirinden etkilenmesini sağlamıştır. Tekerleğin Karadeniz bölgesinde icat edildiği söylense de, ilk olarak el arabasında kullanıldığı yer olarak Çin öne çıkıyor. Takvimler konusunda da medeniyetler arasında alışveriş olduğu görülüyor. Ortadoğu'da ay takvimleri kullanılırken, sadece Mısır'da güneş takvimi kullanımı, mevsimsel değişimlerin takibi ve tarım için önemli bir fark yaratmıştı.

Avrasya'nın sanat ve fen alanında ortaya çıkardığı birikim, güncelliğini koruyor. Yunan görsel sanatları arasında özgün bir yere sahip olan tiyatro, 21. yüzyılda da değerini ve etkinliğini sürdürüyor. Arşimet'in yoğunluk kavramı hâlâ okullarda öğretiliyor. Daha da ilginci, doktorlar hâlâ Hipokrat Yemini ediyor. Kâğıt; bardak, kutu ve temizlik malzemesine dönüşerek yeni uygulama alanları buluyor. Günümüzden yaklaşık beş bin yıl önce başlayan dönemde çok sayıda *Stratejik Yaratıcılık* örneklerinin verildiğini görüyoruz. O dönemlerden kalan pek çok eseri müzelerde saklıyor, geliştirilen yöntemleri kullanmaya devam ediyoruz.

> *Dostum Prof. Dr. Bekir Karlığa medeniyeti çeşitli kaynaklardan beslenen bir nehir olarak tanımlamıştı. Karlığa, "Batı'ya Akan Nehir" adını verdiği çok önemli bir projeyi gerçekleştirdi. Doğu'dan yükselen kültürel ve bilimsel akımların nasıl Batı medeniyetine temel oluşturduğunu, son derece çarpıcı görsellerle anlatan bir televizyon programı hazırladı. Programda çok sayıda önemli bilim insanları ve politikacılar yer aldı. Özellikle de, Batı'ya akan bu nehirde İslam dünyasının kültürel ve bilimsel rolü ortaya kondu. Bu program pek çok ülkede gösterildi ve beğenildi.*

Bu kitapta *Stratejik Yaratıcılık* kavramını, tarihsel perspektifte incelemenin faydalı olduğuna inanıyorum. Yaşantımız sürecinde etkilerini gördüğümüz bir Doğu-Batı Medeniyetleri konusu var. Zaman zaman Medeniyetler Çatışması/İttifakı tartışmaları ile de gündeme geliyor. Şimdi bu konuyu biraz geriye giderek tartışmak istiyorum.

İslam dünyası, MS 630'da Mekke'nin fethedilmesinden itibaren hızlı bir şekilde genişleyerek, MS 750 yılında sınırları Çin'den İspanya'ya ulaşan geniş bir coğrafyaya erişti. Böylece, İslam dünyası Doğu ile Batı, Kuzey ile Güney arasındaki ticaretin merkezi oldu. Bu geniş coğrafya zengin bir mirası barındırıyordu. Çin ve Hindistan'dan matematik, fizik ve kimya alanında çeşitli teknikler öğrenildi. İrili ufaklı bütün komşularla savaşlar veya ticaret ile temas kuruldu.

Çin ve Hint malları Avrupa'ya ulaşana kadar fiyatları katlanarak yükseliyordu. İpek Yolu ve Baharat Yolu üzerinde hareket eden kervanlar çeşitli ürünler dışında yolcuları da taşıyordu. Ayrıca, her yıl geniş bir coğrafyadan Kâbe'ye ulaşan kervan yolları üzerinde kurulan pazarlarda ürün ve hizmet alışverişi yapılıyordu. İslam Dünyası Doğu ile Batı, arasındaki ticaret yolları nedeniyle ekonomik ve kültürel olarak gelişiyordu.

Çin'den pusula, barut, kâğıt ve ipek üretim yöntemleri öğrenildi. Hindistan'dan matematik, sayı sistemi ve özellikle sıfır kavramı alındı. Çin, Hint ve Yunan'ın tıp ve mühendislik geleneklerinden yararlanıldı. Yunan medeniyetinin mirası olan kitaplar, özellikle Nesturiler tarafından Arapçaya çevrildi. Tarım ürünleri ve gıda maddeleri yaygınlaştı. Hindistan'dan temin edilen yazılı belgeler tercüme edildi.

*Beytül Hikme* çerçevesinde kurumsallaşan bilimsel faaliyetler, Abbasi Halifesi Memun zamanında (MS 813-833) en üst seviyeye ulaşmıştı. Bu dönemde Bağdat önemli bir bilim merkezi haline gelirken, enlem-boylam ölçümleri için bir rasathane de kurulmuştu.¹ Bizans'tan nadir kitaplar ve uzmanlar temin etmek için Halife Memun'un Bizans Kralı'na, saldırmazlık antlaşması kapsamında ödeme yaptığı söylenir.⁷⁹ O dönemde yazılan veya çevrilen kitaplara ağırlığı kadar altın ödendiği bile iddia edilir.

*Beytül Hikme*'nin genişleyerek Darül Hikme'ye dönüştüğü ve ona ilaveten Hazinetül Hikme adı verilen bir kütüphanenin oluştuğu biliniyor. Bağdat'ta 13. yüzyılda halka açık bir kütüphanenin kurulduğu da söylenir. *Beytül Hikme* sanat ve fen çalışmalarını yönlendiren bir kurum olarak tarihi görevini yerine getirmişti. Ben bu kurumun, 10. yüzyılda Endülüs'te ve 14. yüzyılda Semerkant'ta kurumsallaşan yapılara örnek olduğunu düşünüyorum. Hatta Batı'da 17. yüzyılda kurulan Accademia dei Lincei ve Royal Society gibi fen alanındaki derneklerin de öncüsü olduğuna inanıyorum. Bu nedenle, *Beytül Hikme*'nin kurumsal ölçekte bir *Stratejik Yaratıcılık* örneği olduğu söylenebilir. Ne yazık ki, 13. yüzyılda Cengiz Han'ın torunu Hülagu Han tarafından Bağdat'ın yakılıp yıkılması o birikimi tamamen yok etmişti. O sırada yirmi tane kütüphanenin imha edildiği söylenir.

İslam dünyası, özellikle Hicret'in ikinci ve üçüncü yüzyıllarında komşu medeniyetlerden temin edilen bilgileri özümseme aşamasını geçmiş, özgün eserler üretmeye başlamıştı. O döneme kadar, hatasız kaynaklar olarak görülen Antik Yunan eserlerindeki hatalar bulundu ve düzeltmeler yapıldı. Özgün eserleri ile öne çıkan İbn Sina, El Kindi, Ömer Hayyam, El Cezeri, İbn El Heysem gibi pek çok kişi fen dünyasına önderlik etti. Bu dönemde patent sistemi olsaydı, dünyadaki patentlerin çoğunluğu İslam dünyasındaki insanlar tarafından alınırdı. Aynı şey Nobel Ödülü için de söylenebilir.

İslam dünyasında ırk temelli ayrımcılığın ortadan kaldırılması sosyal bir devrim olmuştu. Hac yolculuğu sosyokültürel alışveriş gerçekleşmesine neden oluyordu. Bütün olumsuzluklara rağmen Haçlı Seferleri bile, Avrupalılar ile Müslümanlar arasında kültürel ilişki sağladı.

İslam medeniyetinin yükseliş döneminde kurulmuş olması, Osmanlı'ya zengin sanatsal ve bilimsel mirastan yararlanma fırsatını vermişti. O dönemde Orta Asya'dan Endülüs'e kadar geniş bir coğrafyada sanat ve fen alanlarındaki etkinlikler devam ediyordu.

Başta Fuat Sezgin ve Adnan Adıvar olmak üzere pek çok tarihçi tarafından yazılan eserler incelendiğinde, 16. yüzyıldan itibaren İslam dünyası genelinde ve önder konumundaki Osmanlılarda fen alanında duraklamanın olduğu görülüyor.[1-80] Osmanlı devlet yönetiminde yaşanan sorunlar, o dönemde fark edilmeye başlanmıştı. Bu konuda Koçi Bey tarafından kaleme alınan risale çok önemlidir.[81] Koçi Bey ve başka yazarlar tarafından öne sürülen önerilerin yeterince uygulanmaması daha sonraki yüzyıllarda yaşanan sorunlara neden olmuştur. Bu dönemde sorun yaratmaya başlayan ekonomik altyapı konusunda, yakın zamanda Mehmet Genç ve Şevket Pamuk tarafından Osmanlı arşivlerinde yapılan tespitler de temel nedenleri ortaya koymuştur.[82-83]

Son dönemde yapılan çalışmalarda, Koçi Bey tarafından işaret edildiği şekilde medrese sisteminin yozlaştığı ve güncel ihtiyaçlara cevap vermekte zorlandığı ortaya çıkarılmıştır. Matbaanın Müslümanlar tarafından kullanımının geciktirilmesi ve rasathanenin yıkılması gibi önemli hatalar *Stratejik Yaratıcılık*'ın sonunu getirmiştir.

İslam dünyasındaki yükseliş ve duraklama dönemlerine dikkatle bakmak istiyorum. Özellikle de duraklama dönemi, Batı dünyasındaki ekonomik ve fen alanındaki yükselişe denk geldiği için işler daha da zorlaşmıştır. Osmanlı'nın yükseliş dönemlerinde Avrupa ülkeleri küçümsenmişti. Bu tavrın duraklama

döneminde de devam ettiği, Avrupa'daki gelişmelerin merak edilmediği görülüyor. Bu süreci değerlendirebilmek için, gelecek bölümlerde iç ve dış etkenler ayrı ayrı irdelenecektir.

### Fen Bilimleri

Müslümanlar tarafından, başlangıçta komşu ülkelerin sanat ve fen alanlarındaki birikimlerinden faydalanılarak öğrenilenler İslam medeniyetinin kurulmasında anahtar rol oynadılar. Örneğin, Çin'den öğrenilen kâğıt teknolojisi kitapları kolay taşınabilir hale getirmişti. Kervanlar bu kitapları en ücra noktalara kadar ulaştırmıştı. Bu bilimsel gelişmeler, Semerkant'tan Kurtuba'ya kadar geniş bir coğrafyada sosyo-kültürel devrime ve *Stratejik Yaratıcılık* seferberliğine neden oldu.

İslam bir mucize dini olarak görülmedi.[84] Aksine, Müslümanlar fen bilimlerine dayalı bir medeniyetin temellerini attılar. Kuran'ın ilk emri olan okuryazarlık büyük bir devrimi tetikledi.

Fuat Sezgin'e göre Müslümanlar geniş bir coğrafyada yayılırken, pek çok eski medeniyetin merkezini ve mirasını özümsemeyi başarmıştı. Müslümanlar ilim Çin'de veya Hint'te bile olsa almaya çalıştılar. Özellikle ilk üç yüzyıllık dönemde, geçmiş medeniyetlerin eserleri Müslümanlar tarafından tercüme edilerek özümsenmişti. Çin'den öğrenilen teknolojilerin geliştirilerek kullanıldığı görülüyor. Örneğin, kâğıt üretimi, 751 yılında savaşta esir alınan Çinlilerden öğrenilerek başlamıştı. Müslümanlar tarafından geliştirilen teknoloji sayesinde, çeşitli karışımlarla papirüs yapılmaktaydı. Hatta sadece pamuk ile de kâğıt yapılabiliyordu. Mısır'dan Roma'ya papirüs satılıyordu.

Avrupa'da ilk kâğıt üretimi ise, ancak 1293 yılında İtalya'da yapılabildi.[79] Çin'den alınan barut teknolojisi kullanılarak tasarlanan roketler ve toplar, Haçlılara karşı önemli bir savunma imkânı sağladı.[31]

İslam dünyası için devrim niteliğinde bir gelişme de Hindistan'dan sıfırın ve ondalık sayı sisteminin alınması olmuştur. Batı'da kullanılan Romen rakamlarının hantallığı ile kıyaslanınca, karmaşık hesapların yapılmasında ortaya çıkan fark daha da iyi anlaşılabilir.

Sezgin İslam dünyasının yükselişi ile ilgili birkaç önemli nedenden bahsetmiştir. Başlangıçta, devlet adamlarının ve toplumun öğrenme merakı ve farklı dinlere mensup âlimlere gösterilen saygı öne çıkmaktaydı. İlk dönemlerde bilimsel çalışmalar desteklenmişti. Ayrıca, kâğıt ve mürekkep teknolojilerindeki ilerlemeler bilimsel gelişmeleri yaygınlaştırmıştı. Mevcut bilgiler özümsendikten sonra, takip eden yüzyıllarda da yaratıcılığın öne çıktığını belirten Sezgin, 16. yüzyıla kadar üretken bir dönem yaşandığını vurgulamıştır.[1]

İslam dünyasında, fethedilen ülkelerde bulunan ve dışarıdan temin edilen bilim kitapları Arapçaya çevrilmekle kalmadı, bu metinler eleştirildi veya eksikleri tamamlandı. Örneğin Razi, Galen ve Öklid tarafından öne sürülen görme teorilerini çürüttü. İbn El Heysem de *Batlamyus'a Karşı Şüpheler* kitabını yazdı.[1] İbn Rüşd ise, cisimlerin serbest düşmesi konusunda Aristo'ya düzeltme yaptı.[59] Bu eleştirel yaklaşımın devamında, yenilik içeren eserler ortaya çıktı.

MS 750-900 yılları arasında Ortadoğu, Kuzey Afrika, Orta Asya ve İspanya çağdaş kültürün merkezleri oldu. Bu dönemde, sanat ve fen alanlarındaki eserleri inceleyen, eleştiren hatta eksiklerini tamamlayan bir entelektüel topluluk yetişti. Sadece, Yunan edebiyatına ilgi gösterilmedi.[57]

8. yüzyıldan itibaren kütüphane, medrese ve vakıflar kurularak çağdaş bilimsel kurumların ilk örneklerinin ortaya çıktığı söylenebilir. Özellikle de tıp, matematik, kimya, coğrafya ve mekanik konularındaki gelişmeler gelecek yüzyıllara ışık tutmuştur. Avrasya ve Kuzey Afrika'da geniş bir coğrafyadaki kervan yollarının oluşturduğu ağ, kitapların ve uzmanların gidiş gelişlerini sağlamıştı. Hicret'ten iki yüz yıl sonra başlayan sanat ve fen alanlarındaki ilerleme ile İslam dünyası küresel liderlik seviyesine ulaşmıştı.

Tunus'ta 732 yılında inşa edilen Zeytune Camii Kütüphanesi'nde yüz binden fazla kitap olduğu söylenmektedir. Fatıma El-Fihri tarafından 841 yılında Fas'ta Karaviyin Medresesi kurulmuştu. El Ezher Camii ve Medresesi ise Kahire'de 972 yılında inşa edilmişti. İslam dünyasında bilimin kurumsallaşması amacıyla kurulan medreselere örnek olarak Bağdat'ta kurulan Nizamiye (1065) ve Mustansiriye medreseleri (1227) gösterilebilir.

Kanat takarak uçan ilk insan, 9. yüzyılda Endülüslü İbn Firnas oldu. 11. yüzyılda pek çok önemli eser ortaya çıktı. İbn Sina dev bir eser olan *Tıp Kanunu* kitabını yazdı. Ömer Hayyam ise cebir kitabı yazan ve üçüncü dereceden denklemleri çözen ilk kişi oldu. İbn El Heysem'in optik konusundaki çalışmaları bir çığır açtı. 14. yüzyılda ise El Farisi tarafından, yağmur damlaları ile gökkuşağının oluşumunu açıklayan deney düzeneği yapıldı.[1]

Heron gibi Yunanlılar şifreli kilit ve otomatik makineler yapmıştı. Muhtemelen Yunan kaynaklarından haberdar olan El Kindi ve El Cezeri şifreli kilitler geliştirdiler. Beni Musa Kardeşler tarafından Halife Memun zamanında yapılan müzik makinesi ve diğer mekanik eserler, 13. yüzyılda El Cezeri'nin yapacağı gelişmiş saat ve diğer aletlerin yolunu açmış oldu.

Çeviri metinlerden yararlanarak, daha sonraki yüzyıllarda kaynak olacak eserler yazan İbn Sina, İbn El Heysem, İbn Rüşd ve El Cezeri gibi pek çok tarihi kişilik yetişmişti. 13. yüzyılda El Bağdadi'nin iskeletleri inceleyerek Galen'in çizimlerindeki hataları fark ettiğini görüyoruz. İbn En Nefis'in kan dolaşımını o dönemde keşfetmiş olması çok önemlidir.[1] Avrupa'da ise kan dolaşımı, bundan ancak dört yüz yıl sonra kabul edildi.[59]

Batı uçta Endülüs'te ve doğu uçta Orta Asya'da sanat ve fen alanlarındaki gelişmelerin yoğunlaşması dikkat çekicidir. Timur'un kurduğu imparatorluğun dördüncü sultanı olan Uluğ Bey 15. yüzyılın ilk yarısında Semerkant'ı bir bilim merkezine dönüştürmüş ve bir rasathane kurmuştu. Uluğ Bey tarafından 1428'de yapılan gökcisimleri tabloları, takvim oluşturmak için kullanılıyordu.[59] Daha hassas hesapların, Tyco Brahe'nin gözlemleri neticesinde 16. yüzyıl sonunda yapılabildiği söylenir.

İbn El Heysem ve El Farisi'nin optik konusundaki çalışmaları Avrupa'da dikkatle incelenmişti. İbn El Heysem'in optik konusundaki çalışmalarını içeren *Kitab ül Menazir*, 12. yüzyılda Latinceye çevrilmişti.[1] Bu yedi ciltlik kitap Avrupa'da temel kaynaklardan biri olmuştu.[85]

El Biruni astronomi için temel eser olan *El Kanun*'u yazmıştı. Endülüs'te El-Zarkali 11. yüzyılda Merkür'ün yörüngesinin oval olduğunu belirlemişti.[2]

Semerkant'ta Uluğ Bey ile birlikte çalışmış olan Ali Kuşçu, Semerkant Rasathanesi yıkıldıktan sonra Fatih Sultan Mehmet'in daveti üzerine İstanbul'a geldi.[59] Fatih, Kuşçu'yu yeni medresenin kuruluşunda görevlendirdi. Aşağıdaki minyatürde, Kuşçu Fatih'e bir kitap takdim ederken tasvir edilmiştir.

*Ali Kuşçu Fatih Sultan Mehmet'e kitap hediye ediyor.
Taşköprülüzâde Ahmet Efendi, Tercüme-i Şakâ'ikû'n-nu'mânîye,
TSMK H. 1263, y. 113b*

(Not: Bu resmin renkli görünüşünü kitabın sonundaki
renkli sayfalarda bulabilirsiniz.)

Aslında Osmanlı medrese sistemi Selçuklu Nizamiye medreselerinin devamı niteliğindeydi. Fatih'in Ali Kuşçu ile birlikte eğitimde bir atılım yapmak istediği ve fen derslerini müfredata koyduğu söylenir. Fatih'in kurduğu medreselerdeki eğitim de öncelikle, ilahiyat, İslam hukuku ve Arap edebiyatını içeriyordu. Kanuni zamanında daha geniş bir medrese yapısı oluşturulduğunda, tıp eğitimi de ilave edilmişti.[87] Ancak, o dönemde, içerik ve kalite sorunları nedeniyle eğitimin geri kaldığı görülmeye başlanmıştı. Bu nedenle ilerleyen dönemlerde, mimarlık ve mühendislik konularında Avrupa'dan destek almak gerekmiştir.

> *Uygulamaya geçmemiş bilgi doğru ile yanlış arasında bir yerdedir.*
>
> *El Cezeri*

İngiltere'de yaşayan değerli dostum Prof. Dr. Salim Al Hassani, İslam dünyasının bin yıllık fen mirasını çok güzel bir sergi ile dünyaya tanıttı. Sergi salonuna girdiğinizde önce bir film izlemeniz gerekiyordu. Bu film ve başrol oyuncusu Ben Kingsley, pek çok ödül aldılar. Sergi salonu ilginç icatların örnekleri ile doluydu. Bunların arasında, Artukoğulları Beyliği mühendisi Ebül İz El Cezeri tarafından yapılan büyük filli saatin bir örneği öne çıkıyordu. Al Hassani zoru başardı ve bu sergi ile 1001 İcat konusundaki kitaplarını pek çok ülkeye ulaştırdı.[79] National Geographic tarafından bu kitaplar basılarak dağıtıldı.

Artukoğlu Beyliği'nde mühendis olarak görev yapan El Cezeri, sanat ve fen alanlarındaki birikimini yaptığı eserlere yansıttı. Ayrıca, 1206 yılında yöntemlerini anlattığı, "Sinaat el Hiyel" adlı resimli bir kitap yazdı. Onun çalışmaları günümüzde, sibernetik ve otomatik sistemler konusunda öncü olarak gösteriliyor.

El Cezeri'nin ifade ettiği şekilde bilginin, eylem ve yeniliklerin yapılması için bir temel olması gerekiyordu. Yani, bilgi kullanılarak, icatlar ve tasarımlar yapılmalıydı. Önemli olan bilginin, insana faydalı şekle sokulmasıydı. Bilgi insanın beyninden; davranışına, eserlerine ve yaşadığı ortama yansımalıydı. Aşağıda bu şekilde somutlaşan eserlerden bazı örnekler vermek istiyorum.

Harun El Reşid zamanından beri su ile çalışan saatler yaygın olarak kullanılıyordu. İslam dünyasında ay takvimleri ile birlikte su saatleri ibadet vakitlerinin belirlenmesinde kullanılmıştı. El Cezeri, Yunan mühendislerin eserlerini inceleyerek özgün eserler tasarladı ve onları kitabında topladı.[1] El Cezeri, su gücünden yararlanarak yaptığı, sanat ve fenni birleştiren saatlerden birinin çizimi aşağıda görülebilir. El Cezeri sibernetik alanında bir öncü olarak görüldüğü için *Stratejik Yaratıcılık* gerçekleştirdiğini düşünüyorum.

Tusi 1265 yılında, bir küre üzerine kâğıt hamuru kaplamak suretiyle bir dünya haritası yapmıştı. Buna benzer bir küre Kubilay'a da hediye edilmişti.[1]

Daha önce tarım devrimi ile Birinci Biyoekonomi Döneminin başladığından bahsetmiştim.

İslam dünyası geniş bir coğrafyaya hâkim olduğu zaman, tarım açısından bir devrim oluştu ve *İkinci Biyoekonomi Dönemi* başladı. Böylece yerel bitkiler ve ürünler bütün bu coğrafyada yaygınlaştı. Bu ürünler arasında, pirinç, narenciye, kahve, ipek böceği (dut ağacı), muz, patlıcan ve şeker kamışı çok önemlidir.

Biyoekonomi çerçevesinde işlenmiş gıda maddelerinden ve gülsuyu gibi ürünlerden de bahsetmekte yarar var. Türkler tarafından fermantasyon ile yoğurdun yapılması, gıda mühendisliği açısından önemli bir *Stratejik Yaratıcılık* örneğidir. Yoğurdun kullanım alanları arasında fermantasyon ile tarhana yapılması da vardır. Bu şekilde uzun süre saklanabilen besin değeri yüksek bir ürün üretilebilmiştir.

İstanbul'da bir teleskopun kullanıldığına dair ilk kayıt, Venedikli bir tüccarın haremi gözetlemesi ve 1641'de asılarak cezalandırılması ile ilgilidir. Osmanlı donanması 1650'de teleskop kullanıyordu. Bu dönemde, Evliya Çelebi de seferlerde kendi teleskopunu kullanarak düşmanları gözetlediğini yazmıştı.[59] Ancak, eserlerinde teleskopun gökcisimlerini izlemek için kullanıldığına dair bir bilgiye rastlayamadım.

### Görsel Sanatlar

*Maraş Aslanları Nereye Kayboldu?*

*Stanley Kerr isimli bir Amerikalı, Amerikan Yardım Kuruluşu görevlisi olarak Maraş'a gelmişti. Maraş'ın Fransızlar tarafından işgalini ve yerel Ermeni ayaklanmasının hazırlanışını anlatan "Maraş Aslanları" (The Lions of Marash) adını verdiği bir kitap yazmıştı. O dönemde*

*Maraş'ta çok sayıda misyoner kuruluşun faaliyet gösterdiğini anlatmıştı.*[88]

1820'lerden itibaren Türkiye genelinde Hıristiyan mezhepler tarafından oluşturulan sayısız okul, biçki dikiş kursu, hastane gibi kuruluşları kullanarak misyoner faaliyetleri yapılıyordu. Osmanlı eğitim sisteminin çağın gereklerine cevap verememesi nedeniyle, misyonerler boşluğu doldurmak için yüzlerce okul açmıştı. Robert Kolej gibi okullar o dönemin eserleridir. Amerikalı, Fransız, Alman, İtalyan ve Avusturyalı misyonerler Osmanlı halkına hizmet veriyordu. Bu misyoner faaliyetlerin resmi hedefi Hıristiyan azınlıkları kendi mezheplerine davet etmekti. Bununla birlikte Müslümanlara yönelik çalışmalar yaptıkları da biliniyordu.*

*Aslında Kerr, Maraşlı Ermenilere yakın çalıştığı için tamamen tarafsız sayılmaz, ama kitabında yerel Ermenilerin, işgalci Fransız ordusu ile işbirliğini ayrıntılı olarak anlatır. Maraşlıların kahramanca direnişi neticesinde Fransızlar bir gece toplanıp gidince Ermenilerin savunmasız kaldıklarına ve güneye doğru Fransızların peşinden panik halinde göç ettiklerine şahit olur. Kitabın isminde vurgulanan aslanlar, bu olaylar öncesinde birbirine dost olan Türk ve Ermeni iki vatandaşımızdır. İkisinin de kahramanca çarpışarak öldüklerini söyleyen Kerr, onları Maraş'ın Aslanları ilan eder.*

*Maraş'ın aslan heykelleri ise çok daha eskiye dayanır. Hititler tarafından yapılan ve kalenin kapısına konan bir Maraş Aslanı resmini, Emin Oktay'ın tarih ders kitaplarından hatırlıyorum. Ancak o heykel Maraş'ta değil, İstanbul'da bir müzedeydi.*

Sonradan öğrendiğime göre, bu konudaki en eski kayıt Evliya Çelebi'nin "Seyahatname"siymiş. Efsane seyyah, 1671-1672 yıllarında Maraş'ı ziyaret ettiğinde dört tane aslan heykeli gördüğünü yazıyor. Kaledeki iki kapının yanlarında ikişer aslan varmış. Burada ilginç olan bir konu da, bu heykellerin Selçuklu ve Osmanlı dönemlerinde yerlerinde bırakılmış olmalarıdır.

19. yüzyıl sonunda, Otto Puchstein ve Karl Humann isimli iki Alman tarafından Maraş Kalesi'nde iki heykel bulunduğu bilgisine rastlıyoruz. O dönemde, Avrupalılar ülkemizde buldukları tarihi eserleri izin alarak ülkeden kolaylıkla çıkarıyorlardı. Hatta Humann, Bergama Tapınağı gibi bazı önemli eserleri de söküp Almanya'ya göndermişti. Almanların, Bağdat Demiryolu inşaatı çerçevesinde, pek çok bölgede kazı yaptıkları ve buldukları eserleri gemilerle Almanya'ya gönderdikleri biliniyor.

Almanlar tarafından bulunduğu söylenen iki aslandan birinin İstanbul'a götürüldüğü anlaşılıyor. Humann tarafından İskenderun'dan gemiyle çok sayıda Hitit eserinin Almanya'ya gönderildiği biliniyor. Bu nedenle kayıp aslanların başına ne geldiğini özellikle merak ediyorum.

O dönemde tarihi eserlerin değerinin bilinmediği anlaşılıyor. Hatta birçok Avrupa ülkesi ile yapılan anlaşmalar çerçevesinde araştırmacılarına, buluntuların yarısını alıp götürme izni verilmişti. Bu nedenle, birçok Batı müzelerinde ve özel koleksiyonlarında çok sayıda tarihi eserimizin olduğunu görebiliyoruz. Kaçakçılık yolu ile yurtdışına götürülen bazı eserler, yakın dönemde Türkiye'ye geri getirilmeye çalışılıyor.

*İstanbul'daki aslan nihayet Kahramanmaraş Müzesi'ne dönmüştür. İnsan sormadan edemiyor, acaba Evliya Çelebi'nin gördüğü diğer üç aslan nerede? Bu insanlık mirası eserler acaba ne şekilde ortadan kayboldular?*

İslam dünyasında resim ve heykellerin açık alanlarda sergilenmesi yerine, geometrik süslemeler ve hat sanatı öne çıkmıştır. Geometrik süslemeler, mimari uygulamalar ile birlikte insanların kullandıkları iç ve dış mekânların süslenmesini sağlamıştır. Hat sanatı da sadece kâğıtta kalmamış, cami gibi mimari yapılarla birlikte geniş alanlarda sergilenmiştir. Çiçek desenleri; kitap, seramik, halı ve kumaşlarda da yaygın olarak kullanılmış ve İslam coğrafyasını renklendirmişlerdir.

Kitap sayfaları için, nakkaşlar tarafından yapılan minyatürler kullanılmasına karşın, duvar resimleri yaygınlaşmamıştır. Fuat Sezgin, resme olan ilginin azalması nedeniyle, elyazması kitaplarda, ressam (musavvir) bulunamadığı için tamamlanamayan sayfalarda, resimlere ayrılan yerlerin hâlâ boş durduğuna işaret etmişti.

Çin kaynaklı minyatür tekniğinin Moğollar tarafından İslam dünyasına tanıtılması önemli bir akımın oluşmasına neden oldu. Minyatür tarzı resimlerde perspektif ve gölge yoktu. Başta Orta Asya'daki merkezler olmak üzere, bu teknikle yapılan resimler özellikle kitapların sayfalarında serbestçe kullanıldı. Bu resimlerde görsel unsurlar için, hazır kalıplardan yararlanıldığını söyleyebiliriz. Örneğin, güzel kadın resmi yapmak için yüzü Çinliye benzetmek gerekiyordu. Bulutlar bile Çin tarzında kıvrımlı şeklinde çiziliyordu. Hatta Uzakdoğu'dan gelen Çintemani işareti de çini ve kumaş süslemelerinde yaygın olarak kullanıldı.

| GİRİŞ | 1. BEYİN | 2. STRATEJİK | **3. TARİHSEL** | SONUÇ |

Fatih Sultan Mehmet zamanından itibaren Avrupalı ressamlara portreler ve madalyonlar yaptırıldığını biliyoruz. Ancak, Osmanlı nakkaşları tarafından yapılan portrelerde, minyatür tarzı kullanılmaya devam etti. Batı tarzı resim tekniğine karşı nakkaşlar tarafından gösterilen direnç, Nobel ödüllü edebiyatçımız Orhan Pamuk tarafından yazılan *Benim Adım Kırmızı* isimli romanda ayrıntılı olarak anlatılır.

Farklı dönemlerde sultanlar için görev yapan, Bellini'den Fausto Zonaro'ya kadar çok sayıda yabancı ressamın eserlerine rastlıyoruz. Saray için hazırlanan belgesel nitelikli kitaplarda da, Avrupa tarzında resimlerin yapılması için yabancı ressamlardan yararlanılmıştı.

19. yüzyılda Avrupa tarzı resme ve portreye ilgi artmıştı. Aralarında, Sultan Abdülaziz de olmak üzere, Osman Hamdi, Hoca Ali Rıza ve Şeker Ahmet Paşa gibi pek çok tanınmış ressam ortaya çıkmıştı. Bunlardan birçoğu yurtdışında eğitim almıştı. Ayrıca, fotoğrafın yaygınlaşmasından sonra, Sultan Abdülhamit tarafından ülkenin çeşitli yerlerinde çekilen resimleri içeren albümler yaptırılmıştı.

Osmanlı İmparatorluğu'nda mimari eserlere ve bahçe tasarımına önem verilmişti. Mimar Sinan ile tepe noktasına ulaşan mimarlık; cami, saray, köprü ve su yollarından oluşan şaheserler ile imparatorluk şehirlerine yayılmıştı. Sinan'ın mimari çizimlerde perspektif kullandığına dair bir kayda ulaşamadım. Buna karşılık, bir marangoz olan Sinan tarafından, Süleymaniye Camii tasarımı için çok büyük bir maketin yapıldığı aşağıdaki minyatürde görülüyor. Mimar Sinan'ın, günümüzde bile mimarlara örnek olan bu eserleri ile, *Stratejik Yaratıcılık* sergilediğine şüphem yok. Hâlâ onun eserlerinin benzerleri yapılmaya çalışılıyor.

*Mimar Sinan'ın Süleymaniye Camii maketini gösteren minyatür*

Osmanlı'da İmparatorluk Mimarları (Hassa-i Mimari) tarafından, cami ve binaların yapılması için kalite standartları oluşturulmuş ve uygulamalar denetlenmişti. Ancak, Mimar Sinan'dan sonra, onun eserlerine ulaşabilen mimarların yetişmediği ve önemli binaların yapılamadığı görülüyor. Osmanlı İmparatorluğu'nun son döneminde, Gaspare ve Giuseppe Fossati kardeşler gibi Avrupalılar ile birlikte sadece Garabet Amira Balyan ve oğlu Nigogos Balyan gibi yerli mimarlar öne çıkmıştı.

*Son dönemde de, İstanbul gibi büyükşehirlerin estetikten yoksun irili ufaklı binalar ile dolduğunu görüyoruz. Acaba, Kahramanmaraş'ta yapılan yukarıdaki garip binayı görseydi Mimar Sinan ne derdi, çok merak ediyorum.*

## İSLAM DÜNYASINDA STRATEJİK YARATICILIK NASIL KAYBEDİLDİ?

15. yüzyılda İslam dünyası, Ortadoğu ve Akdeniz ile birlikte Hindistan ve Çin'e ulaşan yollara hâkim konumdaydı. Hatta Fuat Sezgin tarafından ortaya çıkarılan bazı belgelere göre, Araplar muhtemelen Afrika'nın güneyinden Brezilya kıyılarına da ulaşmışlardı. Bu dönemde, özellikle barutun ateşli silahlarda kullanılması, İslam devletleri için Avrupalılara karşı önemli bir üstünlük sağladı. Fen alanındaki bu yaratıcılığı askeri alanda güce dönüştüren Osmanlı, Avrupa'da genişleme fırsatını yakaladı. İstanbul'un fethinde de büyük boyutlu topların kullanılması surların aşılmasını sağladı.

Osmanlılar; Çin, Hindistan ve Kuzey Afrika ticaret yollarını Kuzey Asya ve Balkanları da kapsayacak şekilde genişlettiler. Bu yollar üzerinden yapılan ticaret büyük bir vergi geliri kazandırıyordu. İslam dünyasının ve özellikle de Osmanlıların durgunluk yaşamaya başladıkları dönemde, Batı dünyasının fen alanında yükselişe geçmesi işleri zorlaştıracaktı. 16. yüzyılın sonunda İslam dünyasındaki duraklama ile eşzamanlı olarak, Batı'da keşif ve icatlarda önemli ilerlemeler kaydedilmeye başlandı.

Fuat Sezgin'e göre, Hıristiyanlara Endülüs'ün kaybedilmesi önemli bir dönüm noktası olmuştu. Hint Okyanusu'ndaki hâkimiyetin kazanılması ile birlikte Amerika kıtasının keşfedilmesi Avrupa'ya büyük bir ekonomik üstünlük getirmişti. Batı'da kâğıt üretiminin başlamasından kısa bir süre sonra matbaanın icat edilmesi bilginin hızla paylaşılmasını sağlamıştı.

Öte yandan, çizimde kullanılan perspektifin mimari ve mekanik tasarımda avantaj yarattığı da bir gerçektir.[1] Batı'da bunlar yaşanırken, İslam dünyasındaki duraklama döneminde olup bitenleri irdelemeye çalışalım.

### Çatışmalar ve Ekonomi

*Babaannemin aşağıdaki tekerlemeyi söylediğini hatırlıyorum:*

*"Bilmezsen Farisi gider ilmin yarısı.*
*Bilirsen Farisi gider dinin yarısı."*

*Babaannemin bu tekerlemesinin, bence çok uzun bir geçmişi vardı. Osmanlı'nın Şiiler ile mücadelesi sadece dini konularla sınırlı değildi. Orta Asya ve İran kökenli ilim adamlarının eserlerine şüpheyle yaklaşılmıştı. Batılı yazarlar, yüzyıllar boyunca İran ile yaşanan mezhep çatışmalarının Osmanlı'yı Avrupa için tehlike olmaktan çıkardığını yazarlar.*

Dört Halife döneminde başlayan iç çatışmalar, İslam dünyasında önemli bir sorun olmaya devam ediyor. Sünni ve Şii ayrılması ile inananlar arasında derin bir uçurum oluştu. Haçlı Seferleri sırasında Bağdat ve Kahire'de iki ayrı halife vardı. Haçlı saldırılarını fırsat bilen Fatımiler Abbasilere saldırdı.

Endülüs'ün ve Tatar Hanlığı'nın kaybedilmesi kadar, Güneydoğu Asya'da Avrupalıların sömürgeler oluşturması, İslam dünyası için güç kaybının somut göstergeleridir. Devam eden savaşlar ve iç çekişmeler, mali ve insani kayıplara neden oluyordu. Avrupa'da teleskopun icat edildiği dönemde, Doğu'da insanlar savaşla ya da saray inşa etmekle meşguldü.[59]

Osmanlıları zayıflatan en önemli nedenin, kaybedilen savaşların finansmanı olduğu söylenebilir. Bu nedenle yüksek faizle borçlanma gerekmişti. 16. yüzyıldan itibaren hem bankerlerden alınan kredilerle yapılan savaşların maliyeti hem de kaybedilen topraklardan dolayı azalan vergi gelirleri büyük sorunlar yaratmıştı. Avrupa'dan dönen askerler, Osmanlı Devleti için pek çok sosyokültürel sıkıntıları birlikte getirmişti.

Osmanlı nüfusunun yüzde doksan kadarı kırsal kesimde yaşıyordu. Çiftçilik en yaygın meslek alanı olarak ailelerle birlikte yürütülen bir işti. Osmanlı'da çiftçilik, tarım teknolojilerindeki gelişmelerden yeterince yararlanmadığı için verimlilik artışı sağlanamamıştı. *(Not: Ben de çiftçi bir aileden geldiğim için, tarım alanındaki geleneksel sorunların bir kısmına şahit oldum. Örneğin, 1960'larda bile kağnı, karasaban ve düvenin yaygın olarak kullanılmakta olduğunu gözlerimle gördüm.)* Vergi ve askerlik sorumlulukları olan çiftçilerin gelirleri, pek çok kesim tarafından paylaşıldı. Bu nedenle özellikle 16. yüzyıl sonunda ağır vergi yükünden ve eşkıyalardan kaçmak için, çiftçiler verimli tarlaları terk ettiler, hatta göçebe hayatına döndüler. Celali isyanlarının da yaşandığı dönemde, verimli çiftliklerin terk edilmesi *Kaçgunluk* olarak adlandırıldı. Bu nedenle, çeşitli toplumsal sorunlar ile birlikte büyük ölçüde ekonomik daralma oldu.[83]

Kanuni zamanından itibaren, savaşlar için gerekli mali kaynaklar yurtdışından veya yerli bankerlerden alınan borçlarla sağlandı. Bu dönemden sonra faiz %10-20 arasında seyretti ve zaman içinde tefecilik ile bankerlik sistemleri oluştu. 1585 yılında, paranın yüksek seviyede değer kaybetmesi sonucunda fakirleşen halk isyan etti. Benzer şekilde 19. yüzyılın başında paranın büyük ölçekte değer kaybı da isyanlara neden oldu. Bu dönemlerde hammaddeleri ucuza alabilen yabancı tüccarlar, dokumacılık gibi alanlarda yerli üreticilere hammadde sıkıntısı yaşatmıştı.[89-82-83]

Osmanlı'nın toprak kayıplarının olduğu dönemler çeşitli sosyokültürel sorunlara sahne oldu. Sırbistan ve Yunanistan'ın bağımsızlıklarını kazanmalarından esinlenen Ermeni azınlık mensupları da Ermenistan'ın kuruluşu için hazırlanmaya başladılar. Bu amaçla, başta Fransa ve İtalya olmak üzere pek çok ülkenin onlara destek verdiği biliniyor. Bu nedenle, çok sayıda yabancı ülkenin temsilcileri, misyonerleri ve yardım kuruluşları yurdun çeşitli bölgelerine konumlandılar.

Gerileme öncelikle askeri alana yansıdı. Osmanlı tersaneleri, gemicilik alanında okyanus deneyimi olan Avrupa donanmalarının seviyesini yakalayamadı. Ateşli silahlar ithal edildi. Hatta asker elbiseleri için kumaşların bile ithal edildiği öne sürülüyor. Hammaddeler yüksek fiyatlara ihraç edildiği için yerli üreticiler hammadde bulmakta ve üretim yapmakta zorlanmaya başladı. Kapitülasyonların sağladığı vergi indirimleri ile Avrupa'dan ithal edilen ürünlerle rekabet edemeyen yerli sanayi yapısı zayıfladı. Özetle, üretim yapmak yerine yurtdışına hammadde satmak daha cazip hale geldi. Sanayi ürünlerinin ithalatını kolaylaştıran kapitülasyonlar da yerel üreticilere zarar verdi.[83]

Vergilerin toplanması sorun olmaya başladı. Vergi toplamak üzere özel kişilere yetki verildi. Bu düzenlemeler sonucunda, vergi gelirlerinin ancak üçte birinin hazineye ulaştığı tahmin ediliyor. Özellikle askeri harcamalar için yüksek faizle borç alınması devletin mali sorunlarını büyüttü.[82-83]

### Rasathaneler ve Zaman

*Anneannemin, her akşam ezanı okunduğunda, duvardaki saati sıfıra ayarladığını hatırlıyorum. Onun günü akşam ezanı ile başlıyordu. Ne yazık ki, benim kol saatimle onun duvar saati hiçbir zaman aynı vakti göstermedi. İki nesil olarak birbirimizden farklı zaman dilimlerinde yaşadık.*

*Çocukluğumdan beri en fazla şaşırdığım şeylerden biri de, dini bayramların kutlanışı konusunda ortaya çıkan kargaşadır. Babam her zaman kızarak, bir bayram gününü bile doğru hesaplamaktan âciz olduğumuzu söylerdi. Aradan yarım asır geçti hâlâ bayram günleri, sahur ve sabah namazı saatleri konusunda tartışmalar sürüyor.*

*Anneanneme Ay'a gidildiğini söylediğimde beni azarlamıştı. Kimsenin böyle bir şey yapamayacağını ve yeltenenlerin kahrolacaklarını söylemişti. Ona göre bu haber büyük bir yalandı.*

Eski medeniyetlerin ve İslam dünyasının bilim insanları gökcisimleri hakkında bilimsel gözlemler yapmak için rasathaneler kurmuşlardı. Gezegenlerin hareketlerini takip ediyor, hatta ay ve güneş tutulma zamanlarını tahmin edebiliyorlardı. Dünya'nın küre şeklinde olduğunu biliyor ve yerkürenin çapını doğru bir şekilde hesaplıyorlardı.

9. yüzyılın başında Harun El Reşid, Şarlman'a saat hediye etmişti. 14. yüzyıldan sonra saat hediye edenler ise Avrupalılar olacaktı. Fatih Sultan Mehmet'in, Venedik ile yapılan bir anlaşma çerçevesinde üç usta talep ettiği söyleniyor. Bunlar; bir ressam-madalyon ustası, bir gözlük ustası ve bir de saat ustasıydı. Bu bilgiye dayanarak, 15. yüzyılda Avrupa'dan mekanik saatlerin ithal edildiği ve tamir gerektirdiği anlaşılıyor.

Rasathaneler, gökcisimlerini takip ederek bayram günlerini ve ibadet saatlerini hesaplamak için kurulmuştu. Uluğ Bey tarafından Semerkant'ta 1421 yılında kurulan rasathane ve bilim merkezi dönemin pek çok bilim insanını bir araya getirmişti. Uluğ Bey tarafından o dönemde yapılan hassas hesaplamaları içeren tablolar (Zic), takvimlerin hazırlanması için pek çok ülkede uzun yıllar kullanılmıştı. Uluğ Bey öz oğlu tarafından 1449'da öldürüldü ve rasathanesi yerle bir edildi. Oradaki bilim insanları uzaklaştı ve bilimsel etkinlikler durma noktasına geldi.

Osmanlılarda muvakkitler namaz saatlerinin belirlenmesinde görev aldı. Ancak, Avrupa'dan gelen mekanik saatler, ibadet vakitlerinin belirlenmesinde kullanılmıyordu.[59] Onların bir süs eşyası gibi görüldüğü söylenir.

Mercekler ve gözlükler geliştirildikten sonra optik konusundaki keşifler ve ortaya çıkan eserler Doğu'da ilgi çekmedi. İngilizler 1615'te, dünyanın en zengin insanı olan Cihangir Şah'a bir teleskop hediye ettiler. Ancak, Avrupa'da bir keşif makinesine dönüşen teleskopa, İslam dünyasında ilgi oluşmadı. Uluğ Bey'in gözlemevinden esinlenerek yapılan Jaipur Rasathanesi'nde 1720-1730 tarihlerinde bile hâlâ teleskop kullanılmıyordu.[59]

Osmanlı İmparatorluğu için Sultan III. Murad zamanı önemli bir dönüm noktası kabul edilebilir. Takiyeddin tarafından 1575-1579 yılları arasında Sultan Murad'ın verdiği 10.000 altın ile tam teşekküllü bir rasathane kurulmuştu. Takiyeddin'in devridaim makinesi fikrini o devirde reddetmiş olması da, onun iyi bir bilim insanı olduğunun kanıtıdır.[1]

Şeyhülislam Ahmed Şemseddin o dönemde yaşanan veba salgınına neden olarak, rasathane kurulmasını göstermiş ve gözlem yapmanın uğursuzluk getirdiğini iddia etmişti. Şeyhülislamın "Rasathaneler ülkeleri felakete sürükler" şeklindeki fetvasına dayanarak, Takiyeddin Rasathanesi 1580 yılında Kaptanıderya Kılıç Ali Paşa'nın emriyle, donanma tarafından bombalanarak yıkıldı. Aslında, Uluğ Bey'in Semerkant'taki rasathanesinin yıkılmasından bir asır sonra gerçekleşen bu olay, Osmanlı Devleti'nde başlatılan bilimsel çalışmalara ciddi bir darbe indirmiştir.

Özetlemek gerekirse, Bağdat ve Endülüs kütüphanelerinin yakılmasından sonra, Semerkant ve İstanbul rasathanelerinin yıkılması, İslam dünyasında *Stratejik Yaratıcılık*'ın sona erdiğini görkemli bir şekilde ilan etmiştir. Artık, Nobel ödüllü Prof. Dr. Aziz Sancar'ın tabiriyle "500 yıllık uyku" başlamıştır. Bu dönemden sonra, İslam dünyası okuryazarlık, eğitim, keşif ve icatlarda arkada kalmıştır. Günümüzde, bütün Müslüman ülkeler tarafından alınan uluslararası patentlerin sayısı, sadece Güney Kore seviyesine ulaşamıyor.

Aşağıda Takiyeddin tarafından kurulan rasathanede çalışan bilim insanlarını tasvir eden minyatürü görebilirsiniz. Bu resimdeki araştırmacıların, o tarihteki en gelişmiş aletleri kullandıkları, Fuat Sezgin tarafından belirlenmişti. Muhtemelen, bu minyatür yapıldıktan kısa bir süre sonra o rasathane bombalanmıştı. Bence bu minyatür, İslam dünyasında fen geleneğinin tepe noktasına ulaşmasını ve orada sona erişini temsil ediyor.

*(Not: Bu resmin renkli görünüşünü kitabın sonundaki renkli sayfalarda bulabilirsiniz.)*

## Fen Cehaleti = Sefalet

> *Oku...*
> Alak Suresi, 1

*Aile büyüklerimden Osmanlı döneminde doğmuş olanların imza atamadıklarını, onun yerine mühür bastıklarını çok iyi hatırlıyorum. Birçok kişinin imza yerine parmak bastığına da şahit oldum. Osmanlı döneminde yetişen aile büyüklerinden bazılarının Arap alfabesi ile yazılmış metinleri okuyabildiklerini görmüştüm, ancak yazı yazabilen pek yoktu. Belli ki, eğitim sistemi okuma ve yazmayı yeterince yaygınlaştıramamıştı. Dedelerimin evlerindeki Kuranlar elyazması değildi. Anlaşılan Kuran matbaanın yaygınlaşmasından sonra evlere girebilmişti.*

*Çeşitli kaynaklara dayanarak, 19. yüzyılın sonunda Osmanlılarda okuryazarlık oranının %5-20 aralığında olduğunu söyleyebiliriz. Aynı dönemde, İngiltere'de bu oranın %90'a yaklaştığı ve Amerika'da %70 civarında olduğu hesaplanıyor. 19. yüzyılda açılan misyoner okullarının, eğitim alanındaki boşluktan yararlanarak kurulduğu anlaşılıyor.*

Kuran İtalya'da 12. yüzyılda Latinceye çevrildi ve 1542'de basıldı.[58] 1683'te Hollanda'da Kuran'ın tercüme edilerek matbaada basıldığı biliniyor.[90] Buna karşılık, 18. yüzyılda bile, İbrahim Müteferrika'nın Kuran'ı basmasına izin verilmedi. Osmanlılarda ilk Kuran basımı, ancak 19. yüzyılda gerçekleşebildi.

İslam dünyasında geliştirilen bilimsel eserler, Batı tarafından tercüme edilerek alınmıştı, buna karşılık, Batı'daki gelişmelere İslam dünyası ilgi göstermedi. Örneğin, Kopernik, Brahe,

| GİRİŞ | 1. BEYİN | 2. STRATEJİK | **3. TARİHSEL** | SONUÇ |

Kepler ve Newton'un görüşleri tercüme edilmedi.[59] Müslümanlar, Yunanlıların ve özellikle Aristo'nun bilim geleneğini devam ettirdiler.

İslam dünyasında halka dönük resmi eğitim medreseler tarafından veriliyordu. Osmanlı eğitim sistemi, Nizamiye medreselerinin devamı niteliğinde şekillendi. Medreselerde fakülte kavramı oluşmamıştı. Bir öğrenci hocasından icazet alınca hoca olabiliyordu.

Doç. Dr. Şakir Kocabaş yaptığı çalışmalarda, İslam dünyasında zaman içerisinde, bilgi ile ilgili kavramların anlamlarını yitirdiğini işaret etmişti.[91] Kocabaş, 9. yüzyıla kadar ilim kavramında bir ayrım olmadığını, ancak 11. yüzyılda din ilmi ve dünya ilmi diye bir ayrımın Kelamcılar tarafından ortaya konduğunu savunmuştu.[92] Medreselerde, Şeri İlimler olarak da adlandırılan İlmiye, İlahiyat ve Hukuk derslerini içeriyordu. Akli ilimler olarak da adlandırılan fen dersleri arasında ise, tıp, matematik (hesap), astronomi (heyet), fizik (hikmeti tabiye), kimya ve geometri (hendese) bulunuyordu. Bu fen derslerinin daha sonra müfredattan çıkarıldığı görüldü.

Kocabaş 11. yüzyılda, cisimlerin özellikleri ve sebep-sonuç ilişkisinin reddedildiğini öne sürmüştü. O dönemden itibaren, nedensellik kavramını kabul etmeyen bir anlayışın bilimsel çalışmalara engel olduğunu savunmuştu.[92] İslam dünyasında *Stratejik Yaratıcılık*'ın yükseliş ve gerileyişini, nedenlerini inceleyen pek çok araştırmacı, sanat ve fen alanlarının ihmal edildiği görüşünü desteklemiştir.[93-94-59-95] Makdisi de medreselerin akli ilimleri müfredat dışında tuttuğunu öne sürmüştür.[96]

Ekmeleddin İhsanoğlu ise medresenin esas hedefinin fıkıh, tefsir, hadis ve Arap dili ve edebiyatı öğretmek olduğunu yazmıştır. Ayrıca, medreselerin vakfiye senetlerinde akli ilimlerin öğretilmesinden bahsedilmediğini doğrulamıştır. Buna karşılık, bazı fen derslerinin verilmiş olabileceğine dair delillerden de bahsetmiştir.[97]

İhsanoğlu bu durumun nedeni olarak, akli ilimler meselesini daha eski dönemlerdeki mezhep çekişmelerine dayandırır. Abbasiler döneminde Mutezile mensupları tarafından, Eski Yunan felsefe eserlerinden yararlanılarak, akli ilimler üzerinde çalışılmıştı. Buna karşılık, Selefiler, Hanbeliler ve Malikiler bu alanlara şüpheyle yaklaştılar.[97] Selçuklular tarafından kurulan Nizamiye medreselerinde de, bu konuda karşı duruşun benimsendiği görülüyor. İslam dünyasında ve özellikle Osmanlı'da Nizamiye modeli yaygınlaştığı için tıp dışında kalan fen eğitiminin giderek ihmal edildiği görülüyor.[94-95]

11. yüzyılın başında, *Tıp Kanunu* adlı kitabı yazan İbn Sina, kadavra çalışması yaptığı için, mezar soygunculuğu ile suçlanmıştı. Bu engellemeler nedeniyle, İbn Sina anatomi ile ilgili bilgileri Galen gibi eski kaynaklardan almıştı. Batı'da ise Rönesans döneminde, sınırlı da olsa kadavra çalışmaları kamuya açık bir şekilde yapılmaya ve resimler çizilmeye başlanacaktı.[59] 14. yüzyılda Fransa'da kadavra ile çalışma yapıldığı biliniyor.

İslam dünyasında hızlıca erişilen yüksek medeniyet seviyesine karşın, yavaş yavaş kaybedilen bilimsel merak en başta tıp ve mühendislik gibi alanlardaki eğitim sorunlarına neden oldu. Fen eğitimindeki gerileme, İbn Sina, İbn Haldun, El Cezeri, Mimar Sinan gibi insanların yetişmesini engelledi. Bu sorunun en belirgin sonucu, askeri alanda Avrupalı ordularla karşılaşıldığında ortaya çıktı. Avrupa orduları ve donanmaları tarafından kullanılan silahların artan gücü yüzünden Osmanlı savaşları ve geniş topraklarını kaybetmeye başladı. Avrupalıların fen alanındaki üstünlüğü daha da gelişerek küresel sömürgecilik hedeflerine hizmet etti.

| GİRİŞ | → | 1. BEYİN | → | 2. STRATEJİK | → | 3. TARİHSEL | → | SONUÇ |

Osmanlı'da ilmiye sınıfı iki önemli topluluğu içine alıyordu. Birinci grup Şeyhülislam tarafından temsil edilen din adamlarıydı. İkinci grup ise Kazasker tarafından temsil edilen kadılardı. Buna karşılık, tıp alanı dışında fenniye sınıfı önemli bir grup oluşturamadı. Fen alanlarında, resmi bir eğitim kurumu olmadığı için, genç çıraklar ustaları tarafından eğitiliyordu.

Suraiya Faroqhi, Osmanlı'nın, 17. yüzyılda yurtdışında görülen teknolojik yeniliklere, kökü dışarıda diyerek soğuk baktığını öne sürmüştür. 18 ve 19. yüzyıllara gelindiğinde durum değişmişti. Faroqhi, Osmanlı'nın o dönemde siyasi ve askeri gücünü geri kazanmak için kâfirlerden yenilikleri öğrenmeyi kabul ettiklerini söyledi.[98] Benim çocukluğumda bile, Batı kaynaklı birçok yenilik Gâvur İcadı diye isimlendirilerek küçümseniyordu. Ancak, insanlar onlara sahip olmak da istiyordu.

Koçi Bey Risalesi, medrese sisteminin bozulmasına neden olan ciddi sorunlardan bahseder.[81] Bu sorunların başında, müderrislerin çocuklarını, küçük yaşta hoca tayin etmesi geliyordu. Böylece, ilmiye sınıfı meslek olarak babadan oğula geçmeye başladı. Liyakat önemsenmediği için, medreselerde eğitim kalitesinde ciddi bir düşüş yaşandı. İlmiye sınıfına askerlik ve vergi muafiyeti verilmesi nedeniyle, medreselerin zaman içinde askerden kaçanların ve işsizlerin barındığı yerlere dönüştüğü biliniyor. 19. yüzyıla gelindiğinde, Sultan II. Mahmut İlmiye sınıfının gelir kaynaklarını azaltmak zorunda kaldı.[83]

Osman Bahadır fen alanında çalışanlara karşı takınılan olumsuz tavırdan dolayı zarar görenleri kitabında anlatır. Örneğin, Ali Kuşçu'nun öğrencisi matematikçi Molla Lütfi, 1494'te Sultanahmet Meydanı'nda asıldı. Müderris Sarı Abdurrahman da dinsizlikle suçlandı ve asıldı. Matematikçi Gelenbevi İsmail Efendi ise medresedeki görevinden alınarak kadı tayin edildi. Osmanlı'da ilk anatomi kitabını yazan Şanizade Ataullah Efendi de Bektaşi olduğu için sürgün edildi.[99]

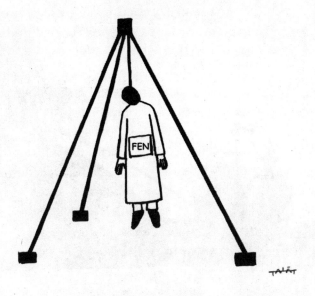

*Yıkılan rasathaneler ve dışlanan fen uzmanları
"ibreti âlem" olmuştur.*

İslam dünyasında fen alanında çalışan, Cabir, İbn Sina, Farabi, İbn Rüşd gibi insanların kâfir ilan edildiklerini veya dışlandıklarını biliyoruz. Buna ilaveten, Uluğ Bey ve Takiyeddin tarafından kurulan rasathane ve bilim merkezlerinin yıkılması kurumsallaşmayı engelleyerek fen alanındaki gelişmeleri durdurdu. O dönemden sonraki yüzyıllarda, fen alanında kayda değer bir merkezin kurulamadığını görüyoruz. Özetlemek gerekirse, Osmanlı'da *Beytül Hikme* gibi bir yapı kurulamadı ve gözleme dayalı bilimsel araştırma kültürü oluşturulamadı.[100] Bildiğim kadarı ile 1633 yılında Lagari Hasan Çelebi'nin roket denemesi ve 1638 yılında Hezarfen Ahmet Çelebi'nin kanat takıp uçması dışında bahse değer bir çalışma ortaya çıkmadı. Bu dönemden sonra, küresel ölçekte doğabilimciler, mühendisler ve mimarlar yetiştirilemedi.

*Takiyeddin'in rasathanesinin
bombalanarak yıkılması*

Osmanlı'da, 19. yüzyıla kadar Müslüman gençlerin, eğitim için yurtdışına gitmesine izin verilmemişti. Yurtdışında yaşama engeli olmayan azınlıklar ise, dil ve teknik eğitim fırsatını çok iyi değerlendirdiler. Ayrıca, yurtdışında çalışmaya ve oradaki şirketlerle işbirliği yapmaya başladılar. Daha sonra, yabancı ülkelerin koruması altında kapitülasyonlardan da yararlandılar. 17. yüzyıldan itibaren, yabancı dil bilgileri nedeniyle, Rum azınlık mensupları, resmi konumlarda tercümanlık ve aracılık görevlerini üstlendiler. Bu fırsatı iyi değerlendiren Patrikhane tarafından Rum azınlık için yabancı dil okulları da açıldı.

Osmanlılar; top, silah, gemi ve dokuma alanlarında geri kaldıklarını fark ettikten sonra bazı adımlar atmaya başladılar. Örneğin, Müslüman olan Humbaracı Ahmet Paşa ve İbrahim

Müteferrika gibi, Osmanlı'ya gelen uzmanlardan yararlandılar. Ayrıca, 18. yüzyılın başından itibaren, Fransa, Almanya, İtalya, Macaristan, Sırbistan gibi ülkelerden teknik uzmanlar getirildi.[94] Daha sonra da, özellikle Fransız hocalardan faydalanarak bazı teknik okullar açıldı. Bu okullarda Fransızca eğitim verildi. Ancak, bu gayretlerin beklenen sonuçları vermediği görüldü. İmparatorluğun toprak kayıpları ve ekonomik sorunları artarak devam etti.

Osmanlı, Avrupa'dan artan ithalatın yerel üreticiler üzerindeki yıkıcı etkisini görmeye başladı. Avrupa ülkeleri, denizyolu ile ulaşımın yapılabildiği yerlerden hammadde satın almaya, buna karşılık ucuz ve kaliteli ürünler satmaya başladı. İthalatı azaltmak amacıyla, 19. yüzyılda ithal makineler ve yabancı uzmanlarla fabrikalar kuruldu, ancak bunların bir kısmı işletilemeden kapatıldı. Genel olarak, yerli üretim, Batı'da gerçekleşmekte olan *Sanayi Devrimi* ile rekabet edemedi. Osmanlı'dan artan hammadde ihracatı, yerel üreticiler için tedarik sorunu yarattı. Ülkedeki zanaat erbabı, ithal ürünlerle rekabet edemediği için bölgesel özellikleri olan ürünlerin üretimine odaklandı. Yabancı sermaye ile kurulan demiryolları hammadde ihracatını kolaylaştırırken, Avrupa'dan kapitülasyonlar çerçevesinde ithal edilen sanayi ürünlerinin ülke içinde pazarlanmasına hizmet etti. Beklenen ekonomik faydayı sağlayamayan demiryolları devletin mali yükünün artmasına neden oldu.

Misyoner kuruluşlar kurdukları okullar ile eğitim sistemindeki boşluktan yararlanmaya başladı. Özellikle 19. yüzyılda resmi kayıtlara göre yüzlerce misyoner okulu açıldı. Kayıt dışı açılanların daha fazla olduğu iddia ediliyor. 19. yüzyıl başında, Müslüman öğrenciler de yurtdışında öğrenim yapmaya gönderildi. Ancak bu önlemler Osmanlı'nın gerileme sürecini durduramadı. Hatta yurtdışında eğitim alan öğrencilerin sorun yarattığı düşünülerek, öğrenci gönderilmesi yasaklandı.

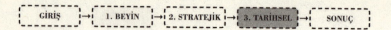

### "İcat çıkartma! Eski köye yeni âdet getirme!"

*Akşam olup odasındaki lamba yandığı zaman, babaannem icat eden kişi için dua ederdi. Onun bir ecnebi olduğunu da biliyordu. Otomobile binmek ve radyodan haber dinlemek çok hoşuna gidiyordu. Belli ki insan hayatını kolaylaştıran yaratıcı eserler nereden gelirse gelsin takdir ediliyordu. Buna karşılık, bizde "icat çıkartmak" ve "eski köye yeni âdet getirmek" huzur bozucu davranış olarak kabul edilirdi. Çocukların ve gençlerin farklı görüşte olmasına izin verilmezdi. Uslu durmak ve yerine oturmak, büyüklerin işine karışmamak, gerekiyordu. Eğitimin hedefi, uyumlu ve uslu bireylerin yetiştirilmesiydi. Hayal gücü alaya alınırdı. Aklı küçümsemek için, ükela (akil insanlar) sözcüğü de bir hakarete dönüştürülmüştü.*

| GİRİŞ | 1. BEYİN | 2. STRATEJİK | **3. TARİHSEL** | SONUÇ |

Osmanlı ve İslam dünyası genelinde yaşanan duraklama konusunda başta Fuat Sezgin olmak üzere pek çok araştırmacının düşüncelerini özetlemeye çalıştım. Bence bu konuda şair Mehmet Akif Ersoy'un görüşünden de bahsetmekte yarar var. Ersoy sorunların kaynağında cehalet olduğunu işaret ederek, görüşlerini şiirsel bir şekilde özetlemişti: "Müslümanlık cehalet, Müslümanlar ise sefalet içinde." Ersoy aslında bir kısırdöngüyü de işaret ediyordu. Yani, cehalet sefalete, sefalet de cehalete neden oluyor.

---

### İslam Dünyasında Fen Merakı Devam Etseydi Ne Olurdu?

*Bazen düşünüyorum da, bize kalan fen mirasına sahip çıkabilseydik acaba neler olurdu diye, tahminlerim şöyle:*

*Mimar Sinan Holding Boğaz köprüsü ve tüneli yapardı.*

*El Cezeri Holding yapay zekâ ve robotik ürünler üretirdi.*

*Beni Musa Kardeşler Holding internet ve sanal gerçeklik alanında çalışırdı.*

*Lagari Hasan Çelebi Holding Ay'a ve Mars'a koloni kurma projesi yapardı.*

*Hezarfen Ahmet Çelebi Holding uçak ve uzay üssü tasarlardı.*

*İbn Sina Holding kanser ilaçları yapıyor olurdu.*

Gelecek bölümlerde, Batı'da *Stratejik Yaratıcılık*'ın yükselişinin nedenleri irdelenecektir. Batı'nın yükselişine neden olan en önemli birkaç unsuru aşağıya yazabilir misiniz?

..................................................................................
..................................................................................
..................................................................................
..................................................................................
..................................................................................
..................................................................................
..................................................................................
..................................................................................
..................................................................................
..................................................................................
..................................................................................
..................................................................................
..................................................................................
..................................................................................

# BATI'DA STRATEJİK YARATICILIK'IN YÜKSELİŞİ

*Eğitimim sırasında, kimya (Chemistry), sabun (Soap), alkol (Alcohol) ve cebir (Algebra) gibi pek çok sözcüğün Batı'da kullanıldığını görünce sevinmiştim. Özellikle de, algoritma sözcüğünün kaynağının El Harizmi olduğunu öğrendiğimde çok mutlu olmuştum. Buna karşılık, son yüzyıllarda durumun tersine döndüğünü, yabancı dillerden teknik sözcüklerin dilimize girdiğini görüyorum.*

İslam dünyasının, yüzlerce yıl boyunca kültürel, ticari ve ekonomik faaliyetlerin merkezi olması, Avrupalıların Doğu Asya'ya ulaşmak için başka yollar aramasına neden olmuştu. İslam dünyasının yükselişinin, Avrupa'nın geleceği için stratejik bir fırsat hazırladığı bile söylenebilir.

Matbaanın icat edilmesi ile Avrupa'da okuryazarlık hızlı bir şekilde artarken, sadece kitapların basılması değil, aynı zamanda harita ve gazetelerin de yaygınlaşması mümkün olmuştur. *Sanayi Devrimi*, bilginin ürüne dönüşmesini hızlandırmıştır. Avrupa'daki yükselişin önemli nedenlerini, örnekler vererek irdelemeye çalışacağım.

## Keşifler ve Ekonomi

15. yüzyılda Osmanlılar Akdeniz'de Venedikliler ile işbirliği içindeydi. Avrupalıların organize ettiği Haçlı Seferleri, Müslümanların ticaret yollarına hâkimiyetini değiştirememişti. Bu nedenle, İspanyollar ve Portekizliler 15. yüzyılda Asya'ya ulaşmak için yeni yollar aramaya başladılar. Batlamyus dünyayı çevreleyen bir okyanustan söz etmişti.[57] Onun Yunanca bir kitabının 14. yüzyılda İstanbul'dan Floransa'ya gittiği ve ilgi uyandırdığı biliniyor. Halife Memun'un dünya haritası da Afrika'nın güneyinde deniz olduğunu gösteriyordu. Büyük ihtimalle bu bilgi de Batı'ya ulaşmıştı.

Portekiz gemileri okyanusa çıkıp Afrika'nın etrafından dolaşmaya çalıştıkça, denizcilerin ve gemilerin bu uzun yolculuklara dayanamadıkları ortaya çıktı. Gemiler batıyor, denizciler geri dönemiyordu. Uzun deniz yolculukları yapabilmek için daha fazla erzak taşıyabilen ve daha sağlam gemiler tasarlandı.[57] Yolda birbirine destek olmak üzere, birçok gemi birlikte seyahat etti. Bu seferlerde sayısız kayıplar veren Portekizliler yılmadı ve sonunda Afrika'nın güneyinden Asya'ya ulaşabilen onlar oldu. 1487'de Bartolomeu Dias Afrika'nın güneyinden Hint Okyanusu'na geçti. Vasco de Gama ise 1497'de Hindistan'a gidip döndü.

Hindistan'a deniz ticaret yolu açılınca, Lizbon'daki karabiber fiyatı, Venedik'teki fiyatın beşte biri seviyesine indi.[57] Bu şekilde kervan yolu ile yapılan ticarete karşı büyük bir avantaj sağlandı. İpek Yolu ve Baharat Yolu kullanılmaya devam edecek, ama ciddi bir darbe de alacaktı. Sonuç olarak, Doğu Akdeniz ve İslam dünyası için önemli bir gelir kaybına neden olan bu keşifler, okyanusa açılan Avrupalıları zenginleştirmeye başladı.

Kristof Kolomb keşif seyahatleri yapmadan önce denizci ve haritacı olarak çalışmıştı. İlk seyahatinde pusula kullanarak batıya doğru gidince Hindistan'a ulaşacağını düşünüyordu. 1492'de Asya'ya ulaştığına inanarak Karayip Adaları'nı keşfetti. İlk seyahati ile ilgili yazdığı sekiz sayfalık rapor, 1493'te çeşitli dillere çevrilerek basıldı ve pek çok kişiye ulaştı.[57]

1508'de yeni keşifler haritalara da yansımaya başladı. Matbaa coğrafya bilgisinin hızla güncellenmesine neden oluyordu. Haritaların basılarak çoğaltılması sonucunda gemiciler yeni seferler yapmak için cesaretlendi. Coğrafi keşifleri yapanlar, gittikleri ülkelerdeki yerlilerle mücadeleleri kolayca kazanarak geniş bölgelere sahip oluyorlardı.[57] Bu nedenle, Avrupalılar arasında keşifler ve sömürgeler için bir yarış başladı. Ancak, uzun deniz seyahatlerinde hastalık ve ölümler çok yaygındı. Bu hastalıklara karşı C vitamininin faydalı olduğu keşfedildi.[101]

Bu keşifler beklenmedik olaylara da neden oldu. İngiliz Kaptan Cook, Hawaii Adaları'na ulaştığı zaman, yerliler tarafından önce doğaüstü bir varlık olarak karşılandı ve ağırlandı. Ancak, gemisinin direğinin fırtınada kırıldığı görülünce, yerliler tarafından öldürüldü.

Avrupalılar kısa sürede Orta ve Güney Amerika'ya çok sayıda seferler düzenledi. Pizarro 1532'de sadece 168 askerle 80.000 yerliyi esir aldı. Avrupalıların taşıdığı hastalıkların İnkalara bulaşması sonucunda milyonlarca insan öldü.[31] Daha sonra, benzer bulaşıcı hastalıklar Kuzey Amerika ve Avustralya yerlilerinin ölümlerine neden olacaktı.

Okyanus ötesi keşiflerin en önemli sonuçlarından biri de, *Üçüncü Biyoekonomi Dönemi*ni başlatmış olmasıdır. Bu dönemde öncelikle, keşfedilen kıtalardan getirilen bitkiler Avrupa'da üretilmiş veya tüketilmiştir. Örnek olarak, kakao, tütün, domates, patates, mısır, fasulye ve ananas gösterilebilir. Buna karşılık,

Avrasya'dan götürülen şeker kamışı, pamuk, üzüm ve buğday da yeni keşfedilen kıtalarda büyük ölçekte üretilmeye başlanmıştır. Bu çiftliklerde çalıştırılmak üzere milyonlarca insan avlanıp köleleştirilmişti. Köle ticareti kapsamında Afrika'dan Amerika'ya götürülen milyonlarca insanın gemilerde ve çiftliklerdeki korkunç ortamlarda yaşamlarını yitirdiğini unutmamak gerekir.

Yeni keşfedilen topraklara götürülen hayvanlar arasında at, köpek, domuz, sığır, tavuk, koyun ve keçi önemli yer tutar. Örneğin, Amerika kıtasında sığır üretimi önemli bir biyoekonomik değer yaratmıştı.

*Üçüncü Biyoekonomi Dönemin*de önemli bir gelişme de Avrasya'da artan nüfus nedeniyle, yeni kıtalara göçlerin yaşanmasıdır. Bu şekilde özellikle Avrupa'da nüfus artışının yavaşlatıldığı ve kıtlıkların kısmen önlendiği söylenebilir.

Keşfedilen ülke ve kıtalar sömürgeleştirilerek ucuz hammaddeler temin edildi. *Sanayi Devrimi*'nin gerçekleştirilmesi için gerekli zemin hazırlandı. Avrupa için 18. yüzyıl bir inovasyon çağı olmasına rağmen, 1775 yılında Asya ülkelerinin dünya ekonomisindeki payı hâlâ %80'di. Bu durum ancak 19. yüzyılda gerçekleşecek olan *I. Sanayi Devrimi* ile değişti.[101]

*Sanayi Devrimi*'nin temelleri, 18. yüzyılda evlerde yapılan üretimle atıldı. Ancak bu gelişmeler sonucunda sosyal patlamalar da oldu. Avrupa'daki geleneksel meslek birlikleri (Loncalar) sanayideki gelişmeleri tehdit olarak gördü ve organize bir şekilde direndi.[57] Gerçek *Sanayi Devrimi* ise 1820'den itibaren kurulacak fabrikalar ile başladı.[84] Çağdaş fen ile kapitalizmin birleşmesi Avrupa'ya büyük bir ivme kazandırdı.[101] Sömürgelerden temin edilen altın ve hammaddeler de sanayinin gelişmesine destek oldu. Ancak, altın ve gümüşün bollaşması enflasyonu tetikleyerek sosyal ve ekonomik sorunları da birlikte getirdi.

*Sanayi Devrimi* sonucunda, 19. yüzyılda üretim kapasitesi ilk defa ihtiyacın üstüne çıktı. Tüketimin artırılmasına yönelik fuarlar ve sergiler kuruldu. Bütün dünya pazar olarak görüldü. Bu dönemde, Paris ve Londra gibi büyükşehirler gelişerek, sanayi ve kültür merkezlerine dönüştü. Bilimsel keşiflerin artması ve icatların yaygınlaşması sonucunda, yeni meslekler ve sosyal yapılar ortaya çıktı. Buna paralel olarak, şehirleşme ve sosyokültürel değişimin yaşandığı bu ortamda insanlar, mevcut yönetim sistemleri ile sorunlar yaşamaya başladı. 19. yüzyıldaki hızlı gelişmeler 20. yüzyılda ortaya çıkacak devrimlerin ve dünya savaşlarının da temellerini attı.

### Fen Bilimleri

Fen alanındaki gelişmeler için saatin tarihçesine değinerek bu bölüme başlamak istiyorum. Eski medeniyetler güneş saatlerini yaygın olarak kullanmıştı. Ancak gece de vakti gösteren saatlere ihtiyaç ortaya çıktı. 8. yüzyılda Avrupa'da kum saati kullanılıyordu. Şarlman 12 saatlik bir kum saati yaptırdı. Harun El Reşid ise ona bir su saati hediye etti.[57]

Mekanik saatler 14. yüzyılda yapılmaya başlanmıştı. İlk olarak, 1330'da gün 24 eşit saate bölündü. Brunelleschi'nin 1410'da yaylı bir saat yaptığı biliniyor. Christiaan Huygens de 17. yüzyılda sarkaçlı bir saat yaptı. 1670'te saatlere, dakika için ikinci bir kol ilave edildi. İlk cep saati ise Almanya'da yapıldı. 17. yüzyılın sonunda yılda beş bin saat üretiliyordu. 1786'da ise İngiltere'den, yılda 80.000 saat ihraç edildi. Kentlerde saat kuleleri de yaygınlaştı.[57]

İspanya, Fransa ve İngiltere uzun deniz seyahatlerinde hatasız çalışacak kalitede mekanik bir saat arıyorlardı. John Harrison tarafından İngilizler için 1714'te yapılan hassas mekanik saat, dokuz haftalık sürede sadece beş saniyelik hata seviyesine ulaştı.[57] MS 1000'de Çin'de icat edilen pusula, iki yüz yıl sonra

Avrupa'da kullanılmaya başlanmıştı.⁵⁷ Mekanik saatler okyanus seyahatleri sırasında konum belirlemek için, pusula ile birlikte kullanılan aletlere dönüştü.⁵⁷

Fuat Sezgin'e göre, Avrupa'ya İslam dünyasından ulaşan bilgiler Rönesans için altyapıyı hazırladı. İspanyollar tarafından Endülüs'te ele geçirilen kitaplar ve bilim insanlarının bilgi birikimi en büyük kaynağı oluşturdu. Kuzey Afrika'dan Sicilya üzerinden İtalya'ya gelen bilgiler önemli bir kaynak oldu. Üçüncü kaynak ise Bizans üzerinden Avrupa'ya ulaşan bilgilerdi. Bunlara ilave olarak, Haçlı Seferleri'ne katılanlar edindikleri bilgileri ülkelerine götürdüler.¹

Fuat Sezgin tarafından öne sürülen önemli bir görüş de Avrupa'da ilk kurulan bilim merkezlerinin daha önce İslam bilimini özümseyen bölgelerde yani Güney Avrupa'da inşa edilmiş olmasıdır.¹ Böylece, İslam Dünyası'ndaki bilgi birikimini devralan Batı Rönesans için gerekli altyapıyı hazır buldu. İslam Dünyası'nda keşif ve icatlar için merak azalırken, Avrupa'da keşif ve icat haberleri herkeste büyük bir merakın uyanmasına neden oldu. Medici Hanedanı mensupları bile bilim dersleri almaya başladılar.⁵⁹

Matbaanın katkısı ile Avrupa'da okuryazarların sayısındaki artış, Doğu ile Batı arasındaki farkı hızlı bir şekilde büyüttü. 16. yüzyılda, başta Almanya olmak üzere Avrupa ülkelerinde, erkek ve kız çocuklarının okula gitmesi mecbur edildi. Bu dönemde gazeteler çoğaldı ve fikir özgürlüğü yaygınlaştı. Böylelikle, bir yüzyıl içinde Batı Avrupa dünyanın geri kalan kısmından ayrılarak hızlı gelişme yoluna girdi.⁵⁹

Avrupa'da kadavra üzerinde yapılan çalışmalar, Galen ve İbn Sina'dan devralınan tıp mirasının ileri bir seviyeye taşınmasına fırsat verdi. Daha önce maymun, domuz ve köpek üzerinde yapılan anatomi çalışmaları yanıltıcı oluyordu. Vesalius kadavradan yaptığı çizimleri 1543'te yayımlayarak yeni bir çığır açtı.⁸⁴ Anatomi bilgisi nedeniyle yirmi üç yaşında profesör oldu. Ondan bir asır sonra da Harvey, İbn En Nefis'in 1288'de ortaya atmış olduğu kan dolaşımını ispat etti.² Malpighi, büyüteç kullanarak organlarla ilgili ayrıntılı çizimler yaptı. Geleneksel akademisyenlerin gösterdiği ciddi direnişe rağmen, bu çizimler ders kitaplarında yaygın bir şekilde kullanıldı.

Araştırma faaliyetlerini düzenlemek için 17. yüzyılda ilkönce Roma'da (Accademia dei Lincei), sonra da Londra'da (Royal Society) ve Paris'te bilim akademisi kuruldu. Bunları, diğer ülkelerde kurulan bilim akademileri takip etti.⁵⁹ Bu kurumların, Abbasiler döneminde kurulan Beytül Hikme'ye benzer şekilde bilimsel gelişmeleri yönlendirdiğini ve desteklediğini düşünüyorum.

Napolyon, Mısır'ı 1798'de fethetmeye gittiği zaman yanında 165 bilim insanı götürdü. İngilizler de Hindistan'a çok sayıda bilim insanı yolladı.¹⁰¹ Bu ülkelerdeki tarihi eserler, bitkiler ve hayvanlar incelendi. Örnekler toplanarak müzelere gönderildi.

Bu dönemin bilişim açısından önemi, matbaanın kullanılması sonucunda, bilginin artık herkesin ulaşabileceği şekilde ucuz ve erişilebilir olmasıdır. Keşif ve icatlarla yükselen merak ile sonraki yüzyıllarda oluşacak sanayi devrimlerinin temelleri atılmıştır. Aslında, matbaa ile başlayan bilişim devriminin pek çok alanda *Stratejik Yaratıcılık* kapısını açtığı görülüyor.

Sadi Carnot, 1700'de keşfedilen buhar gücünü kullanan ilk makineyi 1824'te geliştirdi. Buhar makinesinin kullanılması, sanayileşme için bir dönüm noktası oldu. Buharlı trenin 1825'te icat edilmesinin ardından demiryolu ağları oluştu.¹⁰¹ Tren yollarının kullanılması, saatlerin standartlaşmasını gerektirdi. Kömür ile çalışan buhar makineleri, tren ve vapurlarla yapılan insan ve yük taşımasında devrim yaratmıştı. Daha sonra içten yanmalı motorların geliştirilmesi, artmakta olan hava kirliliğini azaltmakta başarılı olmuştur.

Beni Musa Kardeşler tarafından Halife Memun zamanında yapılan bir müzik makinesi örnek alınarak Batı'da benzerleri yapıldı. Bu makinelerin işleyişinden esinlenen Joseph Jacquard'ın tasarlayıp patentini aldığı dokuma makineleri, 1801 yılında Fransa'da üretimde kullanıldı. İlk hesap makinelerini yapan Charles Babbage'ın da bu modelden esinlendiği düşünülüyor.

Sanayideki gelişmelerin Avrupa'da da kolay kabul edilmediğini hatırlatmakta yarar var. Dokuma makinelerinin kullanılması ciddi sosyal sorunlara neden oldu. İşsiz kalan işçiler 1804 yılında bu makineleri parçaladı.[102] Dokumada kullanılan mekiği icat eden John Kay'in de evi yakıldı.

Elektrik enerjisinin yaygınlaşması ve özellikle de ampulün geliştirilmesi şehirlerde gece hayatını renkli ve güvenli hale getirdi. Ancak, 1880'de Londra sokaklarının elektrikli lambalarla aydınlatılmasına önce karşı çıkıldı ve bir süre için engellendi.[31]

Wilhelm Röntgen 1891'de, fotoğraf plakaları henüz kullanılmadan bozulunca, bu olaya neden olan radyasyonu keşfetti.[103] 1901'de Nobel Ödülü'nü alan ilk bilim insanı, bedenin içinin görülmesini sağlayan Röntgen olacaktı.

Bu dönemde icat edilen buzdolabı da, gıda maddelerinin kalitesi açısından, ateşin icadından sonra en önemli yeniliklerden biri sayılabilir.

Buhar makinesinin icadı ile birlikte pamuk hasadında kullanılan çırçır makinesi ve dokuma tezgâhlarının ortaya çıkışı, köle çalıştırmayı ekonomik olmaktan çıkararak, bu önemli sosyal sorunun halledilmesine yardımcı olmuştur.

Daktilonun icadı da okuryazarlık açısından önemli bir devrim olmuştur. Telefon ve telgraf da uzaktan haberleşme konusunda büyük imkânlar sağlamıştır.

Sanayi Devrimi nedeniyle, 1850'den itibaren hızla gelişen Avrupa 20. yüzyılın başında ekonomik gücün merkezi oldu.[101] *Sanayi Devrimi*'ni hazırlayan etkenlerin 15. yüzyıldan itibaren yapılan keşif ve icatlar olduğu unutulmamalıdır. Küresel hâkimiyet yarışına giren Avrupa ülkeleri; fen, sanayi, ticaret ve ekonomi alanlarındaki bütün birikimlerini seferber etti.

Avrupa'daki sanayi devriminin ve teknolojik gelişmelerin sağladığı stratejik üstünlük bir silah olarak kullanıldı. Ancak, bu gelişmeler, çevre kirliliğine ve ciddi insani sorunlara da neden oldu. Sanayide yoğun kömür kullanılması, İngiltere'de nefes almayı zorlaştıracak derecede hava kirliliği yarattı. Sağlıksız yaşam koşulları ve çocuk işçilerin çalıştırılması bulaşıcı hastalıkların yaygınlaşmasına ve genç yaşta ölümlere neden oldu.

Avrupa ülkeleri sanayide yaratılan üretim fazlalarını satabilmek için askeri güç kullanmaktan ve savaşmaktan geri durmadılar. Uzun yıllar boyunca Afrika'dan Amerika'ya yönelik köle ticaretinden büyük karlar sağlandı. İlginç bir örnek de Çin'de yaşandı. İngilizler, fahiş afyon ticaretinden elde ettikleri gelirleri sürdürebilmek için Çin'e savaş açtı. Afyon tüketiminin serbest bırakılmasını sağladı. Tarihteki sosyal ve teknolojik gelişmeleri, ahlaki ve çevresel boyutları ile de değerlendirmek gerekiyor.

Sonuç olarak, 19. yüzyıl birçok açıdan bir yeniden yapılanma dönemi oldu. Bu yüzyılda yapılan yeni bina sayısı, daha önceki dönemlerde yapılanların toplamından fazlaydı. Özellikle de demir iskeletli çok katlı binalar yapıldı. Büyük binaların kullanılmasını mümkün kılan en önemli yenilik, asansörün icat edilmesiydi.

Bu dönemdeki icatların pek çoğu, günümüzde de kullanılarak yaşamı kolaylaştırmaya devam etmektedir. Tren, otomobil ve bisiklet gibi ulaşım araçları uzun mesafelere seyahat etmek için yaygın bir şekilde kullanılıyor.

## Görsel Sanatlar

Rönesans döneminde, Roma İmparatorluğu'ndan kalan çeşitli sanat eserleri ve yapılar incelendi. Kazılar yapılarak eserler ortaya çıkarıldı.[103] Onlar, sanat ve mimari için örnek olarak incelenmeye başlandı. Bu süreçte, kubbe tasarımlarını inceleyen ve resimlerini çizen mimar Filippo Brunelleschi perspektif kavramını icat etti.

Aslında perspektif kavramına tarihi eserlerde bile rastlanıyordu. Hatta Giotto, 14. yüzyılın başında uzaklığa bağlı olarak nesnelerin boyutlarını hesaplıyor ve resimlerinde uyguluyordu. Ancak, bilimsel (doğrusal) perspektifi, 15. yüzyılın başında Brunelleschi ilk defa mimari için kullandı.[85] Floransa'daki katedralin kubbesi için açılan ihaleyi, Roma'daki tarihi binalardan esinlenerek yaptığı tasarım ile kazandı. Daha sonra, Leonardo tarafından mekanik aletlerin çiziminde de perspektif uygulandı. Teknik resimde perspektifin kullanılması, mekanik tasarımı kolaylaştırdı ve hızlandırdı. Böylece *Sanayi Devrimi*'nin temelleri atıldı.

Masaccio, resimde doğrusal perspektifi ilk kullanan ressam oldu.[104] Albrecht Dürer perspektif tekniği üzerine bir kitap yazdı.[85] Dürer, *"perspektifin resimdeki unsurlar arasında birliktelik sağladığını"* vurguladı.[105] Rönesans sanatçıları, mitolojik ve dini konuların dışına çıkmaya, günlük yaşamı resimlemeye başladılar. Dürer de ilk otoportre yapan ressam olarak biliniyor. Bu dönemden itibaren portre yaygınlaştı. Yeni zenginlerin kendi resimlerinin yapılmasını talep etmesinden dolayı, sanat Kilise'nin emrinden çıkarak insan merkezli hale geldi.[23]

Rönesans esasen yağlıboya resim dönemidir. Leonardo sadece dört temel renk, yani sarı, mavi, kırmızı ve yeşil kullanarak resim yaptı.[67] Tabloların doğadaki renklere kavuşması, 19. yüzyılda boya kimyasındaki gelişmelerden sonra olacaktır.

19. yüzyılda fotoğrafın icat edilmesi, görsel sanatlar açısından bir dönüm noktası oldu. Böylece, fotoğraf ile geleneksel görsel sanatlar arasında bir rekabet başladı. Ayrıca, akademik olarak tanımlanan gerçekçi resim tarzı ile ona alternatif oluşturmaya çalışan yenilikçi akımlar arasında uzun sürecek mücadele de tetiklendi. Daha önceki yüzyıllarda, Batı sanatı sürekli olarak gerçeğe yakın resme yönelmişti. Perspektif de gerçekçilik açısından önemli bir katkı sağlamıştı. Fotoğraftan sonra, gerçekçi resmin sanat için hedef olması sorgulanmaya başlandı.[106] Giderek güçlenen yazılı basın da fotoğraf ile zenginleşti. Fotoğrafın icat edilmesi, sinemanın temellerini attı. İlk sinema denemeleri 19. yüzyılın sonlarında ortaya çıkmaya başladı.

### Doğu ile Batı Arasındaki Uçurum

Doğu'nun temsilcisi olarak İslam dünyasında bilimsel merakın azalması ile eşzamanlı olarak Batı'da ekonomi, sanat ve fen alanlarındaki gelişmeler nedeniyle, 16. yüzyılın sonu *Stratejik Yaratıcılık* alanında bir devir teslime sahne oldu. 17. yüzyıldan itibaren İslam dünyasında durgunluk giderek yaygınlaşırken, Batı'da yükselen keşif ve icatlar, *Sanayi Devrimi*'nin altyapısını hazırlamaya başladı. Okyanuslarda dolaşan gemiler ticari ve askeri faaliyetleri küreselleştirdi. Hafif ve uzun menzilli toplarla donanan yelkenliler açık denizlerde büyük üstünlük sağladı. Böylece, Avrupa'da Sanayi Devrimi'ne giden yollar açılırken, Osmanlı tarafında artan ticari, siyasi ve mali sorunlar, büyük toprak kayıplarına neden oldu.

Doğu'da duraklama nedenlerini aşağıdaki başlıklarla özetleyebiliriz:

| GİRİŞ | 1. BEYİN | 2. STRATEJİK | **3. TARİHSEL** | SONUÇ |

1. Medreselerde fen eğitimi verilmemesi
2. Rasathanelerin yıkılması
3. Kadavra çalışılmasına izin verilmemesi
4. Matbaaya izin verilmemesi
5. Okuryazarlığın yaygınlaşmaması
6. Teknik resim için perspektif uygulanmaması
7. Ekonomik sorunların çözülememesi, yüksek faiz, kapitülasyonlar
8. Tarım alanlarının terk edilmesi, *Kaçgunluk* ve vergi toplanamaması
9. Savaşların ve toprak kayıplarının neden olduğu mali sorunlar

Batı'da gelişmelerin nedenlerini aşağıdaki başlıklarla özetleyebiliriz:

1. Matbaanın kullanılması ile kitap, gazete ve haritaların yaygınlaşması
2. Okuryazarlığın mecburi olması
3. Perspektifin resimde ve mühendislikte kullanılması
4. Okyanus yollarının ve kıtaların keşfedilmesi ile sömürge ve deniz ticareti
5. Üniversite ve bilim derneklerinin yaygınlaşması
6. Teleskop ve mikroskop ile yapılan keşifler
7. Buhar ve elektrik enerjilerinin kullanılması
8. Makineler ve Sanayi Devrimi

```
  GİRİŞ  →  1. BEYİN  →  2. STRATEJİK  →  3. TARİHSEL  →  SONUÇ
```

Aşağıda İslam Dünyası'nın durgunluk döneminden sonra Batı'nın yükselişi ile ortaya çıkan uçurum görsel olarak özetlenmiştir.

**BATI MEDENİYETİ 15-19 YY**

MATBAA – KİTAP – GAZETE
ÇEVİRİ – KÜTÜPHANELER
ÜNİVERSİTE – DİPLOMA

BİLİM DERNEKLERİ
(Accademia dei Lincei, Royal Society)

KITALARIN KEŞFİ
OKYANUS TİCARETİ

SANAYİ DEVRİMİ
TEKNİK RESİM (Perspektif)

GÖRSEL SANATLAR
(Perspektif, Fotoğraf, Sinema)

MİKROBİYOLOJİ – HASTALIKLAR
(Leeuwenhoek, Pasteur, Koch)

BİYOLOJİ (Mendel, Darwin)
KİMYA (Mendeleyev, Lavoisier)
FİZİK (Newton, Röntgen)
TIP (Vesalius, Jenner)
ASTRONOMİ (Copernicus, Brahe, Galileo, Kepler)
MÜHENDİSLİK (Buhar Makinası, Dokuma Makinası, Ampul, Hafif Top) (Watt, Newcomen)
ULAŞIM (Buharlı Tren, Gemi, Bisiklet, Telgraf, Telefon)

**İSLAM MEDENİYETİ 9-15 YY**

TERCÜME KİTAP – KÜTÜPHANE
MEDRESE

HARİTACILIK – COĞRAFYA (İbn Batuta, El İdrisi)

TIP (İbn Sina, İbn-En Nefis)

OPTİK (İbn-El Heysem)

BİLİMSEL YÖNTEM (Câbir)

ASTRONOMİ (Uluğ Bey, Takiyeddin)

ALGORİTMA (El-Harizmi)

OTOMATİK MAKİNALAR
(Beni Musa Kardeşler, El-Cezeri)

## GELECEK NASIL OLACAK? DOĞU VE BATI KAVRAMLARININ SONU MU GELİYOR?

*Göbeklitepe, günümüzden 12 bin yıl önce yapılmış, benzeri olmayan bir eserdir. Medeniyetin önemli dönüm noktalarından birini işaret eder. Bulunduğu yer, tarımın ve pek çok önemli icadın ilk kez ortaya çıktığı Bereketli Hilal (Fertile Crescent) bölgesindedir. Tarım, insanlık tarihinde Stratejik Yaratıcılık'ın en önemli eserlerinden biri olmuştu. Bitkilerin ve hayvanların evcilleştirilmesiyle başlayan Birinci Biyoekonomi Dönemi ile yerleşik düzene geçişten sonra, pek çok yenilik ortaya çıkmıştı.*

*Tarımın Ortadoğu'dan Avrasya'ya yayılmasıyla büyük medeniyet yolculuğu başladı. Asya'dan kaynaklanan Çin, Hint ve Ortadoğu medeniyetleri Batı'ya akan bir nehir oluşturdu.*

*Şimdi yeni bir dünyanın kurulmaya başlandığını görüyoruz. Bu kitabı yazarken kullandığım bilgisayar, Amerika kıtasında tasarlanmış ve Çin'de üretilmiş bir Pasifik Okyanusu ürünüdür. Uzakdoğu'daki gelişmeler, acaba Doğu-Batı tartışmasının artık sonunu mu getiriyor?*

Stratejik Yaratıcılık'ın beşiği olan Bereketli Hilal; tarımın, tekerleğin, camın, yazının ve pek çok önemli keşif ve icadın ortaya çıktığı bölgedir. Evcilleştirilen bitki ve hayvanlarla birlikte yaşamın gerçekleştiği ilk yerleşim merkezleri burada kurulmuştu. Mezopotamya'dan Avrasya'ya yayılan tarım ve teknoloji dalgası, Akdeniz bölgesini bir medeniyet havuzuna dönüştürmüştü. Asya, Avrupa ve Afrika'nın ticareti Akdeniz bölgesi üzerinden gerçekleşiyordu. Bu kitapta, hayvanların evcilleştirilmesi ve tarımın yaygınlaşması ile başlayan süreç *Birinci Biyoekonomi Dönemi* olarak tanımlandı. Bu şekilde büyük medeniyetlerin oluşması mümkün olmuştu.

İslam dünyasının geniş bir coğrafyaya hâkim olması da *İkinci Biyoekonomi Dönemi*ni yarattı. Bu dönemde yaratılan refah, özellikle de kervanlarla her yere ulaştı.

Akdeniz havzasındaki ticaretten pay alamayan Avrupalılar okyanuslarda yeni fırsatlar aramaya başlayınca, Amerika kıtası keşfedildi ve Hindistan'a ulaşıldı. Keşiflerin sağladığı altın ve gümüş yanında bitkisel ürünleri de hatırlamakta yarar var. Patates, domates, mısır ve kakao gibi önemli ürünlerin eski kıtalara tanıtılması ve yeni kıtalarda pamuk, buğday ve sığır üretilmesi *Üçüncü Biyoekonomi Dönemi*ni ortaya çıkardı. Hızla artan dünya nüfusu bu şekilde beslenebildi. Böylece yükselen rekabet gücü, Avrupa'nın *Stratejik Yaratıcılık*'ın yeni merkezi olmasını sağladı. İslam dünyasından gelen bilgi ve beceriler, Avrupa'daki gelişmelerin temelini oluşturdu. Özellikle de, *Sanayi Devrimi* ile birlikte Kuzey Avrupa, fen ve sanat alanlarında öncü konuma yerleşti. Ancak, 20. yüzyıla gelindiğinde iki dünya savaşı Avrupa'nın yakılıp yıkılmasına neden oldu. Buna ilaveten, eğitilmiş insanların Amerika'ya göçü gerçekleşti. Böylece, *Stratejik Yaratıcılık*'ın merkezi Kuzey Atlantik'te konumlandı.

Günümüzde ise, Pasifik Okyanusu'na kıyısı bulunan ülkeler *Stratejik Yaratıcılık* için yükselen bir güç odağı oluşturuyor. ABD, Çin, Japonya ve Güney Kore gibi Pasifik bölgesi ülkeleri aldıkları uluslararası patentlerle başı çekiyorlar. Buna karşılık

İslam dünyasının tamamı, sadece Güney Kore kadar bile patent üretemiyor.

Amerika 2017'deki patentlerin %46 kadarını alırken, Asya ülkeleri %31'e ulaşmış durumda. Avrupa ise %15 ile daha geriden geliyor. Şirket sıralamasında ise; 1. Amerikan IBM, 2 ve 3. ise Güney Koreli Samsung ve LG.[107]

Yeni dünya düzeninde, Çin önemli bir oyuncu olarak ortaya çıkıyor. Bunun en belirgin işareti, Çin'in yetiştirdiği doktoralı uzman sayısının Amerika'yı yakalamış olmasıdır. Artık, Asya Kaplanları da sanat ve fen alanlarındaki yenilikler ile ürün tasarımı yarışına katılmış durumdadırlar. Bu gelişmeler, gelecekte *Stratejik Yaratıcılık* oyununun Pasifik Okyanusu'nu çevreleyen ülkeler arasında oynanacağını gösteriyor. Bu küresel oyunda rol alamayan ve yüksek katma değer üretemeyenler rekabet şansı bulamayacaklar.

Günümüzde yüksek katma değer yaratabilmek için, geleneksel sanayi ürünlerinden bilişim teknolojilerine doğru geçiş gerçekleşiyor. Yeni sanayi devleri yazılım ve iletişim alanlarından çıkıyor. Robotların çalıştığı karanlık fabrikalar kuruluyor. Paylaşım ekonomilerine dayalı ülkeler geride kalırken, yüksek katma değer üreten ülkeler yükselişte.

Her gün yeni gelişmelerin olduğunu duyuyoruz. Rus kozmonot Yuri Gagarin 1961'de atmosferde yolculuğa çıktığı zaman yer yerinden oynamıştı. O haberi hatırlayacak yaşta olanlar bugün, ticari uzay yolculuğuna hazırlanıyorlar. Yapay Zekâ, Robotik, Nöroergonomi ve Biyoekonomi sözcüklerini duymadan günümüz geçmiyor. Gelişmiş ülkeler, Çin'deki üretimden ve Hindistan'daki yazılımdan nasıl etkileneceklerini veya nasıl yararlanabileceklerini hesaplıyorlar. Şimdi yeni sorular akla geliyor: Gelecek nesiller Çince öğrenmeden yaşayabilecekler mi? PISA ve sayısal okuryazarlık sıralamalarında yükselmeden üçüncü bin yılda rekabet mümkün olabilir mi?

21. yüzyılda Atlantik Okyanusu üzerinden Pasifik Okyanusu'na doğru kayan *Stratejik Yaratıcılık* merkezi kısa vadede yer değiştirecek gibi gözükmüyor. *Medeniyetler Çatışması* tartışması *Medeniyetler İttifakı*'nı gündeme getirmişti. Ben bu kavramların, çevre kirliliği ve küresel iklim değişikliği gibi temel gelişmeleri görmezden geldiğini düşünüyorum. Dolayısı ile onları, küresel gelişmeleri anlamak için yeterli bulmuyorum. Örneğin, son yıllarda Küresel İklim Bozulması ile birlikte ortaya çıkan fırtına ve yağışların tarım üzerindeki etkileri, gıda üretimi ile ilgili endişe yaratıyor. Azgelişmiş ülkelerde hızla artmaya devam eden nüfusun nasıl besleneceği bilinmiyor. Özellikle de Afrika ve Güney Amerika'da kıtlıkların ve göçlerin devam edebileceği düşünülüyor.

Bütün bu gelişmeler, Biyoekonomi konusunun gelecekte giderek daha önemli olacağını gösteriyor. Bu nedenle Gelişmiş Ülkeler yeni stratejiler geliştirmeye çalışıyorlar, tarım, hayvancılık, ormancılık ve gıda gibi alanlara yönelik politikalar geliştiriyorlar. Toprağın değeri yükselecek ve çiftçilik önem kazanacak gibi görünüyor. Çiftçi bir aileden gelen biri olarak, ülkemizde de bu yönde gelişmelerin olmasını bekliyorum.

İnsanlar yaşadıkça, *Yaratıcı Kimlik*'lerin merakı öne çıkacak ve *Stratejik Yaratıcılık* alanındaki yarış devam edecektir. Bu yarışa katılabilecek *Yaratıcı Kimlik* sahibi bireyleri yetiştirebilen ülkeler küresel rekabette yerlerini alacaklardır. Bunu başaramayanlar ise geride kalacaklar, hatta yeni düzene ayak uyduramadıkları için sömürüleceklerdir.

İngiltere ile Hollanda arasında 17. yüzyılda uzun süreli savaş ve rekabet yaşanmıştı. Bu dönemde Hollandalı Leeuwenhoek, İngiliz Royal Society ile haberleşmiş ve sonunda oraya üye seçilmişti. Bilgi alışverişi savaş ortamında bile devam etmişti.

Amerika'da Bell laboratuvarlarında icat edilen transistor ürüne dönüştürülemedi. Buna karşılık, Japon Sony şirketi patent haklarını satın alarak ilk transistorlu radyoyu yaptı. Sony'nin bir dünya devi olmasında bu teknolojinin payı çok büyüktür.

Benim bu olaylardan çıkardığım ders, medeniyetin ilerlemesi için savaş şartlarında bile bilginin öğrenilmesinin ve paylaşılmasının gerekli olduğudur. Daha da önemlisi, bilgiyi en kısa zamanda uygulamaya geçirerek insanların refahı sağlanmalıdır. El Cezeri'nin söylediği gibi, bilgi uygulamaya geçerek insanlara refah getirdiği zaman anlam kazanır.

Fen alanındaki yarışın sadece beyaz önlüklü araştırmacılar arasında gerçekleştiği izlenimini vermek istemiyorum. Ülkeler ve büyük şirketler arasında ciddi ölçüde rekabet ve hatta casusluk faaliyetlerinin olduğunu hatırlatmakta yarar var. Hatta pek çok ülkenin, ulusal şirketleri koruyabilmek için her türlü önlemi aldığı görülüyor. Kısaca, fen ve ticaret savaşlarının her yerde karşımıza çıktığı söylenebilir.

Özetlemek gerekirse, son yüzyıllarda sanat ve fen alanlarındaki gelişmişlikle eşanlamlı olarak kullanılan Batı kavramı artık anlamını yitiriyor. Patentlerin çoğu, Uzakbatı ile Uzakdoğu arasında paylaşılıyor. Bu gelişmeler bize, günümüzde oluşmakta olan küresel rekabeti yeniden tanımlamamız ve yepyeni yol haritaları oluşturmamız gerektiğini söylüyor.

Sonuç bölümünde, kısa bir özet ile birlikte, *Stratejik Yaratıcılık* yarışında yer almak için gereken önlemlere değineceğim.

# SONUÇ VE ÖNERİ:
## STRATEJİK YARATICILIK SEFERBERLİĞİ

### *Beş Yüz Yıllık Uykudan Uyanmak*

*Nobel Ödülü alan vatandaşımız Aziz Sancar, ülkemizdeki bilimin durumunu anlatmak için Beş Yüz Yıllık Uyku tabirini kullanmıştı. MIT'de (Massachusetts Institute of Technology) görev yapan Mehmet Toner de bu ortamı fidanların kök salamadığı bir çöle benzetti. Bu tespitlere genel olarak katılıyorum, ancak bu durumun kaderimiz olmadığını düşünerek bir şeyler yapmak gerektiğine de inanıyorum.*

*Sancar ve Toner'in söyledikleri, yıllar önce bir Japon profesörün Türkiye ziyaretini bana hatırlattı. Şimdi size, kısaca Japon hocamdan bahsetmek istiyorum.*

*Amerika'da okuduğum üniversiteye ziyaretçi bilim insanı olarak gelen birçok Japon ile arkadaş olmuştuk. Onlar bana, Hiroşima ve Nagazaki'ye atılan atom bombaları ile yıkılan ülkelerinde geçirdikleri çocukluk dönemini ve yaşanan zorlukları nasıl atlattıklarını anlatmışlardı. En çarpıcı örnek de, savaştan sonra okula ayakkabısız gitmek zorunda kalınmasıydı. Başarıya giden yolda, Japonlar pek çok fedakârlık yapmak zorunda kalmışlardı.*

*Uzun bir yokluk döneminden sonra taşlar yerine oturmuş, Japon şirketler ve üniversiteler dünyada ilk sıralarda yerlerini almıştı. Artık, ülkeleri zenginleşmesine rağmen hâlâ* çok küçük evlerde oturuyor ve mütevazı bir yaşam sürüyorlardı. Japonya'nın tekrar ayağa kalkmasında en önemli faktör, yüksek eğitimli ve çalışkan insan kaynağı olmuştu. Almanya'da olduğu gibi orada da, ülke yıkılmıştı, ama eğitim seviyesi yüksek bir nüfus vardı. Savaştan sonra gelen refah ile yeni neslin boy ortalaması 10 cm uzamıştı.

Japon hocalardan biri yıllar sonra, Türkiye'ye ziyarete geldiğinde onunla İstanbul sokaklarında dolaştık. Gördüklerine şaşırmıştı. Benden onu Anadolu'daki bazı şehirlere götürmemi istedi. Orada da benzer görüntülerle karşılaşınca, "Siz artık Asyalı değil Avrupalı bir ülkesiniz" dedi. "Yüksek teknoloji ürünleri üretmiyorsunuz ama onları tüketerek gelişmiş ülkeler gibi yaşıyorsunuz" sözleriyle eleştirdi.

Japon profesör, İslam dünyasını, Japonya gibi bombalanmış ve yıkılmış olarak görüyordu. Ancak, ayağa kalkmak için ciddi bir gayret yoktu. Çeşitli İslam ülkelerindeki gözlemlerine dayanarak bu teşhisi koymuştu. "Ortadoğulular hep atalarının mirasları ile övünürler ama o mirasa layık çalışmalar yapmazlar" dedi. Ona göre, artık bizler sadece başkalarının icatlarını kullanıyor ve ürünlerini tüketiyorduk. Japon profesörün teşhisi elbette çok üzücü ama doğruydu. Dost acı söylüyordu. Samimi olarak bu uyku durumundan kurtulmamız gerektiğini işaret ediyordu.

Burada, kısaca benim de aralarında olduğum pek çok insanın Beş Yüz Yıllık Uykudan Uyanma mücadelesinden bahsetmek istiyorum. 1990'ların başında Türkiye'de az sayıda Araştırma-Geliştirme (Ar-Ge) merkezi vardı. TÜBİTAK Marmara Araştırma Merkezi (MAM) Başkanı Ömer Kaymakçalan, Ar-Ge merkezlerinin yöneticilerini bir dizi toplantıya davet etmişti. Refik Üreyen (Arçelik), Şefik Şenyürek (Beko), Alev Yaraman (Paşabahçe), Tuğrul Tekbulut (Logo), Müjdat

| GİRİŞ | → | 1. BEYİN | → | 2. STRATEJİK | → | 3. TARİHSEL | → | **SONUÇ** |

*Altay (Netaş) ve ben (Pakmaya) o toplantılara katılmıştık. Bir masanın etrafında oturur, çalışmalarımızla şirketlerimize ve Türkiye'nin rekabet gücüne nasıl katkı yapabileceğimizi tartışırdık. O günden bugüne gelen süreçte, o şirketlerin her biri, örnek alınacak başarı hikâyeleri yazmış bulunuyorlar. (Not: Değerli Refik Üreyen'i 2014'te kaybettik.)*

*O arkadaşlardan birçoğu araştırma ve geliştirme birikimlerini küçük şirketlerle ve üniversite öğrencileri ile de paylaştılar. Hatta, bütün şirketlere ulaşabilmek ve kamuoyunda Ar-Ge bilinci oluşturmak amacıyla, Pakmaya Bilim ve Teknoloji Toplantıları'nı başlattık. Daha sonra da İstanbul Sanayi Odası'nda İSO-KATEK komisyonu bünyesinde toplantılar yaptık. Bir taraftan da KOLAYBİLGİ adı altında, deneyimlerimizi içeren kitapçıklar yazdık ve İSO'ya dağıtımı için hibe ettik. (Not: Hâlâ internet üzerinden bedelsiz olarak indirilebiliyorlar.) Daha sonra, TEKNORAMA adını verdiğimiz, Simit ve Teknoloji Sohbetleri düzenledik. (Aşağıdaki resimde TEKNORAMA toplantıları için hazırladığım bir afiş var.) Bu çerçevede, ufuk açıcı sunumlar yapıldı ve araştırma-geliştirme deneyimleri paylaşıldı. O dönemde, İSO için organize ettiğimiz Sanayi Kongreleri de başarı örneklerinin tartışıldığı ulusal bir platforma dönüştü.*

Ar-Ge alanına yıllarını vermiş ve birkaç merkezin kuruluşunda görev yapmış biri olarak, yenilik kültürünü yerleştirmenin kolay bir iş olmadığını biliyorum. Yıllar içinde pek çok holding tarafından kurulan iddialı, hatta başarılı Ar-Ge bölümlerinin kapatıldığını da gördüm. Bu nedenle günümüzde, pek çok Ar-Ge merkezinin çalışmaya devam etmesinin önemli bir başlangıç olduğunu düşünüyorum. Devletin bu girişimleri desteklemesi, yeni ürün ve hizmetlerin ortaya çıkmasına neden oluyor. Bu şirketlerin, ihracat yaparak küresel rekabete hazırlandığını görerek umutlanıyorum.

Beş Yüz Yıllık Uykudan Uyanma'nın ve çölde fidan yetiştirmenin kolay olmadığını bilmeyen biri değilim. Uzaklardan tablonun daha da kötü göründüğünü tahmin ediyorum. Ama birilerinin de bu topraklarda, El Cezeri'nin, Uluğ Bey'in ve Takiyeddin'in hatırası için birer fidan dikmeye çalışması gerekiyor.

Kitabın kısa bir özetini yaparak, önerime geçmek istiyorum. İnsan beyninde temel ihtiyaçlara yönelik olarak uzmanlaşmış yapılar olduğunu, Nöroloji ve *Nöroestetik* alanlarındaki çalışmalara dayanarak anlıyoruz. Bu yapılar, *Fizyolojik, Bedensel, Duygusal, Bilge* ve *Yaratıcı Kimlikler*'i oluşturuyor. *Fizyolojik Kimlik* bizim besin ve enerji ihtiyacımızı karşılar ve bizi hastalıklara karşı korur. *Bedensel Kimlik* başta spor, cinsellik ve bedensel etkinlikler olmak üzere dış görünüşümüzde ortaya çıkar. *Duygusal Kimlik* aile ve sosyal ilişkilerimizi yönetir.

*Fizyolojik, Bedensel* ve *Duygusal Kimlikler*'in, beynin altyapısını oluşturan %20'lik kısmına odaklandığından bahsetmiştim. Bu kimliklerin bulunduğu dünyayı Biyosfer olarak tanımlamıştım. Ne yazık ki, çoğu zaman Biyosfer'de dolaşıyor ve beynin küçük bir kısmını kullanarak yaşıyoruz.

*Bilge Kimlik* sağduyulu bir vatandaş olarak toplumda ve kurumlarda yer almamızı sağlayan eğitim, görgü ve deneyimle ortaya çıkar. *Yaratıcı Kimlik* ise yeni sorunlara yeni çözümler üretmemizi sağlar. *Bilge ve Yaratıcı Kimlikler*in *Stratejik Beyin* olarak isimlendirdiğimiz *Neokorteks* tarafından yönetildiğinden bahsetmiştik. Ayrıca, bu kimlikleri kullanan kişilerin Stratosfer adını verdiğim stratejik bir dünyada etkin olduklarını da söylemiştim.

Bütün bu kimliklerin, insanın *Yaşamsal Satranç* oyununda birbirinden farklı ama önemli rolleri vardır. Onların her biri, yaşam boyu edinilen eğitim ve deneyim ile oluşturulur. Çoğu insanın, hedeflerine ulaşmak için, bu kimlikleri birlikte kullandığını görüyoruz. Bu kimlikler, insanların dış dünyaya bakış ve *Görsel Düşünme* şekillerini belirliyor. Gençlere, mutlu bir yaşam için her bir kimliğin işlevinin öğretilmesi ve doğru alışkanlıkların kazandırılması gerekir.

*Fizyolojik*, *Bedensel* ve *Duygusal Kimlikler* bizim bütün canlılar ile ortak ihtiyaçlarımıza yöneliktir. *Bilge ve Yaratıcı Kimlikler* ise, Stratosfer'de insanların medeniyetleri oluşturan özelliklerini temsil eder. *Bilge Kimlik* sosyokültürel birikime sahip çıkarak sonraki nesillere aktarılmasını sağlar. *Yaratıcı Kimlik* ise, yeni sorunların çözülmesi ile birlikte yeni fırsat alanları açar. Ancak, çoğu toplumda bireylerin *Yaratıcı Kimlik*'le yetişmesi ve üretken olması için uygun ortamlar oluşmaz. Son dönemde Aziz Sancar ve Mehmet Toner de, işte bu eksikliğe işaret ediyorlar. Yani, eğitim sistemimiz ve çalışma yaşamımız *Stratejik Beyni*mizi kullanmaya fırsat vermiyor. Başka bir deyişle, biz gençlerin yaratıcılığını ortaya koyabilecekleri bir ortam yani bir Stratosfer oluşturmuyoruz. Hatta, gençlerin zihinsel olarak kısırlaşmasına neden oluyoruz. Sancar ve Toner gibi yeteneklerin ülkemizi terketmesine seyirci kalıyoruz.

İnsan beyni *Görsel Düşünme* konusunda üretken bir yeteneğe sahiptir. Bu yeteneği kullanarak, işaret dilleri, görsel sanat eserleri ve tasarımlar üretilmiştir. *Görsel Düşünme*'nin *Yaratıcı*

| GİRİŞ | → | 1. BEYİN | → | 2. STRATEJİK | → | 3. TARİHSEL | → | **SONUÇ** |

*Kimlik* için özellikle önemli olduğu görülüyor. Ayrıca, *Görsel Düşünme* sanat ve fen alanları arasında işbirliği yapılması için ortak paydayı da oluşturuyor. Farklı disiplinler arasında *Görsel Arakesit*'te yapılan çalışmalar, *Stratejik Yaratıcılık* yolunu açıyor.

Doğru beslenme, uyku ve spor alışkanlıklarının edinilmesi, *Fizyolojik ve Bedensel Kimlikler*'in oluşması için önemlidir. Sosyal etkinlikler, *Duygusal Kimlik*'in kazanılmasına yardımcı olacaktır. Eğitim sistemi *Bilge Kimlik* oluşturmaya yönelik olmakla birlikte, kitap okumak, seyahat etmek, sinema ve tiyatro gibi kültürel etkinliklere katılmak bir medeniyet mirasının devralınmasını sağlar. *Yaratıcı Kimlik* oluşturmanın zorluklarından bahsetmiştim. Bu amaçla, görsel ve uzamsal beceri gerektiren etkinlikler, yani resim, seramik ve ahşap işleri gibi el ve göz koordinasyonunu gerektiren hobilerin faydalı olduğuna inanıyorum. Herkese ve özellikle gençlere, yıllık hedeflerini belirlerken, bütün kimlikler için yeterli zaman ayırmalarını tavsiye ederim.

Günümüzde, sanat ve fen alanlarının önemlerinin arttığına şahit oluyoruz. Sanat eserleri yüzlerce milyon dolarlara satılırken, teknoloji şirketleri milyar dolar seviyelerinde değerlere ulaşıyor. İnsanlar ceplerinde taşıdıkları *Stratejik Yaratıcılık* eseri telefonlarla sürekli konuşarak harcama yapıyor. Aslında dünyada kesintisiz bir şekilde *Stratejik Yaratıcılık* yarışı devam ediyor. Bu yarış geçmişte de vardı ve gelecekte de gündemde olacak. Gençlerin bu yarışta yer alacak şekilde yetiştirilmeleri öncelikli hedefimiz olmalıdır.

20. yüzyılda dünya savaşları sırasında, yaratıcı insanların silah tasarımları ile çatışmalara destek verdiğini gördük. *Stratejik Yaratıcılık* yarışı *Medeniyetler Çatışması*'na hizmet etti. Öte yandan, yaratıcı etkinliklerin olimpiyat oyunlarına benzeyen bir yanı da var. Kimse olimpiyatları, bir spor çatışması olarak görmüyor. İyi sporcular olimpiyatlara katılıyor ve başarı kazanıyorlar. Sporcular ve teknik yöneticiler yarışmaları gözlemliyor,

birbirlerinden öğreniyor ve dersler çıkarıyor. Olimpiyatlar yarışma olduğu kadar bir eğitim ve işbirliği sistemine dönüşüyor.

Stratejik Yaratıcılık olimpiyatlarında yer alabilmek için, bilgi toplumu olmak ve yüksek katma değerli ürünler üretmek gerekiyor. Pek az toprağa sahip olan Japonya ve Güney Kore teknolojik katma değer üreterek bu yarışlarda ön sıralarda yer alıyor. Sadece atalarından devraldığı toprak, sanat ve fen alanlarındaki mirasını tüketen toplumlar ise, duraklamaya başlıyor. Bir zamanlar Akdeniz'in incisi olan Venedik bile, artık mirasyedilere örnek gösteriliyor. Bir müze şehre dönüşen Venedik'te artık yenilik yapılmıyor, turizm gelirleri onu içinde bulunduğu bataklığın üzerinde tutuyor.[108]

İlk çağlardan itibaren taş aletler, tekerlek ve ampulü yapan insanlar arasında, Stratejik Yaratıcılık yarışları ve işbirlikleri meydana gelmişti. Aletler, makineler, eserler, patentler ve yayınlar başkaları için ilham kaynağı oldu. İslam medeniyetinin pek çok önemli eserleri de, komşu medeniyetlerin birikimini kullanarak ortaya çıkarılmıştı. Beni Musa Kardeşler de, El Cezeri de, Yunanlı Heron'un eserlerini inceleyerek yeni tasarımlar ortaya koymuşlardı. 9. yüzyıldan itibaren Stratejik Yaratıcılık konusunda liderlik koltuğuna yerleşen İslam dünyası, 16. yüzyıldan sonra uykuya daldı. Şimdi soru şu: Türkiye 21. yüzyılın başında bu uykudan uyanmak için neler yapmalı?

Türkiye'nin, Stratejik Yaratıcılık olimpiyatlarında nasıl yer alacağı sorusu kolay yanıtlanamaz. Ancak, ilk adımın en zor alanda yani eğitimde atılması gerekiyor. Her gün eğitim sistemi ile ilgili üzücü istatistikler ortaya çıkıyor. Öğrencilerin özellikle fen konularındaki düşük performansları, onları yeni teknolojiler için küresel rekabete hazırlayamadığımızı gösteriyor. Öncelikle her sene yapılan PISA değerlendirmelerinde ortaya çıkan vahim tablonun acilen düzeltilmesi ile işe başlanabilir. Kısa sürede ciddi bir sonuç alınamayacağını bilerek, uzun soluklu bir

| GİRİŞ | → | 1. BEYİN | → | 2. STRATEJİK | → | 3. TARİHSEL | → | **SONUÇ** |

eğitim seferberliğine ihtiyaç var. Eğitim uzmanları, öğretmenlerin ve annelerin eğitim seviyesi yükseltilmeden eğitimli bir nesil yetiştirilemeyeceğini söylüyorlar.

Ayrıca, öğretmenlik en çok beğenilen meslekler arasına girmeden eğitimde gelişme sağlanamayacağı anlaşılıyor. Gençlerin yanında annelerin eğitimi için de günümüzde yaygınlaşan ileri eğitim teknolojilerinden nasıl faydalanılacağını düşünmek gerekiyor. Uzaktan eğitim alanındaki gelişmeler annelere ulaşmak için büyük kolaylıklar sağlayabilir.

Türkiye'de meslek liseleri ve meslek yüksekokullarının da, öğrenciler için cazip hale getirilmesi gerektiğini düşünüyorum. İş dünyasında bu okullardan yetişen insanların başarı hikâyelerine pek çok kez şahit oldum. Teknisyen işe almak için ilan verildiğinde yeterince teknisyen bulunamadığını şahsen biliyorum. Buna karşılık, teknisyenlik yapmak için mühendis diplomalı işsizler başvuruyor. Teknik okul ve üniversite kavramlarının bu ara kademe ihtiyacını karşılayacak şekilde dikkatle yeniden kurgulanması gerekiyor.

Küresel ölçekte stratejik rekabet gücünün oluşturulmasında inovasyonun ve özellikle de patentlerin önemi ortadadır. Her geçen gün fen alanında önemli keşif, icat ve yeni ürün haberleri alıyoruz. Örneğin, herkesin cebindeki telefonlar ilave işlevlerle zenginleşirken, önemli bir rekabet alanına dönüşüyor. Ülkeler ve şirketler birbirlerini yeni teknoloji yarışında geçmeye çalışıyor. Teknoloji casusluğu ve internet üzerinden saldırılar da bu yarışın çirkin ve tehlikeli yüzünü gösteriyor. Yazılım alanlarında, fikri hakların korunmasındaki zorluklar nedeniyle, bu alana özel rekabet stratejilerinin oluşturulması gerekiyor.

Gelişmiş Ülkeler yeni nesilleri *Yaratıcı Kimlik* ile yetiştirebilmek için her türlü yöntemi kullanmaya çalışıyorlar. Çocukların yaratıcılık becerisini ölçmek için Torrance Testi gibi uygulamalarda geometrik ve üçboyutlu görsel sorular kullanılıyor. *Görsel-*

*Uzamsal Zekâ*'ya sahip olan gençlerin erken aşamada belirlenmesi başarı şansını artırabilir. Öğrencilerin *Yaratıcı Kimlik* edinebilmesi için doğru eğitim ve deneyimler tasarlanmalıdır.

Ayrıca, *Görsel Düşünme* yöntemlerinin genel eğitim kapsamında yaygınlaştırılması sağlanmalıdır. *Görsel-Uzamsal Zekâ*'ya sahip gençler yetiştirildikçe, geleceğe dönük alanlara yönlendirilmelerinde yarar olacaktır. Geleceğin sorunlarını çözecek olanlar, *Yaratıcı Kimlik* sahibi gençler olacaktır.

## Artık Geleceği Konuşmanın Zamanı Geldi

İnsan beyninin en büyük kısmını oluşturan Stratejik Beyni (Neokorteks) yeterince kullanmadığımızdan bahsettik. Kimliklerin her biri için ne kadar zaman ayırdığımızı düşünmekte yarar var. Özellikle de gelecek ile ilgili çalışmalara zaman ayırmak ve *Yaratıcı Kimlik* için etkinlikler planlamak gerekiyor.

Kendi dar penceremden bakarak; Biyoteknoloji, Biyoekonomi, Bilgisayar, Nörobilim, Nöroestetik, Nöroergonomi, *Yapay Zekâ*, *Sanal Gerçeklik* ve *Artırılmış Gerçeklik* gibi pek çok alanlarda, yeni bin yıl için heyecan verici gelişmelerin olduğunu görüyorum. Bu alanların arakesitlerinde önemli fırsatların ortaya çıkacağını düşünüyorum. Eğitim için gençlerin, klasik disiplinler yanında yeni alanlara da ilgi göstermesi gerektiğini düşünüyorum. Snow tarafından öne sürülen, sanat ve fen alanlarının birbirinden uzaklaşma tehlikesini ortadan kaldırmak için, *Görsel Arakesit*'te çalışacak insanların yetiştirilmesi gerekiyor.

21. yüzyılda hızla çoğalmaya devam eden insanların temel ihtiyaçlarının karşılanmasında sorun olacak gibi gözüküyor. Türkiye de, Küresel İklim Bozulması'ndan olumsuz etkilenecek ülkeler arasında bulunuyor. Tarım ve hayvancılıktan başlayarak, Biyoekonomi politikalarının belirlenmesi gerekiyor.

| GİRİŞ | → | 1. BEYİN | → | 2. STRATEJİK | → | 3. TARİHSEL | → | **SONUÇ** |

Gençlerin gelişme sürecinde, bilgisayar oyunlarının el-göz koordinasyonu için önemli olduğunu düşünüyorum. Bu amaçla özellikle de, Sanal Gerçeklik büyük bir kapı aralıyor. Ancak, her konuda olduğu gibi bilgisayar oyunları da belli bir zamandan fazla kullanımda bağımlılık haline gelebiliyor. Gençlerin uzun saatler boyunca ekran önünde oturmasına neden oluyor. Beyinleri kısırlaştıran cehalet kadar, gençleri uyuşturan elektronik oyunlara da dikkat etmek gerekiyor.

Teknolojik gelişmelerin faydaları yanında zararlarından haberdar olmalıyız. Örneğin, Türkiye'de halkın ve özellikle de gençlerin Sosyal Medya kullanımı abartılı bir şekilde artıyor. Ayrıca, bilgiye erişim kolaylaşmasına rağmen, alınan eğitimin kalitesi sürekli düşüyor.

İyi eğitim alan gençlerin, iş bulabilmeleri ve katma değer yaratabilmeleri için uygun kamu ve sanayi kuruluşlarının sayılarının artması gerekiyor. Geçmiş dönemlerde en iyi öğrencilerimizi, iş bulamadıkları için Beyin Göçü ile kaybettik. Bu nedenle, *Stratejik Yaratıcılık*'a dayalı sanayi ve teknoloji politikalarının geliştirilmesi de eğitim devrimi kadar önem kazanıyor. Etkin Ar-Ge politikaları oluşturulmadan, bayatlamış teknolojilerle geleceğin *Stratejik Yaratıcılık* olimpiyatlarında yer almak mümkün olmayacaktır.

Sonuç olarak; *Beş Yüz Yıllık Uyku*'dan uyanmak için *Yaratıcı Kimlik*'e sahip bir nesil yetiştirmek gerekir. Bu amaçla, vakit geçirmeden fen eğitimi ve sanayi politikaları, üçüncü bin yılın gereklerine göre yeniden yapılandırılmalıdır. Yoksa fen yarışını kaybetmek bize pahalıya mal olacaktır. Yukarıda tartışıldığı gibi: Cehalet = Sefalet.

Bir taraftan da, toplumda uzun dönemli bakış oluşturmak için geleceğe odaklanmak ve yeni gelişme alanlarını gündeme getirmek gerekiyor. Üçüncü bin yıl için yeni bir sayfa açıp; nüfus, çevre, tıp, beyin, yapay zekâ, bilişim, uzay gibi fen alanları için öngörüleri konuşuyor olmalıyız. Yakın gelecekte Pasifik Okyanusu etrafında oluşacak gelişmeleri takip etmeliyiz. Yaşanabilir bir çevre ve güçlü Biyoekonomi için gerekli stratejileri oluşturmak zorundayız.

Fuat Sezgin Hoca Gülhane Parkı içinde kurulan kütüphanedeki beyaz tahtaların birine kendi elyazısı ile kütüphanede çalışan öğrencilere ve bütün İslam âlemine yönelik bir soru yöneltmişti. Fuat Hoca'nın sorusunu, teknoloji ürünleri ile yeni teknolojiler üretmek için çalışıyor muyuz, yoksa onlarla oyun mu oynuyoruz, diye kendimize sormalıyız. Bu soruyu olumlu bir şekilde cevaplayabilmek için fen alanında *Stratejik Yaratıcılık* seferberliği başlatmak gerekiyor.

Şimdi, artık geleceğe odaklanma zamanıdır. Küresel ölçekte oynanacak *Yaşamsal Satranç* oyunları için üstün nitelikli genç beyinlerin yetiştirilmesi en büyük önceliğimiz olmalıdır.

*Not: Kitaba başlarken, sizlerle birlikte kısa bir yolculuğa çıktığımızı yazmıştım. Umarım bu yolculukta sizi kaybetmedim. Benimle bu yola çıktığınız ve kitabımı okuduğunuz için size teşekkür ederim. Kitapla ilgili görüşlerinizi ve gelecek nesillere Stratejik Yaratıcılık becerileri kazandırmak için önerilerinizi öğrenmekten mutluluk duyacağım.*

*Bu konudaki düşüncelerinizi iletebileceğiniz adres:*
talat@biosfer.com.tr

## ŞAHISLAR LİSTESİ

**I. Petro:** 1672-1725
**II. Mahmud:** 1785-1839
**III. Murad:** 1546-1595
**III. Selim:** 1761-1808
**Adıvar, A.:** 1882-1955
**Ali Kuşçu:** 1403-1474
**Aral, O.:** 1936-2004
**Aristoteles:** MÖ 384-322
**Arnheim, R.:** 1904-2007
**Arşimet:** ? - MÖ 212
**Aytmatov, C.:** 1928-2008
**Babbage, C.:** 1791-1871
**Balyan, G. A.:** 1800-1866
**Balyan, N.:** 1826-1858
**Batlamyus:** 85 -165
**Belting, H.:** 1935-
**Beni Musa Kardeşler:** 9. Yüzyıl
**Brunelleschi, F.:** 1377-1446
**Burak, S.:** 1935-1978

**Câbir Bin Hayyân:** 721-815
**Carnot, S.:** 1796-1832
**Cengiz Han:** 1167-1227
**El Cezeri:** 1136-1206
**Chain, E.:** 1906-1979
**Chevreul, M.E.:** 1786-1889
**Cohen, H.:** 1928-2016
**Constable, J.:** 1776-1837
**Cosmides, L.:** 1957-
**Cros, C.:** 1842- 1888
**Çamlıbel, F. N.:** 1898-1973
**Darwin, C.:** 1809-1882
**Diamond, J.:** 1937-
**Dias, B.:** 1450-1500
**Dissanayake, E.:** 1950-
**Dürer, A.:** 1471-1528
**Edgerton, R. B.:** 1932-2016
**Einstein, A.:** 1879-1955
**Ersoy, M. A.:** 1873-1936

Evliya Çelebi: 1611-1682
Farabi: 872-950
El Farisi: ?-1318
Fatih Sultan Mehmet: 1432-1481
İbn Firnas: 810-887
Fleming, A.: 1881-1955
Florey, H.: 1898-1968
Fossati, Gaspare: 1809-1883
Fossati, Giuseppe: 1822-1891
Freud, S.: 1856-1939
Galen (Galenos): 130-210
Galileo Galilei: 1564-1642
Galton, F.: 1822-1911
Ganson, A.: 1955-
Gardner, H.: 1943-
Gelenbevi İsmail Efendi: 1730-1790
Genç, M.: 1934-
Gershon, M.: 1938-
Giotto: ?-1337
Goethe, J. W.: 1749-1832
Goleman, D.: 1946-
İbn Haldun: 1332-1406

Halife Memun: 813-833
El Harizmi: 780-850
du Haron, L. D.: 1837-1920
Harun El Reşid: 763-809
Helmholtz, H.: 1821-1894
Heron: 10-70
İbn El Heysem: 965-1040
Hezarfen Ahmet Çelebi: 1609-1640
Hitler, A.: 1889-1945
Hooke, R.: 1635-1703
Huizinga, J.: 1872-1945
Humann, K.: 1839-1896
Humbaracı Ahmet Paşa: 1675-1747
Huygens, C.: 1629-1695
Hülagû Han: 1218-1265
İbrahim Müteferrika: 1674-1745
İhsanoğlu, E.: 1943-
Jacquard, J. M.: 1752-1834
Jansen, T.: 1948-
Jones, P. J.: 1923-1985
Kahneman, D.: 1934-
Kandel, E.: 1929-

Kanuni Sultan Süleyman: 1494-1566

Kaptan Cook: 1728-1779

Kaptanı Derya Kılıç Ali Paşa: 1500-1587

Karlığa, B.: 1947-

Kay, J.: 1704-1779

Kekule, F. A.: 1829-1896

Kerr, S.: 1894-1976

El Kindi: ?-873

Kipling, R.: 1865- 1936

Kircher, A.: 1602-1680

Kocabaş, Ş.: 1945-2006

Koch, R.: 1843-1910

Koçi Bey: ?-1650

Kraliçe Anne: 1665-1714

Kuhn, T. S.: 1922-1996

Kürkçüoğlu, N.: 1910-1989

Lagari Hasan Çelebi: 17. Yüzyıl

van Leeuwenhoek, A.: 1632-1723

Leonardo da Vinci: 1452-1519

Lister, J.: 1827-1912

MacLean, P. D.: 1913-2007

Makdisi, G.: 1920-2002

Maslow, A.: 1908-1970

Maxwell, J. C.: 1831-1879

McDaniel, L.E.: 1915-2001

Mendelyef, D.: 1834-1907

Mimar Sinan: 1489-1588

Molla Lütfi: ?-1494

Mondrian, P.: 1872-1944

Morse, S.: 1791-1872

Napolyon Bonapart: 1769-1821

İbn En Nefis: 1213-1288

Newton, I.: 1642-1727

Öklid: MÖ 330 - 275

Ömer Hayyam: 1048-1131

Pamuk, O.:1952-

Pamuk, Ş.: 1950-

Pasteur, L.: 1822-1895

Pizarro F.: 1475-1541

Platon: MÖ 427-347

Puchstein, O.: 1856-1911

Rafaello: 1483-1520

Razi: 854-925

Rood, O.: 1831-1902

Röntgen, W.: 1845-1923

İbn Rüşd: 1126-1198

**Sagan, C.:** 1934-1996
**Sancar, A.:** 1946-
**Sarı Abdurrahman:** ?-1602
**Schumpeter, J. A.:** 1883-1950
**Seurat, G.:** 1859-1891
**Sezgin, F.:** 1924-2018
**Signac, P.:** 1863-1935
**İbn Sina:** 980-1037
**Snow, C.P.:** 1905-1980
**Spallanzani, L.:** 1729-1799
**Sperry, R. W.:** 1913-1994
**Sternberg, R. J.:** 1949-
**Sultan Abdülaziz:** 1830-1876
**Sultan Abdülhamit:** 1842-1918
**Şanizade Ataullah Efendi:** 1771- 1826
**Şarlman:** 742-814
**Şeyhülislam Ahmed Şemseddin:** 1512-1580
**Takiyeddin:** 1526-1585
**Timur Han:** 1336-1405
**Toner, M.:** 1958-
**Tooby, J.:** 1952-

**Torrance, E. P.:** 1915-2003
**Tusi, N.:** 1201-1274
**Uluğ Bey:** 1394-1449
**Vasco de Gama:** 1450-1524
**Vesalius:** 1514-1564
**Waksman, S.:** 1888-1973
**El-Zarkali:** 1029-1087
**Zeki, S.:** 1940-

# KAVRAMLAR SÖZLÜĞÜ

**Akli ilimler:** Fen (Tıp, matematik, astronomi, fizik, kimya ve geometri)

**AMG:** Amigdala

**Ar-Ge:** Araştırma ve Geliştirme

**Artırılmış Gerçeklik:** Augmented Reality

**At:** Yaşamsal Satrançta Bedensel Kimlik

**Bedensel Kimlik:** İnsanın cinsiyeti ve bedeni ile tanımlanan kimliği

**Bedensel Kinetik Zekâ:** İnsanın bedensel faaliyetleri ve hareketlerini yönetme becerisi

**Beş Yüz Yıllık Uyku:** Prof. Dr. Aziz Sancar tarafından yapılan, İslam dünyasındaki durgunluğun tanımı

**Beyincik:** Serebellum

**Beyinsel Ergonomi:** Beyne göre yaşamın tasarlanması için yaptığım tanım ve yazdığım makalelerin çerçeve ismi

**Beytül Hikme:** Abbasiler döneminde bilimsel etkinlikleri düzenlemek için kurulan merkez ve kütüphane

**Biyoekonomi:** Tarım, orman, su ve hayvancılık ürünlerinden yararlanarak yapılan ürün ve hizmetleri kapsayan ekonomi

**Çiftçi:** Çift öküz ile sürülen tarlada üretim yapan kişi

**Çoklu Zekâ:** Gardner tarafından öne sürülen zeka türleri

**Devr-i Daim Makinesi:** Bir kere başlatıldığı zaman sonsuza kadar dönmesi beklenen gerçek dışı makine

**Duygusal Kimlik:** İnsanın duygusal durumunu ve ilişkilerdeki tavrını yansıtan kimlik

**EEG:** Elektro Ensefalo Gram

**Entropi:** Düzensizlik

**Fen:** Bilim ve Teknoloji

**FFA:** Yüz Tanıma Bölgesi, Fusiform Face Area

**Fil:** Yaşamsal Satrançta Duygusal Kimlik

**Fizyolojik Kimlik:** İnsanın temel fizyolojik özelliklerini içeren kimlik

**GAN:** Generative Adversarial Network

**Geç-İzlenimci:** Post Empresyonist

**Geleneksel Zekâ Testi:** Intelligence Quotient (IQ)

**Görsel - Uzamsal Zekâ:** İnsanın görsel algılama, bilgi işleme ve tasarım becerileri

**Görsel Arakesit:** Sanat ve fen bilimleri alanlarının arakesiti.

**Görsel Düşünme:** Görsel algılama, bilgi işleme ve tasarımların gerçekleştirilmesi.

**Görsel İletişim:** İşaret dili, fotoğraf, resim, heykel, performans gibi çok sayıda yöntem kullanarak gerçekleştirilen iletişim şekli.

**Görsel Keyif:** Görüntülerden alınan zevk

**Görselleştirme:** Sayısal ve sözel kavramların görsel sembol veya tasarımlara dönüştürülmesi

**Hasetkeyf:** Başkalarının üzüntüsünden keyif almak. (Schadenfreude)

**Hasta Toplumlar:** Edgerton tarafından tanımlanan geri kalmış toplumlar. (Sick Socities)

**Hızlı Düşünme:** Kahneman tarafından işaret edilen, çabuk karar alma süreçleri

*Homo economicus:* İnsanın fizyolojik kimliği için Latince isim

*Homo furens:* İnsanın bedensel kimliği için Latince isim

*Homo ludens:* İnsanın duygusal kimliği için Latince isim

*Homo sapiens innovator:* İnsanın yaratıcı kimliği için Latince isim

*Homo sapiens sapiens:* İnsanın bilge kimliği için Latince isim

**Homungulus:** Organların beyinde kapladığı bölgelere göre resmi çizildiğinde oluşan görüntü

**In-Formation:** Bilginin girdiği ortamı şekillendirme özelliği

**İçedönük Zekâ:** İntrapersonal Intelligence

**İhtiyaç Hiyerarşisi:** Maslow tarafından tanımlanan ihtyaçların öncelik sırası

**İki Kültür:** C.P. Snow tarafından tanımlanan bilim ve sanat ayrımı

**İkinci Beyin:** Gershon tarafından sindirim sistemindeki mikroorganizmalara verilen isim

**İlişkisel (Duygusal) Zekâ:** İnsanın duygusal durumunu ve ilişkilerini yönetmesini sağlayan beceri

**İlmiye Sınıfı:** Kadılar ve Medrese mensupları

**İnovasyon:** Önemli Uygulama Alanı Olan Yenilik

**İzlenimci:** Empresyonist

**Kaçgunluk:** Çiftçilerin tarlalarını terketmesi

**Kale:** Yaşamsal Satrançta Bilge Kimlik

**Kalemiye Sınıfı:** Devlet Memurları

**Kapitülasyon:** Osmanlı tarafından yabancı ülke vatandaşlarına tanınan ticari ve mali ayrıcalıklar.

**Kendirliler:** Maraş'ta Fransisken Rahiplere verilen isim

**Korpus Kallosum:** Beynin sağ ve sol kısımlarını birleştiren geniş sinir ağı. (Corpus Callosum)

**LGN:** Gözden beyne giden görüntülerin yönlendirildiği merkez

**Lonca:** Esnaf Birliği

**Memeli Beyni:** Memeli hayvanlarda görülen, duygusal ilişkilerin ve özellikle de anne-yavru ilişkisini düzenleyen beyin bölümleri.

**Misyoner:** Cizvit, Fransisken, Kapusen gibi Hıristiyan mezhepleri yaymaya çalışan kişi

**Neg-entropi:** Düzen, Negatif Entropi

**Neokorteks:** İnsan beyninde üst ve ön kısımda yoğunlaşan bölge.

**Nörobilim:** İnsan beyninin yapısı ve işlevi konusunda uzmanlaşan bilim alanı.

**Nöroergonomi:** İnsan beyninin yapısına dayanarak yaşam alanlarının ve yaşam tarzının tasarımına yönelik bilim alanı.

**Nöroestetik:** İnsan beyninin renk, çizgi, şekil ve görsel sanat eserlerini algılamasına yönelik bilim alanı.

**Nöropazarlama:** İnsan beyni ile ilgili bulgulara dayanarak ürün ve hizmetlerin tasarlanmasına yönelik bilim alanı.

**OFA:** Occipital Face Area

**OFC:** Orbito Frontal Cortex

**OQ:** Otonom Sistemin Düzenli İşlev Becerisi

**Otonom Sistem:** İnsan beyninde ve vücudun çeşitli bölümlerinde konumlanmış, iç organların çalışmasını düzenleyen sistem. Bu sistem, normal şartlar altında bireyin bilinçli müdahalesi dışında görev yapar.

**Öjenik:** Irk Temizleme (Eugenics)

**Paradigma:** Kuhn tarafından bilgi birikimi ve önyargıları ifade etmek için kullanılan tanım

**Piyon:** Yaşamsal Satrançta Fizyolojik Kimlik

**Sağ Beyin:** Ön beynin sağ kesimi. Bu bölümde özellikle görsel ve uzamsal becerilerin odaklandığı anlaşılıyor.

**Sanal Gerçeklik:** Virtual Reality

**Sayısal Sanat:** Digital Art

**Schadenfreude:** Başkalarının üzüntüsünden keyif almak, Hasetkeyf

**Serbest Enerji:** Kullanılabilir Enerji

**Seyfiye Sınıf:** Askerler

**Sol Beyin:** Ön beynin sol kesimi. Bu bölümde özellikle sözel ve matematiksel becerilerin odaklandığı biliniyor.

**Stratejik Beyin:** Beynin Neokorteks olarak tanımlanan %80 kadar büyük bölümü

**Stratejik Yaratıcılık Merdiveni:** Önemli yenilik yapabilecek gençlerin yetiştirilmesi için önerilen eğitim ve deneyim aşamaları

**Stratejik Yaratıcılık:** Yepyeni alanlara ve gelişmelere kapı açan bir yaratıcılık şekli.

**Stratosfer:** Beynin Neokorteks kısmında odaklanan, strateji geliştirme becerilerini kullanabildiği alan

**Sürüngen Beyni:** Özellikle sürüngen hayvanlarda görülen, cinsellik ve çatışmaya yönelik bedensel faaliyetleri düzenleyen beyin yapısı.

**Şer-i İlimler:** İlahiyat ve Hukuk

**Tekne:** Sanat ve teknoloji, Techne

**Temel Ağ Yapı (DMN):** Yaratıcı etkinliklerde beynin pek çok bölümünü birlikte kullanan ağ yapı

**Termodinamiğin Birinci Kanunu:** Enerjinin yoktan var olmayacağına dair kanun. Enerji daha az kullanışlı şekle dönüşür.

**Termodinamiğin İkinci Kanunu:** Kapalı sitemlerin içerdikleri enerji ve düzeni kaybedeceklerine dair kural. Kullanılabilir enerjinin azalacağını ve düzensizliğin artacağını ifade eder.

**Termodinamik:** Enerji ve iş konuları ile ilgili bilim

**Üç Adımda Stratejik Davranış:** Algılama, Bilgi İşleme ve Eylem adımlarını içeren stratejik süreç

**Vezir:** Yaşamsal Satrançta Yaratıcı Kimlik

**Yapa-Bilen İnsan:** Bildiklerini toplumun faydasına yönelik olarak kullanabilen insan

**Yapa-Bilmek:** Bilgileri ürün veya hizmete dönüştürebilmek

**Yaratıcılık:** Bir sorunun çözümü veya tasarım yapılması için önemli yenilik.

**Yaşam:** İç düzenini devam ettirerek, üremek ve çevredeki değişime uyum sağlamak.

**Yaşamsal Satranç:** Canlıların yaşamlarını sürdürmek, ihtiyaçlarını karşılamak ve hedeflerine ulaşabilmek için oynadıkları oyun.

**Yavaş Düşünme:** Kahneman tarafından, titiz karar süreçleri için kullanılan tanım

**Yıkıcı Devrim:** Schumpeter tarafından tanımlanan, yeniliklerin verimsiz sistemleri yok etmesi süreci

**Zic:** Takvimler için hazırlanan astronomi cetveli

**Zihin Haritası:** Buzan tarafından öne sürülen, zihinde saklanan bilgilerin oluşturduğu düşünülen ağyapı modeli

# OKUMA ÖNERİLERİ

## BEYİN VE ZEKÂ

Arnheim, R. (2012). *Görsel Düşünme*. İstanbul: Metis.

Chatterjee, A. (2015). *The Aesthetic Brain: How We Evolved to Desire Beauty and Enjoy Art*. New York: Oxford University Press.

Gardner, H. (1993). *Multiple Intelligences: The Theory in Practice*. New York: Basic Books.

Gershon, M. (1999) *The Second Brain: A Groundbreaking New Understanding of Nervous Disorders of the Stomach and Intestine*; Harper Collins: USA.

Kandel, E. R. (2016). *Reductionism in Art and Brain Science*. New York: Columbia University Press.

MacLean, P. D. (1990) *The Triune Brain in Evolution: Role in Paleocerebral Functions*; Plenum Press: New York.

Zeki, S. (1999). *Inner Vision: An Exploration of Art and the Brain*. London: Oxford University Press.

## BİLİM TARİHİ

Belting, H. (2017). *Floransa ve Bağdat: Doğu'da ve Batı'da Bakışın Tarihi*. İstanbul: Z.A. Yılmazer (Çev.), Koç Üniversitesi Yayınları.

Boorstin, D. J. (1985) *The Discoverers - A History of Man's Search to Know his World and Himself;* Vintage Books: New York.

Bronowski, J. (1987) *İnsanın Yükselişi;* (A.Göker, Çev.), V Yayınları: Ankara.

Danışman, Z. (1972) *Koçi Bey Risalesi;* Devlet Kitapları Milli Eğitim Basımevi: İstanbul.

Diamond, J. (2006) *Tüfek, Mikrop ve Çelik: İnsan Topluluklarının Yazgıları;* TÜBİTAK: Ankara.

Al-Hassani, S. T. (2010). *1001 İcat - Dünyamızda İslam Mirası.* Manchester: Foundation for Science Technology and Civilization.

Huff, T. E. (2011) *Intellectual Curiosity and the Scientific Revolution - A Global Perspective;* Cambridge University Press: Cambridge.

İhsanoğlu, E. (2017). *Osmanlı Bilim Mirası - Mirasın Oluşumu, Gelişimi ve Meseleleri - Cilt I.* İstanbul: Yapı Kredi Yayınları.

Kuhn, T. S. (1970) *The Structure of Scientific Revolutions,* 2nd ed.; The University of Chicago Press, Chicago.

Mason, S. F. (1962) *A History of the Sciences;* Colliers Book: New York.

Sezgin, F. (2008). *İslam'da Bilim ve Teknik* İstanbul: Euromat.

Taylor, F. S. (1963) *A Short History of Science and Scientific Thought;* W.W. Norton & Co.: New York.

## EĞİTİM

Adıvar, A. A. (1982) *Osmanlı Türklerinde İlim;* Remzi Kitabevi: İstanbul.

Gürüz, K. (2016). *Medrese v. Üniversite - Geri Kalmanın ve İlerlemenin Karşılaştırmalı Tarihçesi.* İstanbul: Ka Kitap.

İzgi, C. (1997) *Osmanlı Medreselerinde İlim Cilt 1 - Riyazî İlimler;* İz Yayıncılık: İstanbul.

Makdisi, G. (1981) *The Rise of Colleges, Institutions of Learning in Islam and the West;* University Press, Edinburgh.

Tekeli, İ., & İlkin, S. (1999). *Osmanlı İmparatorluğu'nda Eğitim ve Bilgi Üretim Sisteminin Oluşumu ve Dönüşümü.* Ankara: Türk Tarih Kurumu.

## SANAT

Faroqhi, S. (1997) *Osmanlı Kültürü ve Gündelik Yaşam - Ortaçağdan Yirminci Yüzyıla;* Tarih Vakfı Yurt Yayınları: İstanbul.

Freeland, C. (2001) *But is it Art?;* Oxford University Press: Oxford.

Gombrich., E. H. (2013). *Sanatın Öyküsü.* İstanbul: (E. Erduran, Ö. Erduran, Çev.), Remzi Kitabevi.

Kemp, M. (1990) *The Science of Art, Optical Themes in Western Art from Brunelleschi to Seurat;* Yale University Press: New Haven.

Livingstone, M. (2014). *Vision and Art: The Biology of Seeing.* New York: Abrams.

Öndin, N. (2003). *Biçim Sorunu - Varlıkta, Bilgide ve Sanatta.* İstanbul: İnsancıl Yayınları.

Solso, R. L. *Cognition and the Visual Arts;* MIT Press: Cambridge, Massachusetts, 1996.

Zeki., S. (2009). *Splendors and Miseries of the Brain: Love, Creativity and the Quest for Human Happiness.* West Sussex: Wiley-Blackwell.

## TOPLUM VE EKONOMİ

Acemoglu, D., & Robinson, J. (2012). *Why Nations Fail: The Origins of Power, Prosperity and Poverty.* New York: Crown.

Edgerton, R. B. (1992). *Sick Societies - Challenging the Myth of Primitive Harmony.* New York: The Free Press.

Genç, M. (2018). *Osmanlı İmparatorluğu'nda Devlet ve Ekonomi.* İstanbul: Ötüken Neşriyat.

Pamuk, Ş. (2017). *Osmanlı- Türkiye İktisadî Tarihi 1500-1914.* İstanbul: İletişim Yayınları.

Quataert, D. (2013). *Sanayi Devrimi Çağında Osmanlı İmalat Sektörü.* İstanbul: İletişim Yayınları.

# KAYNAKÇA

1. Sezgin, F. İslam'da Bilim ve Teknik - Arap-İslam Bilimleri Tarihine Giriş - Cilt I; Euromat: İstanbul, 2008.

2. Mason, S. F. A History of the Sciences; Colliers Book: New York, 1962.

3. Pickrell, J. Australian Raptors Start Fires to Flush out Prey, 2018. Cosmos. https://cosmosmagazine.com/biology/australian-raptors-start-fires-to-flush-out-prey.

4. Diamond, J. İnsanlık Tarihinin Yeni Bir Bilimsel Sentezi. En Yeni Hümanistler - İnsandan Evrene Son Bilimsel Tartışmalar; Tübitak Popüler Bilim Kitapları: Ankara, 2014; pp 1-16.

5. Rizzolatti, G.; Craighero, L. The Mirror-Neuron System. Annu. Rev. Neurosci.: 27, 2004, 169-192.

6. Plato. Phaedrus, 1994. The Internet Classics Archive - Tercüme: Benjamin Jowett. http://classics.mit.edu/Plato/phaedrus.html.

7. Hahn, C. Id, Ego and Superego. The avoidance of anxiety; GRIN Verlag: Münih, 2013.

8. Platon. Şölen-Dostluk (S. Eyüboğlu, A. Erhat, Çev.); Türkiye İş Bankası Kültür Yayınları: İstanbul, 2006.

**9.** Kahneman, D. Thinking, Fast and Slow; Penguin Books: London, 2011.

**10.** Maslow, A. H. A Theory of Human Motivation. Psychological Review 1943, 50, 370- 396.

**11.** Cosmides, L.; Tooby, J. In The Evolution of Intelligence; Erlbaum: Hillsdale, NJ, 2001; pp 145-198.

**12.** Barry, A. M. S. Visual Intelligence: Perception, Image, and Manipulation in Visual Com-munication; State University of New York Press: Albany, NY, 1997.

**13.** Ramachandran, V. S.; Blakeslee, S. Phantoms in the Brain; Harper Perennial: London, 2005.

**14.** Buzan, T. Use Your Head; BBC Books: London, 1993.

**15.** Kandel, E. R. Reductionism in Art and Brain Science; Columbia University Press: New York, 2016.

**16.** Sternberg, R. J. Beyond IQ: A Triarchic Theory of Human Intelligence; Cambridge University Press: Cambridge, 1985.

**17.** Gardner, H. Multiple Intelligences: The Theory in Practice; Basic Books: New York, 1993.

**18.** Jankowska, D. M.; Karwowski, M. Measuring Creative Imagery Abilities. Frontiers in Psychology, 2015, 6, 1591.

**19.** Arnheim, R. Görsel Düşünme; Metis: İstanbul, 2012.

**20.** Elliot, A. Psychological Study Reveals That Red Enhances Men's Attraction to Women. http://www.rochester.edu/news/show.php?id=3268.

**21.** Attrill, M. J.; Gresty, K. A.; Hill, R. A.; Barton, R. A. Red shirt colour is associated with long-term team success in English football. Journal of Sports Sciences; 26(6), April 2008, 577-582.

**22.** Elliot, A. J.; Maier, M. A.; Moller, A. C.; Friedman, R.; Meinhardt, J. Color and Psychological Functioning: The Effect of Red on Performance Attainment. Journal of Experimental Psychology: General 2007,136 (1), 154-168.

**23.** Dissanayake, E. Homo Aestheticus; University of Washington Press: Seattle, 1992.

**24.** Kawabata, H.; Zeki, S. Neural Correlates of Beauty. J. Neurophysiol. 91, 2004, 1699- 1705.

**25.** Zeki, S. Inner Vision: An Exploration of Art and the Brain; Oxford University Press: London, 1999.

**26.** Mather, G. The Psychology of Visual Art: Eye, Brain and Art; Cambridge University Press: Cambridge, 2015.

**27.** Davis, K. The Brain Defense: Murder in Manhattan and the Dawn of Neuroscience in America's Courtrooms; Penguin: USA, 2017.

**28.** Wise, R. A. Dopamine and Reward: The Anhedonia Hypothesis 30 Years on. Neurotox Res. 2008, No. 2-3,169-183.

**29.** Volkow, N. D.; Wang, G-J, G. J.; Baler, R. D. Reward, dopamine and control of food intake: implications for obesity. Trends Cogn. Sci, Jan 15, 2011, 37-46.

**30.** Song, H.; Zou, Z.; Kou, J.; Liu, Y.; Yang, L.; Zilverstand, A.; Uquillas, F.; Zhang, X. Love- related changes in the brain: a resting-state FMRI study. Frontiers in Human Neuroscince, 2015, 71.

**31.** Diamond, J. Tüfek, Mikrop ve Çelik: İnsan Topluluklarının Yazgıları; TÜBİTAK: Ankara, 2006.

**32.** Mayer, E. The Mind - Gut Connection; HarperCollins Publishers: New York, 2016.

**33.** Gershon, M. The Second Brain: A Groundbreaking New Understanding of Nervous Disorders of the Stomach and Intestine; Harper Collins: USA, 1999.

**34.** Dutton, D. The Art Instinc - Beauty, Pleasure and Human Evolution; Bloomsbury Press: New York, 2009.

**35.** Kringelbach, M. L. The pleasure of food: underlying brain mechanisms of eating and other pleasures. Flavour, 4:20, 2015.

**36.** Robbins, K. Fast Food: Truth in Advertising?

http://www.delish.com/food/news/a37306/fast-food-real-vs-advertised/.

**37.** Stonier., T. Information and Meaning: An Evolutionary Perspective; Springer: Berlin, 1997.

**38.** MacLean, P. D. The Triune Brain in Evolution: Role in Paleocerebral Functions; Plenum Press: New York, 1990.

**39.** Sagan, C. The Dragons of Eden: Speculations on the Evolution of Human Intelligence; Ballatine Books: New York, 1980.

**40.** Wiest, G. Neural and Mental Hierarchies. Frontiers in Psychology 2012, 3, 516.

**41.** BBC. Matt Damon only says 288 words in Jason Bourne film, 2016. BBC News. http://www.bbc.com/news/av/entertainment-arts-36952919/matt-damon-only-says-288-words-in-jason-bourne-film.

**42.** Goleman, D. Emotional Intelligence; Bloomsbury Publ.: Londra, 1995.

**43.** Huizinga, J. Homo Ludens a Study of the Play-element in Culture; Routledge & Kegan Paul: London, 1949.

**44.** Sperry, R. W.; Gazzaniga, M. S.; Bogen, J. E. Interhemispheric Relationships' Handbook of Clinical Neurology, P.J. Vinken and G.W. Bruyn eds.,s: 273-89; North Holland Publ. Co.: Amsterdam, 1969.

**45.** Kuhn, T. S. The Structure of Scientific Revolutions, 2nd ed.; The University of Chicago Press, Chicago, 1970.

**46.** Edgerton, R. B. Sick Societies - Challenging the Myth of Primitive Harmony; The Free Press: New York, 1992.

**47.** Wittmann, B. C.; Bunzeck, B.; Dolan, R. J.; Düzel, E. Anticipation of novelty recruits reward system and hippocampus while promoting recollection. Neuroimage, Oct 15, 2007, 194-202.

**48.** Bzdoka, D.; Langnera, R.; Schilbach, L.; Jakobs, O.; Roski, C.; Caspers, S.; Laird , A. R.; Fox, P. T.; Zilles, K.; Eickhoff, S. B. Characterization of the temporo-parietal junction by combining data-driven parcellation, complementary connectivity analyses, and functional decoding. NeuroImage, Nov 1, 2013, 381-392.

**49.** Burnett, D. Idiot Brain: What Your Head Is Really Up To; W.W. Norton & Company: New York, 2016.

**50.** Ferry, L. Homo Esteticus; Pinhan: İstanbul, 1990.

**51.** Kell, H. J.; Lubinski, D.; Benbow, C. P.; Steiger, J. H. Creativity and Technical Innovation: Spatial Ability's Unique Role. Psychological Science 2013, 24 (9), 1831- 1836.

**52.** Walker, C. M.; Winner, E.; Hetland, L.; Simmons, S.; Goldsmith, L. Visual Thinking: Art Students Have an Advantage in Geometric Reasoning. Creative Education, 2, 2011, 22-26.

**53.** Edwards, B. Drawing on the Right Side of the Brain; J. P. Tarcher, Inc.: Los Angeles, 1979.

**54.** Snow, C. P. İki Kültür; (T. Birkan, Çev.), Tübitak: Ankara, 2010.

**55.** Schwartz, P. The Art of the Long View: Planning for the Future in an Uncertain World; Currency Doubleday: N.Y., 1996.

**56.** Root-Bernstein, R.; Allen, L.; Beach, L.; Bhadula, L. Arts Foster Scientific Success: Avocations of Nobel, National Academy, Royal Society, and Sigma Xi Members. Journal of Psychology of Science and Technology 2008, 51-63.

**57.** Boorstin, D. J. The Discoverers - A History of Man's Search to Know his World and Himself; Vintage Books: New York, 1985.

**58.** Belting, H. Floransa ve Bağdat: Doğu'da ve Batı'da Bakışın Tarihi; Z.A. Yılmazer (Çev.), Koç Üniversitesi Yayınları: İstanbul, 2017.

**59.** Huff, T. E. Intellectual Curiosity and the Scientific Revolution - A Global Perspective; Cambridge University Press: Cambridge, 2011.

**60.** Thompson, J. Modern Resim Nasıl Okunur?: Modern Ustaları Anlamak; Hayalperest Yayınevi, 2014.

**61.** Herbert, R. L. Georges Seurat, 1859-1891; Metropolitan Museum of Art, 1991.

**62.** Chevreul, M. E. De la loi du contraste simultané des couleurs et de l'assortiment des object colorés; Imprimerie Nationale: Paris, 1839.

**63.** Kemp, M. The Science of Art, Optical Themes in Western Art from Brunelleschi to Seurat; Yale University Press: New Haven, 1990.

**64.** Read, H. A. Concise History of Modern Painting; Thames&Hudson, 1991.

**65.** Farthing, S. Art, the Whole Story; Thames&Hudson: Londra, 2014.

**66.** Lynton, N. Modern Sanatın Öyküsü; Remzi Kitabevi: İstanbul, 2015.

**67.** Livingstone, M. Vision and Art: The Biology of Seeing; Abrams: New York, 2014.

**68.** Bee, H. S.; Heliczer, C.; McFadden, S. MoMA Highlights: 350 Works from The Museum of Modern Art, New York; The Museum of Modern Art: New York, 2013.

**69.** Lechevalier, H. A.; Solotorovsky, M. Three Centuries of Microbiology; Dover Publ.: New York, 1974.

**70.** Jongblowed, L. Microscoop van Leeuwenhoek, 2011. Wiki Delft. http://wikidelft.nl/index.php?title=Bestand:Microscoop_van_Leeuwenhoek.jpg.

**71.** Kruif, P. Microbe Hunters; Harbrace: New York, 1953.

**72.** Taylor, F. S. A Short History of Science and Scientific Thought; W.W. Norton & Co.: New York, 1963.

**73.** Levy, J.; Campbell, J. J. R.; Blackburn, T. H. Introductory Microbiology; J.Wiley &Sons Inc.: New York, 1973.

**74.** Funnell, A. Alexander Fleming and Petri Dish, 2015. ABC. http://www.abc.net.au/radionational/programs/futuretense/alexander-fleming- and-petri-dish/6850112.

**75.** Dunn, R. Painting With Penicillin: Alexander Fleming's Germ Art, 2010. Smithsonian. https://www.smithsonianmag.com/science-nature/painting-with-penicillin-alexander-flemings-germ-art-1761496/.

**76.** Maurois, A. The life of Sir Alexander Fleming, 2013. Mednansky Institute Online Library. http://minst.org/library alexander fleming.html.

**77.** Zimmer, C. The Surprising History of the War on Superbugs — and What It Means for the World Today, 2016. Stat. https://www.statnews.com/2016/09/12/superbug-antibiotic-resistance-history/.

**78.** Ponting, C. Yeni Bir Bakış Açısıyla Dünya Tarihi; Alfa Yayınları: İstanbul, 2011.

**79.** Al-Hassani, S. T. S. 1001 İcat - Dünyamızda İslam Mirası; Foundation for Science Technology and Civilization: Manchester, 2010.

**80.** Adıvar, A. A. Osmanlı Türklerinde İlim; Remzi Kitabevi: İstanbul, 1982.

**81.** Danışman, Z. Koçi Bey Risalesi; Devlet Kitapları Milli Eğitim Basımevi: İstanbul, 1972.

82. Genç, M. Osmanlı İmparatorluğu'nda Devlet ve Ekonomi; Ötüken Neşriyat: İstanbul, 2018.

83. Pamuk, Ş. Osmanlı- Türkiye İktisadi Tarihi 1500-1914; İletişim Yayınları: İstanbul, 2017.

84. Bronowski, J. İnsanın Yükselişi; (A.Göker, Çev.), V Yayınları: Ankara, 1987.

85. Hoffman, D. D. Visual Intelligence: How We Create What We See; W. W. Norton & Company: New York, 2000.

86. Gombrich, E. H. Art and lllusion - A Study in the Psychology of Pictorial Representation; Phaidon Press Inc.: New York, 2012.

87. Unan, F. Kuruluşundan Günümüze Fatih Külliyesi; Türk Tarih Kurumu: Ankara, 2003.

88. Kerr, S. E. The Lions of Marash: Personal Experiences with American Near East Relief 1919-1922; SUNY Press: Albany, NY - USA, 1973.

89. Quataert, D. Sanayi Devrimi Çağında Osmanlı İmalat Sektötü; İletişim Yayınları: İstanbul, 2013.

90. Goedkoop, H.; Zandvliet, K. The Dutch Golden Age - Gateway to our modern world; Walburg Pers: Zutphen, Hollanda, 2012.

91. Kocabaş, Ş. İslâm'da Bilginin Temelleri; İz Yayıncılık: İstanbul, 1997.

92. Kocabaş, Ş. İslam ve Bilim. Divan Dergisi 1996/1, 67-83.

**93.** Yıldırım, S.; Kılıç, Ü. Klasik Dönem Osmanlı Devleti'nde Eğitim ve Öğretim. Atatürk Üniversitesi Sosyal Bilimler Enstitüsü Dergisi 2018, 603-627.

**94.** Tekeli, İ.; İlkin, S. Osmanlı İmparatorluğu'nda Eğitim ve Bilgi Üretim Sisteminin Oluşumu ve Dönüşümü; Türk Tarih Kurumu: Ankara, 1999.

**95.** Gürüz, K. Medrese v. Üniversite - Geri Kalmanın ve İlerlemenin Karşılaştırmalı Tarihçesi; Ka Kitap: İstanbul, 2016.

**96.** Makdisi, G. The Rise of Colleges, Institutions of Learning in Islam and the West; EUniversity Pressdinburgh: Edinburgh, 1981.

**97.** İhsanoğlu, E. Osmanlı Bilim Mirası - Mirasın Oluşumu, Gelişimi ve Meseleleri - Cilt I; Yapı Kredi Yayınları: İstanbul, 2017.

**98.** Faroqhi, S. Osmanlı Kültürü ve Gündelik Yaşam - Ortaçağdan Yirminci Yüzyıla; Tarih Vakfı Yurt Yayınları: İstanbul, 1997.

**99.** Bahadır, O. Osmanlılarda Bilim; Sarmal Yayınevi: İstanbul, 1996.

**100.** İzgi, C. Osmanlı Medreselerinde İlim Cilt 1 – Riyazi İlimler; İz Yayıncılık: İstanbul, 1997.

**101.** Harari, Y. N. Sapiens - A Brief Histrory of Humankind; Vintage Books: London, 2014.

**102.** Stonier, T. Beyond Information - The Natural History of Intelligence; Springer-Verlag: London, 1992.

**103.** Csikszentmihalyi, M. Creavity - Flow and the Psychology of Discovery and Invention; Harper Perennial: New York, 1997.

**104.** Solso, R. L. Cognition and the Visual Arts; MIT Press: Cambridge, Massachusetts, 1996.

**105.** Öndin, N. Biçim Sorunu - Varlıkta, Bilgide ve Sanatta; İnsancıl Yayınları: İstanbul, 2003.

**106.** Freeland, C. But is it Art?; Oxford University Press: Oxford, 2001.

**107.** Stebbins, S. The world's 50 most innovative companies, 2018. USA Today. https://www.usatodav.com/storv/money/business/2018/01/12/worlds-50-most-innovative-companies/1023095001/.

**108.** Acemoglu, D.; Robinson, J. Why Nations Fail: The Origins of Power, Prosperity and Poverty; Crown: New York, 2012.

**109.** Bartels, A., & Zeki, S. (2004). The neural correlates of maternal and romantic love. NeuroImage 21(3), s. 1155-1166.

# DİZİN

**Sembol**

III. Murad  225, 267
III. Selim  267
I. Petro  184, 267

**A**

Abbasiler  221, 229, 243, 271
Accademia dei Lincei  204, 243
Adıvar, A.  205, 280, 290
Akinetopsi  82
Aklî ilimler  271
Akromatopsi  82
Ali Kuşçu  209, 210, 230
AMG  271
Aral, O.  61, 267
Ar-Ge  9, 119, 256, 257, 258, 264, 271
Aristoteles  267
Arnheim, R.  80, 279, 284
Arşimet  126, 202
Artırılmış Gerçeklik  176, 263, 271
Artukoğullar  211
Asya Kaplanları  252
at  53, 147, 240

Ayna Nöron  49
Ayna Nöronlar  47, 50, 109
Ayrık Beyin  113, 115, 127, 129
Aytmatov  111
Aytmatov, C.  267

**B**

Babbage, C.  244, 267
Baharat Yolu  203, 238
Balyan, G. A.  267
Balyan, N.  267
banker  222
Barış Gönüllüsü  120
Batı'ya Akan Nehir  202
Batlamyus  207, 238
Bedensel Kimlik  98, 100, 102, 104, 106, 141, 145, 147, 148, 150, 151, 258, 271
Bedensel Kinetik Zekâ  271
Bell laboratuvarları  253
Belting, H.  279, 288
Beni Musa Kardeşler  56, 208, 235, 244, 261
Bereketli Hilal  250
Bergama Tapınağı  215

Beş Yüz Yıllık Uyku 255, 256, 258, 261, 264, 271
beyincik 88, 98
beyin sapı 88
Beyinsel Ergonomi 14, 271
Beytül Hikme 203, 204, 231, 243, 271
Biyoekonomi 182, 201, 213, 239, 240, 250, 251, 252, 253, 263, 265, 271
Broca Bölgesi 60
Brunelleschi 165, 241, 246, 281, 289
buhar makineleri 243, 244
Burak, S. 61, 267

## C/Ç

Câbir Bin Hayyân 267
Çamlıbel, F. N. 180, 267
Carnot, S. 243, 267
Carpenter Fenomeni 49
Cengiz Han 204
Chain, E. 189, 190, 267
Charles Babbage 244
Charles Cros 171
Chevreul, M.E. 169, 267, 289
çiftçi 11, 222
Çintemani 216
çırçır makinesi 244
CMYB 171
Cohen, H. 163, 175, 267

Çoklu Zekâ 57, 67, 69, 89, 138, 143, 272
Constable, J. 114, 171, 267
Cosmides, L. 59, 138, 284
C vitamini 239

## D

Daktilo 135, 244
Darwin, C. 27, 28, 57, 195, 267
Devr-i Daim Makinesi 272
Diamond, J. 280, 283, 286
Dias, B. 238, 267
diensefalon 98
Diskromatopsi 82
Dissanayake, E. 285
Dopamin 84, 94, 104, 111, 127
du Haron, L. D. 268
Dürer, A. 246, 267
Duygusal Kimlik 107, 108, 109, 111, 118, 138, 140, 141, 145, 147, 148, 149, 258, 260, 272

## E

Edgerton, R. B. 282, 287
EEG 77, 272
Ego 53, 54, 283
Einstein 29, 125, 132, 136, 162
El Cezeri 131, 132, 163, 204, 208, 209, 211, 212, 229, 235, 254, 258, 261
El Farisi 208, 209

El Harizmi  237
El Kindi  165, 204, 208
El-Zarkali  209
Entropi  272, 274
Ersoy, M. A.  235, 267
Evliya Çelebi  124, 213, 215, 216

**F**

Farabi  231
Fatih Sultan Mehmet  209, 210, 217, 224
fen  73, 75, 128, 129, 134, 141, 142, 145, 151, 154, 163, 164, 171, 173, 176, 194, 195, 196, 197, 202, 204, 205, 206, 207, 208, 209, 210, 211, 220, 226, 228, 229, 230, 231, 235, 240, 245, 247, 248, 251, 252, 254, 260, 261, 262, 263, 264, 265, 272
Feniletilamin  108
FFA  81, 136, 272
fil  147
Fizyolojik Kimlik  87, 89, 90, 91, 92, 94, 96, 140, 142, 144, 147, 148, 149, 258, 272, 275
Fizyonomi  68
Fleming, A.  162, 187, 188, 190, 193, 195, 268, 290
Florey, H.  189, 190, 268

fMRI  77, 126
Fossati, Gaspare  268
Fossati, Giuseppe  268
Frenoloji  57, 68
Freud, S.  53, 54, 57, 93, 268

**G/Ğ**

Galen (Galenos)  207, 209, 229, 242, 268
Galileo Galilei  177
Galton, F.  57, 268
GAN  175, 272
Ganson, A.  163, 268
Gardner, H.  279, 284
Geç-İzlenimci  168, 272
Gelenbevi İsmail Efendi  230
Geleneksel Zekâ Testi  116, 272
Genç, M.  282, 291
Gershon, M.  88, 273, 279, 286
Gestalt  76
Giotto  246
Göbeklitepe  201, 250
Goethe, J. W.  163, 169, 268
Goleman, D.  287
Görsel Arakesit  24, 163, 164, 194, 195, 196, 260, 263, 272
Görsel Düşünme  14, 24, 48, 65, 72, 73, 75, 84, 86, 91, 92, 100, 108, 118, 121, 123, 127, 130, 131, 132, 134, 136, 139, 142, 143, 154,

162, 163, 164, 175, 176, 182, 184, 186, 194, 195, 196, 197, 259, 260, 263, 272, 279, 284
görsel iletişim 127, 131, 139
Görsel Keyif 84, 85, 93, 96, 102, 103, 104, 105, 109, 111, 272
görselleştirme 57, 128, 131, 196
Görsel - Uzamsal Zekâ 272
Göttingen treni 193, 194

# H

Haçlı Seferleri 205, 221, 238, 242
Haka dansı 51
Halife Memun 204, 208, 238, 244
Harun El Reşid 212, 224, 241
Hasetkeyf 104, 273, 275
Hasta Toplumlar 117, 124, 131, 149, 273
Helmholtz, H. 169, 268
Heron 208, 261
Hezarfen Ahmet Çelebi 231, 235
Hipokampus 126
Hipokrat Yemini 202
hipotalamus 88, 105
Hitler, A. 142, 194, 268
Hiyeroglif 123, 194
Hızlı Düşünme 54, 130, 143, 273

Homo economicus 89, 273
Homo furens 100, 273
Homo ludens 108, 273, 287
Homo sapiens innovator 129, 273
Homo sapiens sapiens 116, 118, 273
Homungulus 61, 62, 273
Hooke, R. 182, 183, 268
Huizinga, J. 108, 287
Hülagû Han 268
Humann, K. 215, 268
Humbaracı Ahmet Paşa 232
Huygens, C. 179, 241, 268

# I/İ

İbn El Heysem 165, 204, 207, 209
İbn En Nefis 209, 243
İbn Firnas 208
İbn Haldun 229
İbn Rüşd 207, 209, 231
İbn Sina 204, 208, 209, 229, 231, 235, 242
İbrahim Müteferrika 227, 232
İçedönük Zekâ 127, 273
İd 53, 54
Ideomotorik Yasası 49
İhsanoğlu, E. 228, 229, 280, 292
İhtiyaç Hiyerarşisi 54, 55, 56, 82, 84, 89, 139, 140, 143, 273
İki Kültür 154, 273, 288

İkinci Beyin 88, 273
İlişkisel Zekâ 108
İlmiye 228, 230, 274
In-Formation 273
inovasyon 14, 129, 142, 163, 240
İnovasyon 142, 146, 262, 274
İpek Yolu 203, 238
İSO 257
İSO-KATEK 257
İsviçre Çakısı modeli 138
İzlenimci 168, 272, 274
İzlenimcilik 167

## J

Jacquard, J. M. 244, 268
Jansen, T. 163, 268
Jones, P. J. 199, 201, 268

## K

Kaçgunluk 222, 248, 274
Kahneman, D. 54, 130, 143, 145, 273, 277, 284
kale 147
Kalemiye Sınıfı 274
Kandel, E. 105, 279, 284
Kanuni Sultan Süleyman 269
Kapitülasyon 223, 232, 248, 274
Kaptan Cook 239
Kaptanı Derya Kılıç Ali Paşa 269
Karaviyin Medresesi 208
Karlığa, B. 17, 202, 269

Kay, J. 269
Kazasker 230
Kekule, F. A. 125, 132, 162, 269
Kelamcılar 228
Kendirliler 119, 274
Kerr, S. 291
Kipling, R. 67, 269
Kircher, A. 182, 269
Kocabaş, Ş. 291
Koch, R. 162, 185, 186, 187, 269
Koçi Bey 205, 230, 280, 290
Komodo Ejderi 98
Korpus Kallosum 113, 274
Kraliçe Anne 269
Kuhn, T. S. 280, 287
Kürkçüoğlu, N. 31, 269

## L

Lagari Hasan Çelebi 231, 235
Leonardo da Vinci 269
LGN 79, 274
LISP 175
Lister, J. 185, 269
Lonca 240, 274

## M

MacLean, P. D. 279, 286
Makdisi, G. 281, 292
Mantıksal-Sayısal Zekâ 116
Maraş Aslanları 213
Maslow, A. 284
Maxwell, J. C. 171, 269

McDaniel, L.E. 17, 181, 189, 190, 191, 192, 193, 269
Medeniyetler Çatışması 203, 253, 260
Medeniyetler İttifakı 253
Medine 149
Mehmet Genç 205
mekanik saat 224, 225, 241
Memeli Beyni 97, 107, 108, 137, 274
Mendelyef, D. 132, 162, 195, 269
Mimar Sinan 131, 132, 163, 217, 218, 219, 229, 235
Misyoner 233, 274
Molla Lütfi 230
Mondrian, P. 173, 174, 269
Mors alfabesi 153, 154
Morse, S. 153, 154, 162, 269
Mustansiriye medreseleri 208
Mutezile 229

Müzik makinesi 56, 208, 244
Müziksel Zekâ 127

## N

Napolyon Bonapart 269
Neg-entropi 274
Neokorteks 40, 46, 97, 111, 112, 113, 114, 116, 259, 263, 274, 276
Newton, I. 126, 128, 146, 163, 167, 169, 228, 269

Nizamiye medreseleri 210, 228, 229
Nörobilim 14, 76, 77, 86, 263, 274
Nöroergonomi 14, 77, 86, 194, 252, 263, 275
Nöroestetik 14, 70, 73, 76, 77, 78, 80, 81, 86, 194, 258, 263, 275
Nöropazarlama 77, 79, 84, 86, 106, 194, 275

## O/Ö

OFA 275
OFC 275
Öjenik 57, 275
Öklid 207
Oksitosin 111
olimpiyat 260, 261, 264
Ömer Hayyam 204, 208
OQ 89, 275
Origami 73
Östrojen 111
Otonom Sistem 86, 87, 88, 89, 95, 137, 145, 275

## P

Pamuk, O. 269
Pamuk, Ş. 282, 291
papirüs 206
Paradigma 65, 128, 157, 275
Paris 168, 241, 243, 289

Pasteur, L. 162, 184, 185, 186, 269
Patrikhane 232
perspektif 31, 73, 160, 164, 165, 203, 216, 218, 221, 246, 248
Piksel 171, 172
PISA 252, 261
Piyon 147, 148, 275
Pizarro F. 239, 269
Platon 53, 54, 55, 56, 57, 159, 283
primat 38, 39, 40, 45, 46, 47, 51, 78, 112
Probiyotik 88
Prosopagnosia 82
psikosomatik 88
Puantilizm 128, 163, 168, 169, 170, 171, 173

Puchstein, O. 215, 269
pusula 23, 24, 197, 203, 239, 241, 242

## R

radyasyon 244
Rafaello 269
rasathane 204, 209, 224, 225, 226, 231
Razi 207
Robert Kolej 214
Romen rakamları 207

Röntgen, W. 269
Rood, O. 169, 269
Royal Society 183, 184, 204, 243, 253, 288

## S/Ş

Sagan, C. 98, 270, 286
Sağ Beyin 40, 112, 115, 125, 126, 127, 128, 130, 131, 133, 137, 275
Sanal Gerçeklik 163, 175, 176, 235, 263, 264, 275
Sanayi Devrimi 233, 237, 240, 245, 246, 247, 248, 251, 282, 291
Sancar, A. 270
Şanizade Ataullah Efendi 230, 270

Sarı Abdurrahman 230
Şarlman 224, 241, 270
Sayısal Sanat 173, 275
Schumpeter, J. A. 134, 135, 270, 277
Serbest Enerji 33, 94, 275
Şeri İlimler 228
Serotonin 60, 88, 105
Seurat, G. 128, 163, 168, 169, 170, 171, 173, 270, 281, 289
Seyfiye Sınıf 275

Şeyhülislam Ahmed Şemseddin 225
Sezgin, F. 17, 18, 19, 25, 61, 163, 198, 205, 206, 207, 216, 220, 226, 235, 242, 265, 270, 280, 283
Signac, P. 169, 173, 270
Sinaat el Hiyel 211
Snow, C.P. 23, 154, 195, 263, 270, 273, 288
Sol Beyin 40, 112, 114, 115, 116, 126, 127, 137, 276
Sözel Zekâ 116
Spallanzani, L. 183, 184, 270
Sperry, R. W. 113, 270, 287
Sternberg, R. J. 57, 69, 270, 284
Stratejik Beyin 40, 112, 259, 276
Stratejik Yaratıcılık 14, 17, 19, 24, 25, 40, 41, 42, 43, 52, 56, 112, 143, 146, 149, 154, 164, 165, 173, 176, 179, 184, 186, 193, 195, 196, 197, 198, 202, 203, 204, 205, 206, 212, 213, 218, 225, 228, 236, 243, 247, 250, 251, 252, 253, 254, 260, 261, 264, 265, 266, 276
Stratejik Yaratıcılık Merdiveni 193, 197, 276
Stratosfer 259, 276
Sultan Abdülaziz 217

Sultan Abdülhamit 217
Süperego 53, 54
Sürüngen Beyni 97, 98, 99, 100, 102, 137, 276

T

Takiyeddin 31, 225, 226, 231, 232, 258
Tatar Hanlığı 221
Tekne 23, 276
TEKNORAMA 9, 257
Temel Ağ Yapı 126, 130, 133, 276
Termodinamiğin Birinci Kanunu 32, 276
Termodinamiğin İkinci Kanunu 276
Termodinamik 29, 31, 276
Testosteron 50, 60, 104
Timur Han 270
Tıp Kanunu 208, 229
Toner, M. 255, 259, 270
Tooby, J. 59, 138, 270, 284
Torrance, E. P. 270
Torrance Testi 196, 262
Tusi, N. 212, 270

U/Ü

Üç Adımda Stratejik Davranış 155, 276
ükela 234
Uluğ Bey 209, 224, 225, 231, 258

## V

vakfiye senetleri 228
van Leeuwenhoek, A. 182, 269, 289
Vasco de Gama 238
Vesalius 162, 242
Vezir 147, 148, 276
von Economo Nöronları 49
Vultanopsia 82

## W

Waksman, S. 9, 181, 190, 191, 192, 193, 270
Wernicke Bölgesi 60

## Y

Yapa-Bilen İnsan 13, 277
Yapa-Bilmek 13, 277
Yaratıcılık 14, 17, 19, 23, 24, 25, 40, 41, 42, 43, 52, 56, 112, 143, 146, 149, 153, 154, 164, 165, 173, 176, 179, 184, 186, 193, 195, 196, 197, 198, 202, 203, 204, 205, 206, 212, 213, 218, 225, 228, 236, 243, 247, 250, 251, 252, 253, 254, 260, 261, 264, 265, 266, 276, 277
yaşam 14, 22, 25, 28, 30, 31, 33, 34, 44, 53, 54, 56, 64, 67, 72, 84, 88, 110, 115, 123, 131, 133, 140, 141, 143, 150, 245, 256, 259, 275
Yaşamsal Satranç 14, 22, 24, 37, 42, 43, 44, 45, 46, 50, 52, 54, 55, 56, 57, 59, 62, 75, 92, 112, 137, 146, 147, 148, 149, 150, 155, 259, 277
yavaş düşünme 54
Yıkıcı Devrim 135, 277

## Z

Zeki, S. 279, 285
Zic 224, 277
Zihin Haritası 65, 66, 277

Tayf

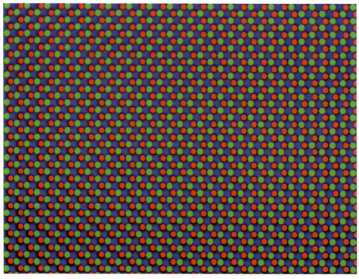

Piksel

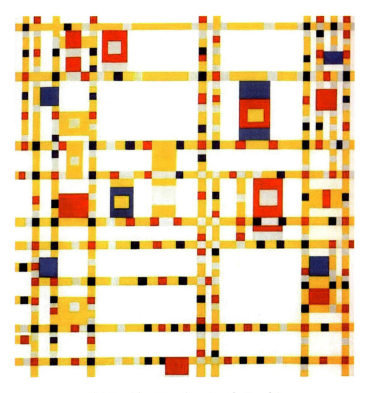

Piet Mondrian (Broadway Boogie Woogie)
1942-1943, tuval üstüne yağlıboya, 127 x 127 cm,
Museum of Modern Art, New York

Georges Seurat (La Grande Jatte Adasında Bir Pazar)

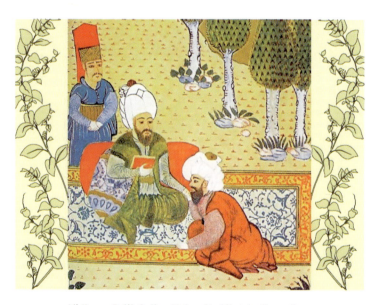
Ali Kuşçu Fatih Sultan Mehmet'e kitap hediye ediyor.
Taşköprülüzâde Ahmet Efendi, Tercüme-i Şakâ'ikû'n-nu'mânîye,
TSMK H. 1263, y. 113b

Yıkılan Takiyeddin Rasathanesi

Alexander Fleming (Mikroorganizmalarla Yapılan Resim)